本书列入

2017年国家社会科学基金重大委托项目

“十三五”国家重点图书出版规划项目

中华传统文化百部经典

孟子

梁涛 解读

国家图书馆出版社

图书在版编目（C I P）数据

孟子 / 梁涛解读 . — 北京：国家图书馆出版社，2017.9（2025.5 重印）
（中华传统文化百部经典 / 袁行霈主编）
ISBN 978-7-5013-6254-7

Ⅰ . ①孟… Ⅱ . ①梁… Ⅲ . ①儒家 ②《孟子》－注释 Ⅳ . ① B222.52

中国版本图书馆 CIP 数据核字（2017）第 228367 号

国家图书馆出版社官方微信

书　　名　孟　子
著　　者　梁　涛 解读
责任编辑　王　雷
特约编辑　孙　彦
封面设计　敬人设计工作室

出版发行　国家图书馆出版社（北京市西城区文津街 7 号　100034）
　　　　　010-66114536　63802249　nlcpress@nlc.cn（邮购）
网　　址　http://www.nlcpress.com
印　　装　北京科信印刷有限公司
版次印次　2017 年 9 月第 1 版　2025 年 5 月第 4 次印刷

开　　本　710×1000　1/16
印　　张　29.25
字　　数　360 千字
书　　号　ISBN 978-7-5013-6254-7
定　　价　78.00 元（精装）

本册审订

钱　逊　　李存山　　廖可斌

中华传统文化百部经典

编纂办公室

张　洁　　牛淑娟　　马　超　　袁　媛

编纂缘起

文化是民族的血脉，是人民的精神家园。党的十八大以来，围绕传承发展中华优秀传统文化，习近平总书记发表了一系列重要讲话，深刻揭示出中华优秀传统文化的地位和作用，梳理概括了中华优秀传统文化的历史源流、思想精神和鲜明特质，集中阐明了我们党对待传统文化的立场态度，这是中华民族继往开来、实现伟大复兴的重要文化方略。2017 年初，中共中央办公厅、国务院办公厅印发《关于实施中华优秀传统文化传承发展工程的意见》，从国家战略层面对中华优秀传统文化传承发展工作作出部署。

我国古代留下浩如烟海的典籍，其中的精华是培育民族精神和时代精神的文化基础。激活经典，熔古铸今，是增强文化自觉和文化自信的重要途径。多年来，学术界潜心研究，钩沉发覆、辨伪存真、提炼精华，做了许多有益工作。编纂《中华传统文化百部经典》（简称《百部经典》），就是在汲取已有成果基础上，力求编出一套兼具思想性、学术性和大众性的读本，使之成为广泛认同、传之久远的范本。《百部经典》所选图书上起先秦，下至辛亥革命，包括哲学、文学、历史、艺术、科技等领域的重要典籍。萃取其精华，加以解读，旨在搭建传统典籍与大众之间的桥梁，激活中华优秀传统文化，用优秀传统文化滋养当代中国人的精神世界，提振当代中国人的文化自信。

这套书采取导读、原典、注释、点评相结合的编纂体例，寻求优秀传统文化与社会主义核心价值观之间的深度契合点；以当代眼光审视和解读古代典籍，启发读者从中汲取古人的智慧和历史的经验，借以育人、资政，更好地为今人所取、为今人所用；力求深入浅出、明白晓畅地介绍古代经典，让优秀传统文化贴近现实生活，融入课堂教育，走进人们心中，最大限度地发挥以文化人的作用。

《百部经典》的编纂是一项重大文化工程。在中宣部等部门的指导和大力支持下，国家图书馆做了大量组织工作，得到学术界的积极响应和参与。由专家组成的编纂委员会，职责是作出总体规划，选定书目，制订体例，掌握进度；并延请德高望重的大家耆宿担当顾问，聘请对各书有深入研究的学者承担注释和解读，邀请相关领域的知名专家负责审订。先后约有500位专家参与工作。在此，向他们表示由衷的谢意。

书中疏漏不当之处，诚请读者批评指正。

2017年9月21日

凡 例

一、《中华传统文化百部经典》的选书范围，上起先秦，下迄辛亥革命。选择在哲学、文学、历史、艺术、科技等各个领域具有重大思想价值、社会价值、历史价值和学术价值的一百部经典著作。

二、对于入选典籍，视具体情况确定节选或全录，并慎重选择底本。

三、对每部典籍，均设“导读”“注释”“点评”三个栏目加以诠释。导读居一书之首，主要介绍作者生平、成书过程、主要内容、历史地位、时代价值等，行文力求准确平实。注释部分解释字词、注明难字读音，串讲句子大意，务求简明扼要。点评包括篇末评和旁批两种形式。篇末评撮述原典要旨，标以“点评”，旁批萃取思想精华，印于书页一侧，力求要言不烦，雅俗共赏。

四、原文中的古今字、假借字一般不做改动，唯对异体字根据现行标准做适当转换。

五、每书附入相关善本书影，以期展现典籍的历史形态。

孟子　朱熹集注序說

史記列傳曰孟軻趙氏曰孟子魯公族孟孫之後漢書注云字子車一說字子輿騶人也騶亦作鄒本邾國也受業子思之門人子思孔子之孫名伋索隱云王劭以人爲衍字而趙氏注及孔叢子等書亦皆云孟子親受業於子思未知是否道既通趙氏曰孟子通五經尤長於詩書程子曰孟子曰可以仕則仕可以

孟子集注十四卷序说一卷　（宋）朱熹集注　宋刻本　国家图书馆藏

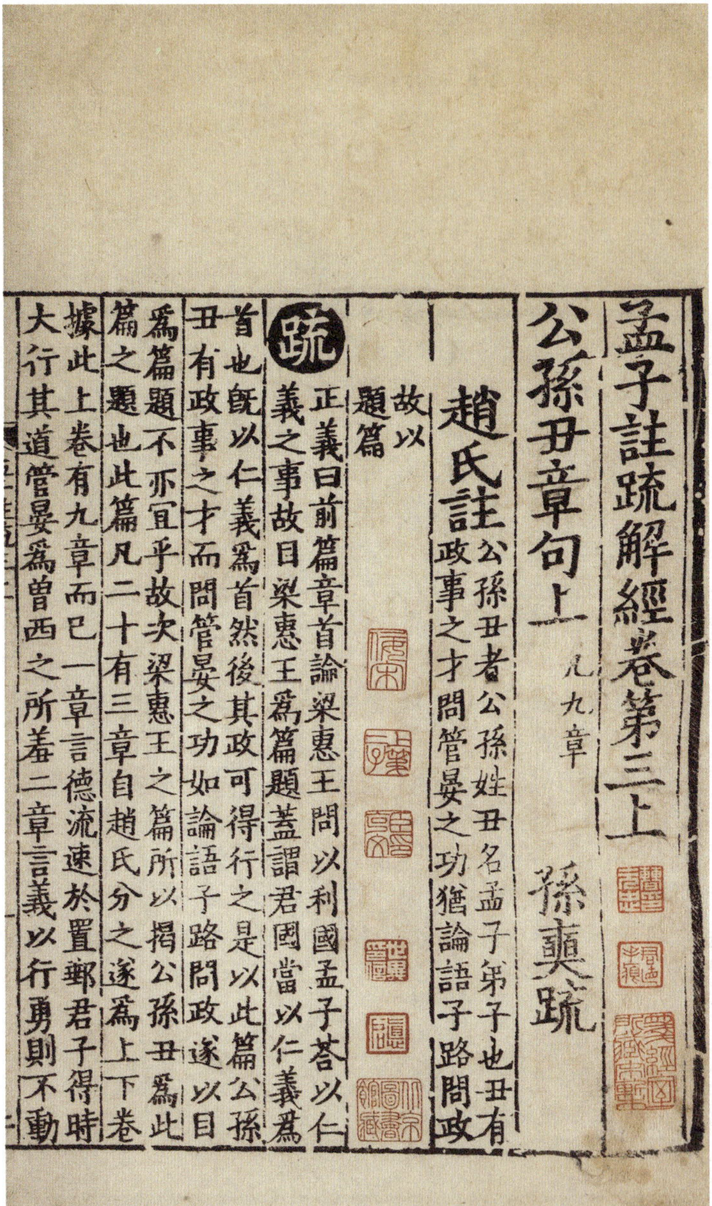

孟子註疏解經卷第三上

公孫丑章句上　凡九章

趙氏註　孫奭疏

公孫丑者公孫姓丑名孟子弟子也丑有政事之才問管晏之功猶論語子路問政故以題篇

疏正義曰前篇章首論梁惠王問以利國孟子荅以仁義之事故目梁惠王爲篇題蓋謂君國當以仁義爲首也既以仁義爲首然後其政可得行之是以此篇公孫丑有政事之才而問管晏之功如論語子路問政遂以目爲篇題不亦宜乎故次梁惠王之篇所以揭公孫丑爲此篇之題也此篇凡二十有三章自趙氏分之遂爲上下卷據此上卷有九章而已一章言德流速於置郵君子得時大行其道管晏爲曾西之所羞二章言義以行勇則不動

孟子注疏解经十四卷　（汉）赵岐注　（宋）孙奭疏

宋刻元修本　国家图书馆藏

目　录

导　读

孟　子

导 读

《孟子》一书对中国文化史影响至深至著，尤其在独立人格的塑造、士人气节的培养上，恐无其他经典可与之相比。唐宋以来便有学者指出，“求观圣人之道，必自孟子始”，“孟氏醇乎其醇也”，“孟子有功于道，为万世师”。故作为中国人，都应该认真读读《孟子》，这在信仰缺失、物质主义盛行的今天，无疑是十分必要的。孟子说，读古人之书需要“知其人”“论其世”（《尽心下》）。阅读《孟子》同样也是如此，故本导读先介绍孟子其人，再深入孟子的思想，最后说明孟子及《孟子》一书在历史上的影响。

一、孟子的生平事迹

孟子，名轲，战国时邹（今山东邹县东南）人。著名的思想家、儒家学者。孟子生卒，西汉司马迁《史记·孟子荀卿列传》、东汉赵岐《孟子章句》等均无记载。学者根据《孟子》一书的相关记载做了很多推测，大致而言，孟子生活于战国中晚期，与我国古代另一位著名的思想家庄子处于同一时代。相对通行的说法是，孟子约生于公元前 372 年，卒于公元前 289 年，活了八十三岁[①]。

孟子成为著名的儒家学者，同其早年的家庭教育密切相关。刘向《列女传》记录的“孟母三迁”“杀豚不欺子”“断织劝学”等故事，反映了孟母对孟子所倾注的心血，这些都对孟子的成长产生了重要的影响。孟母也被称为“母教一人”，成为中华母教的典范。

孟子生活的邹国距离孔子的故国鲁国不远，用孟子的话说，“近圣人之居若此其甚也”(《尽心下》)。毗邻圣人之居，孟子对孔子充满了敬仰，称“乃所愿，则学孔子也”。在他看来，虽然自古以来出现了很多圣人，但“自有生民以来，未有孔子也”。并借孔子弟子之口说：“以予观于夫子，贤于尧、舜远矣。”(《公孙丑上》) 孟子对孔子的称赞，在今天看来或许并不奇怪，但在当时却是石破天惊，振聋发聩。因为尧、舜乃天子、圣王，掌握着巨大的权力，是有德有位者，而孔子在世时只是一介布衣、一个穷困潦倒的教书先生。但是孟子不仅将孔子与尧、舜相提并论，而且认为远超越于后者之上，反映了他对孔子的推崇和敬仰。

孟子推崇、仰慕孔子，但他生活的时代距孔子已经有一百多年，他如何向孔子学习呢？孟子了解到孔子有一个孙子，名孔伋，字子思，也是一名非常了不起的儒家学者，于是他“学于子思之门人”(《史记·孟子荀卿列传》)，通过向子思弟子学习，了解到孔子的思想。所以孟子说“予未得为孔子徒也，予私淑诸人也”(《离娄下》)。

孟子虽没有直接受业于子思，但他与子思的思想存在着继承关系，属于儒学内部的同一派别，史称“思孟学派”。这一学派的师承授受关系应该是：

孔子（仲尼）——子思（孔伋）——子思门人——孟子（孟轲）

孟子受业的子思门人具体是谁，史无记载，已不得而知。另外，子思与孔子的年龄相差较大，不可能直接受业于孔子，他们之间应该有一个承上启下的中间环节。自唐代以来，一般都认为这个环节是曾子，近代以来的大多数学者亦持这种观点。另有学者则认为，孔子和子思之间的环节不是曾子，而是子游。曾子和子游的思想本来就比较接近，同属于孔门后学中的"主内派"，子思的思想正是从这一派发展而来。

孟子立志学习孔子，就要像孔子一样积极出仕，通过参与政治将自己的理想付诸实践。战国时期士阶层的活跃，各诸侯国设官开馆、招徕人才、礼贤下士的风气，正好为他提供了这样的条件。士本是一个社会阶层，在天子、诸侯、大夫、士的社会等级中，士是贵族中最低的阶层，又处在庶民之上。由于战国时代社会阶级的流动，"即上层贵族的下降和下层庶民的上升。由于士阶层适处于贵族与庶人之间，是上下流动的汇合之所，士的人数遂不免随之大增。这就导致士阶层在社会性格上发生了基本的改变"②。凡具有一定的知识、文化、技能，且在社会上产生一定影响的人，都可以成为士。士虽然政治地位较低，却成为当时最为活跃、最有影响力的阶层。不过，士地位的提高也使士这个阶层鱼龙混杂，泥沙俱下，成分变得十分复杂。其中影响最大的无疑是纵横之士。纵横是合纵连横的简称，"合纵"，即"合众弱以攻一强"，就是许多弱国联合起来抵抗一个强国，以防止强国的兼并。"连横"，即"事一强以攻众弱"（《韩非子 · 五蠹篇》），就是由强国拉拢一些弱国来进攻另外一些弱国，以达到兼并土地的目的。由于当时各诸侯国都实行合纵连横的政治策略，纵横家成为炙手可热的人物。《孟子》记景春曰："公孙衍、张仪岂不诚大丈夫哉？一怒而诸侯惧，安居而天下熄。"（《滕文公下》）景春所说的公孙衍、张仪就是纵横家的代表，是当时政治舞台上所谓的风云人物，他们一发怒，诸侯都会害怕；他们安静下来，天下就太平无事。好不气派、威风，所以被视为“大丈夫”。但在孟子看来，公孙衍、张仪之流根本算不上是“大丈夫”，他们看人脸色行事，顺从主子的意志，不过是“以顺为正”的“妾妇”而已。真正的“大丈夫”，应该是以“仁”为“广居”，以“礼”为“正位”，以“义”为“正路”，他们站得直，行得正，坚定不移，“富贵不能淫，贫贱不能移，威武不能屈”（同上），具有崇高的精神境界。所以在孟子眼中，士首先代表一种精神信仰，一种责任担当，他们关注于人间的政治秩序和普遍利益，具有类似于近代知识分子的基本性格。

作为一个阶层，士有其特殊的职责与身份。“士者，事也，任事之称。”（《白虎通·爵》）士有自己的事业，他们以“仕”显身，成为职业的政治家、管理者。《孟子》中记孟子答魏人周霄问：“古之君子仕乎？”明确肯定士人应该出仕。在他看来，“士之仕也，犹农夫之耕也”（《滕文公下》）。士人出仕如同农夫耕田，都是一种职业。但是，“君子之仕也，行其义也”（《论语·微子》）。君子对于出仕，又有着自己的道义与原则，他们“见危致命，见得思义”（《论语·子张》），“危邦不入，乱邦不居。天下有道则见，无道则隐”（《论语·泰伯》）。所以对于出仕，他们又有自己的原则，不根据原则出仕，就如同钻洞扒缝一样，是一种可耻的行为。这样，士又不仅仅是一种职业，是一种谋生的手段，同时还代表一种政治理念、社会理想，而士人选择出仕，不过是要将这一理念付诸实践而已。

《史记·孟子荀卿列传》记载孟子的活动较简略，且有不准确的地方，而《孟子》关于孟子的活动则多有反映。据谭贞默《孟子编年略》：“孟子四十以前，讲学设教；六十以后，归老著书。其传食诸侯当在四十以外。”基本反映了孟子的生平活动。孟子为邹国人，其游说诸侯应当是从邹穆公开始的。故有学者认为，《梁惠王下》“邹与鲁閧（hòng，争斗）”

章是孟子早期游说诸侯的记录。据该章，邹国与鲁国发生争斗，邹国的长官被打死三十多人，而邹国的百姓却在一旁见死不救，看热闹。这时孟子在邹国已有了一定的声望和影响，于是穆公便向孟子请教。周广业《孟子四考》说："孟子之仕，自邹始也。时方隐居乐道，……会与鲁鬨，有司多死者，公问如何而可？孟子以仁政勉之。"站在今天的角度看，孟子实际是遇到了"人民为何不爱国"的问题。孟子认为不能以官吏甚至君主代表国家，国家的主体是民众，而非君主、官吏，后孟子提出"民为贵，社稷次之，君为轻"，即是对此问题的进一步思考。百姓的冷漠，责任在官吏。邹国的官吏平时缺乏仁爱之心，对百姓的死活不闻不问，现在算是得到了报应。解决民众的"爱国"问题要靠"行仁政"，执政者只有执政为民，造福于民，才能得到民众的支持和拥护。民本、仁政是贯穿孟子一生的核心思想，仔细考察可以发现，这些思想都是孟子在应对现实问题的过程中逐步形成的。

孟子在邹国附近活动一段时间后，前往齐国。齐国是当时东方最强大的国家，由于稷下学宫的设立，更是成为战国时期文化的中心。稷下学宫兴办于桓公田午之时，在威王时进一步发展起来，至宣王、湣王时最为兴盛，到襄王、王建时逐渐衰落，及秦并六国、齐国灭亡而结束，前后大约经历了一百五十年的历史。由于稷下学宫采取多元并立、平等共存、争鸣驳难、融合发展的文化政策，当时的儒、墨、道、法、名、阴阳、小说、纵横、农家等各派著名人物，都曾登上稷下的学术舞台，奏出了一曲百家争鸣的交响乐。中国古代的百家争鸣主要是在齐国稷下学宫进行的。孟子一生曾两次来到齐国，荀子也曾在学宫"三为祭酒"，稷下学宫对古代文化贡献可谓大矣！孟子第一次到齐国正值齐威王执政，可能由于当时孟子的影响还不够大，《孟子》中未见其与齐威王的对话。不过，《告子》篇中所记载孟子与告子的论辩则发生在这一时期，孟子的言论多有不合逻辑之处，是其思想还未成熟的表现。

孟子在齐国未得到重视，无法施展抱负，这时听说宋偃王欲行仁政（《滕文公下》：“万章问曰：‘宋，小国也，今将行王政’”），于是前往宋国。孟子到宋国后，发现宋偃王身边多为奸佞小人，只有一位薛居州可称为善士，对宋偃王的仁政产生深深的忧虑。按照孟子的想法，“有不忍人之心，斯有不忍人之政矣”，仁政的动力在于君王的不忍人之心，而保证君主能够行仁政，就要在其身边安排大量的善士，对其劝诫、进谏，乃至影响、感化。故孟子一定程度上涉及到规范权力的问题，孟子说：“唯大人为能格君心之非。”孟子所说的“大人”是指有德、有位，与君主关系密切且得到君主信任的人，只有这些人能够影响国君，纠正国君的过错。但孟子一方面想规范、引导权力，另一方面可以凭借的力量又十分有限，在他那里，“仁政如何可能？”是一个没有真正解决的问题。

孟子在宋国活动未果，不过却遇到了当时还是太子的滕文公（《滕文公上》：“滕文公为世子，将之楚，过宋而见孟子”）。孟子言必称尧舜，给后来的滕文公留下深刻印象。不久滕定公去世，滕文公即位，于是派人将已回到邹国的孟子接到滕国，协助其推行仁政，一时在社会上产生很大反响，不少人闻风而至。农家学派的许行从楚国来到滕国，“其徒数十人，皆衣褐，捆屦，织席以为食”。本来属于儒家的陈相被其学说所吸引，成为许行的门徒，《滕文公上》记载的孟子与陈相的辩论，即发生在这一时期。不过，孟子虽然有机会得君行道，但滕国只是一个小国，不久齐人在滕国附近的薛筑城，直接威胁到滕国。滕文公问该怎么办？面对这样的问题，孟子也无法回答，只能说勉强为善罢了。在这种情况下，孟子意识到要推行仁政于天下，仅靠滕国的力量是不够的。这时孟子通过滕国的仁政实践已产生较大影响，于是率领弟子，“后车数十乘，从者数百人”，浩浩荡荡来到战国七雄之一的魏国，孟子时年五十多岁。

孟子一到魏国，便受到梁惠王的接见，《孟子》开篇第一章即记录了二人相见的情景：“王曰：‘叟！不远千里而来，亦将有以利吾国乎？’

孟子对曰：‘王何必曰利？亦有仁义而已矣。’”由于涉及义利之辨，一开始便话不投机。除上面一章外，《梁惠王》还有四章记录孟子与梁惠王的对话，都是劝导其推行仁政。几年后，梁惠王去世，梁襄王即位，孟子“望之不似人君，就之而不见所畏焉”，于是离开魏国前往齐国。孟子第二次到齐国，时值齐宣王执政。《孟子》一书明确记载孟子与齐宣王的对话多达十四处之多，另有一次虽只言“齐王”，但从内容看也应指宣王。另外像著名的“知言养气”章，记录的也是这一时期的事。孟子初到齐国时，与宣王的关系尚可，二人的对话态度和缓、气氛融洽，著名的有以宣王对牛的不忍人之心，启发其推行仁政等。但这种局面没有维持很久，公元前315年（齐宣王五年），燕国因燕王哙让国而发生内乱，齐国乘机出兵，很快攻下燕国。宣王向孟子请教：是否应吞并燕国？孟子从其民本立场出发，主张“取之而燕民悦，则取之……取之而燕民不悦，则勿取”，孟子这一看法实际是将民众的利益置于国家主权之上。不过孟子并不认为任何国家都有讨伐别国的权力，只有“天吏”也就是得到合法授权者才有资格征伐不道，救民于水火。但是齐国攻占燕国后，不仅不行仁政，反而“杀其父兄，系累其子弟，毁其宗庙，迁其重器”，完全违背了孟子的意愿，站在了燕国民众的对立面。于是孟子向宣王建议，尊重燕国人的意见，择立一位燕王，自己从燕国撤兵。但宣王没有听从孟子的建议及时撤兵，结果“燕人畔（叛）”，其他各国也出兵救燕，齐军因此大败。经历伐燕之事后，孟子对宣王大为失望，认识到他不是一个仁义之君，言谈中多有批驳、讥讽，常使“王顾左右而言他”。

在这种情况下，孟子决心离开齐国，当弟子充虞问：先生看上去似乎不高兴。可是之前您不是教导我们要不怨天、不尤人吗？孟子答道：“此一时也，彼一时也。”孟子有一个想法，五百年必有王者兴，其间必定有闻名于世的贤人出现。从周朝以来，已经七百多年了。从时间上说，已经超过了；从时势而论，也该有圣贤出现了。可是我的主张为什么行不通呢？那么我只能说，老天大概还不想让天下得到平治，如果想让天下得到平治，当今之世，舍我其谁？我有什么不愉快呢？孟子就是带着这样一种坚定的信念，告别了当时的政治舞台，回到了自己的故里，教授子弟，著书立说，编写《孟子》一书。当一个人带着理想走入社会时，他往往是坚定、充满信心的。可是当理想遭到挫败，看不到希望的时候，依然能保持坚定的信念，恐怕只有孟子了。那么，孟子的自信来自哪里呢？这是因为孟子坚信一点：政治必须要符合人性，符合人性的政治才是最有前途的政治，仁政、王道较之暴政、霸道是符合人性的，是符合历史发展的，所以最终一定会实现。现在无法实现，只能说我的时代还没有到来，若到来，必定是仁政、王道的时代。我们今天读《孟子》，脑海里会有一个鲜活的孟子形象：一个坚定的理想主义者。而在当时人们的眼里，孟子则是“迂远而阔于事情”，他是迂阔、不切实际的。所以理想与现实是有反差的，当你坚守理想的时候，你很难被人们理解。固然，我们可以说孟子对人性的复杂性缺乏反省，对历史的看法也未免过于乐观，但孟子至少有一点是对的，真正的理想是需要坚守的。在坚守一百多年后，孟子的思想已在士人中间广为流传，成为其批判暴政、为民请命的精神动力；而在坚守了一千多年后，孟子的思想终于成为社会的指导思想，《孟子》一书也由子书上升为经书。至少在人们的观念中，王道战胜了霸道，仁政战胜了暴政。即便有残暴的君王如朱元璋之流想借助权力挑战《孟子》的历史地位，也难以逃脱失败的命运。所以理想在于坚守，只要它符合人性，符合天道，顺应了历史的发展，即使暂时无法实现也不必怨天尤人。如果天下要得到平治，当今之世，舍我其谁！两千年前孟子所坚守的仁政、王道，像一座灯塔为我们指引了前进的方向。

概括一下，孟子生平经历大致为：在邹国游历（四十岁左右）——第一次到齐国（齐威王执政）——到宋国（宋偃王欲行仁政）——在滕国行仁政（滕文公行仁政）——到魏国（梁惠王执政）——第二次到齐国（齐宣王执政）——告老还家，著《孟子》。

二、孟子的思想学说

《孟子》一书的思想较为丰富，包含了孟子性善论、义利之辨、王霸之辨、民本、仁政等诸多思想内容。限于篇幅，这里主要对孟子的性善论、“民贵君轻”及仁政、王道思想做一介绍。

1. 性善论

孟子“道性善”是思想界的一件大事，也是对当时人性论的突破。据孟子弟子公都子介绍，战国时流行的人性论主要有三种，分别是告子的“性无善无不善”说，以及“性可以为善，可以为不善”说与“有性善，有性不善”说（《告子上》）。其中，告子认为“食色，性也”，而“食色”本身无所谓善与不善；第二、三种人性论则分别着眼于环境与人性的关系，以及人与人之间的差异。以上观点虽有不同，但有一个共同特点，都是将“人性”看作为一种客观对象、事实，根据人性的种种具体表现，对其作经验性的描述、概括，类似一种科学实证的研究方法。对于以上的言人性方式，孟子虽然并不一概反对，但认为其只是对人性的一种外在概括和描述，不足以突出人的道德主体性，无法确立人生的信念和目标，不能给人以精神的方向和指导，更不能安顿生命，满足人的终极关怀。故孟子言人性，不采取以上的理路，而是另辟蹊径，提出他对人性的独特理解。孟子说：“口之于味也，目之于色也，耳之于声也，鼻之于臭也，四肢之于安佚也，性也，有命焉，君子不谓性也。”（《尽心下》）表明孟子亦承认“口之于味”“目之于色”等事实上也是一种人性，但又认为君子并不将其看作是人性。前一个“性也”，是一个事实判断；后面的“不谓性也”，则是一个价值判断。孟子又认为，仁义礼智的实现，虽然一定程度上也要受到命的限制，但“有性焉，君子不谓命也”。这里的“不谓命也”，同样是一种价值判断。因此，孟子性善论实际是以善为性论，因为“把善看作是性”与“性是善的”，二者是同义反复，实际是一致的，孟子性善论的核心并不在于人性为什么是善的，而在于为什么要把善看作是人性？以及人是否有善性存在？孟子正是顺着这样的思路，对其性善论做了论证和说明。

关于人有善性，孟子主要从两个方面予以说明。首先是继承了“天命之谓性”的传统，将善性溯源于形上、超越的层面，认为是天的赋予。其次又强调人有善性亦有着事实的根据，可以在经验世界中得到显现与证明，如“今人乍见孺子将入于井，皆有怵惕恻隐之心”（《公孙丑上》）。对于这段文字，以往学者往往看作是孟子对性善的证明，实乃大误。人性善是对人性的全称判断，是说人性的全部内容及表现都是善，这显然是不能靠有限的举例来证明的，若举雷锋助人之例来证明性善，同样也可以举小偷行窃之例来证明性恶，这样的举例是无限的。其实，孟子以上所论只是要证明“人皆有不忍人之心”，也就是人皆有善性，而人皆有善性与人性是善的虽有联系，但所指显然有所不同。人皆有善性当然也不可以通过有限的举例来证明，但由于它近乎一种事实，实际上是任何人都难以否认的。孟子举出此示例，意在使每个人都可以设身处地，置身其中，反省到自己也必生“怵惕恻隐之心”，并援之以手，更进一步反省到自己以往的生活中亦有过众多类似的经历，从而洞见到内在善性的存在。这样就证明，人确有善性存在。

既然人有善性，孟子需要进一步说明，人为什么要把善性看作是真正的人性。对此，孟子又从“人禽之辨”“性命之分”“大体小体之别”三个方面做了论证。关于人禽之辨，如张岱年先生所言：“孟子所谓性者，正指人之所以异于禽兽之特殊性征。人之所同于禽兽者，不可谓人之性；

所谓人之性，乃专指人之所以为人者，实即是人之‘特性’。”[③]既然生活中谁都不愿被骂为畜生，这清楚不过地说明，人还有不同于、高于禽兽的特性，这些特性才能真正显现出人之为人的价值与尊严。故谈论人性只能以人高于、不同于禽兽的特性为人性，而不能以同于禽兽的特性（可称为兽性）为人性。那么，以善为人性对我们的实际生活又有什么意义呢？孟子又从“天爵”与“人爵”、人格平等、人生之乐等方面做了进一步说明。人生在世，其价值、意义何在？除了财富、权势、地位这些世俗的价值外，还有没有一种更为根本、更能体现人之为人的价值存在？孟子通过“天爵”“人爵”对此做了回答。“孟子曰：‘有天爵者，有人爵者。仁义忠信，乐善不倦，此天爵也。公卿大夫，此人爵也。’”（《告子上》）人爵指“公卿大夫”，即现实中的权势、地位；天爵指“仁义忠信，乐善不倦”，即内在的善性和对此善性的自觉、喜好。天爵的“天”有二义，一是指尊贵；二是指“此天之所与我也”。故天爵具有超越的来源，高于现实的人爵。古代的人将天爵置于人爵之上，“修其天爵，而人爵从之”，体现了天爵、人爵的价值秩序；而今天的人修其天爵，是为了获取人爵，获取了人爵，便抛弃天爵，完全违背了天爵、人爵的价值秩序。所以在孟子看来，人的价值、意义不在于权势、地位，而在于善性、德性。人爵只有少数人可以获得，而天爵则是人人都具有的，是天对我们每一个人的赋予，这就保证了每个人都有与生俱来的价值与尊严，都有实现其价值与尊严的可能，确立起人生的信念与方向。

在现实中，人与人是不平等的，这便是人爵得以产生的原因所在；但在不平等的现实面前，人们一直没有放弃对平等的向往与追求，所以古往今来许多思想家对平等做出深入思考与理论探讨。在儒家内部，首先对平等问题做出思考的是孟子，而孟子肯定人格平等，又是建立在“性善”论的基础之上。

成覸谓齐景公曰："彼，丈夫也；我，丈夫也，吾何畏彼哉？"颜渊曰："舜，何人也？予，何人也？有为者亦若是。"（《滕文公上》）

曹交问曰："人皆可以为尧舜，有诸？"

孟子曰："然。"（《告子下》）

孟子曰："说大人，则藐之，勿视其巍巍然。堂高数仞，榱题数尺，我得志，弗为也。食前方丈，侍妾数百人，我得志，弗为也。般乐饮酒，驱骋田猎，后车千乘，我得志，弗为也。在彼者，皆我所不为也；在我者，皆古之制也，吾何畏彼哉？"（《尽心下》）

孟子将善性看作是人的价值与意义之所在，而善性又是天平等地赋予我们每一个人的，只要扩充、培养我们的善性，"人皆可以为尧舜"，这样便从根本上保障了人与人之间平等的可能。虽然"夫物之不齐，物之情也"（《滕文公上》），人与人之间存在能力、才智的差别，存在着财富、地位甚至是阶级的不平等，但在人格上又是绝对平等的。现实中的达官贵人往往以堂屋之高、饮食之美、饮酒纵欲、驰骋田猎之乐炫耀于世，以显示他们的特殊与尊贵，然而这些"皆我所不为也"，不是我所追求的；我所追求的是充分实现自己的善性，是成为尧舜那样的圣人。我的所作所为符合古代的理想之制，符合天爵高于人爵的价值秩序，所以即使面对在财富、地位上优于我的达官显贵，我也无所畏惧，依然可以获得一种平等感。孟子的人格平等，是一种内在平等，一种精神上的平等，不同于法律、制度上的外在平等，不同于近代以来的法律面前人人平等，但它可以转化为追求外在平等的精神动力，可以为法律、制度上的平等提供精神、信仰上的支持。

孟子"道性善"实际包括了孟子对人性的内容与作用、人的价值与意义、人的终极关怀等一系列问题的思考。人们之所以对性善论感到不好理解，并产生种种误解，其中一个原因便是没有从孟子自身的理路出发，没有用孟子的思维方式思考问题，而是将后人的思维带入其中。例如，很多学者将“孟子道性善”理解为“孟子认为人性是善的”，实际上《孟子》一书中只说“孟子道性善”“言性善”，而“道性善”“言性善”是宣传、言说关于性善的一种学说、理论，是不能直接等同于“人性是善的”。“人性是善的”是一个命题，是对人性的直言判断，而“性善”则是孟子对人性的独特理解，是基于孟子特殊生活经历的一种体验与智慧，是一种意味深长、富有启发意义的道理。理解孟子性善论，固然要重视孟子提出的种种理由与根据，更为重要的则是要对孟子“道性善”的深刻意蕴有一种“觉悟”，而这种深刻意蕴绝不是“人性是善的”这样一个命题所能表达得了的。如果一定要用命题表述的话，“道性善”也应表述为：人皆有善性；人应当以此善性为人性；人的价值、意义在于充分扩充、实现自己的人性。

2.“民贵君轻”

我国古代有源远流长的民本思想，早在盘庚时期就有了“重我民”“施实德于民”的认识，《古文尚书·五子之歌》有“民惟邦本，本固邦宁”的说法，说明我国古代先哲很早就懂得了民在国家政治中的特殊地位和作用。西周之初，周公提出“敬德保民”的思想，劝诫国君要体谅小民“稼穑之艰难”（《尚书·无逸》），标志着古代民本思想的萌芽和产生。到战国时，孟子将民本思想发展到一个高潮，提出了“民贵君轻”之说。

> 孟子曰：“民为贵，社稷次之，君为轻。是故得乎丘民而为天子，得乎天子为诸侯，得乎诸侯为大夫。诸侯危社稷，则变置。牺牲既

成，粢盛既洁，祭祀以时，然而旱干水溢，则变置社稷。”（《尽心下》）

孟子突出了民的地位，将其放在社稷（国家）、君主之上，认为“民为贵”。“贵”是贵重、尊贵之意，相当于今天所说“最为重要”“最有价值”。故以上是说，人民与社稷和君主相比是最为重要、最有价值的，或者说，人民是国家的根基、基础，是国家的价值主体。这既是从国家治理的重要程度来讲的，也是对人民国家主体资格的肯定；既是一个事实判断（“水能载舟，亦能覆舟”），也是一个价值判断。孟子从长期的历史经验中认识到“得乎丘民而为天子”，民心的向背往往决定着政权的兴衰得失，故认为得民心者得天下，民心对于国家政权是最为重要的。

孟子曰：“桀、纣之失天下也，失其民也；失其民者，失其心也。得天下有道：得其民，斯得天下矣。得其民有道：得其心，斯得民矣。得其心有道：所欲与之聚之，所恶勿施尔也。民之归仁也，犹水之就下、兽之走圹也。”（《离娄上》）

不过孟子的“民贵”说，不仅是对政权来源的认识、理解，同时也是对政权合法性的思考，认为人民的利益构成君主权力的基础，人民的生命、财产是最为珍贵的，是设立国家、君主的唯一理由与根据，君主应尽职保障人民的生命与财产，否则便不具有合法性。国家、君主的设立既然是为了民，是为了人民的需要，那么，“民贵君轻”便是自然合理的了。“民贵”说的前一个方面，是对历史经验的总结，可称为“民心”说，主要是针对君主、统治者而讲的；后一个方面，则是在长期历史发展中形成的人道主义思想，是一种价值理念和信仰，是孟子抨击暴政，“处士横议”的精神根源和动力，也是孟子民本思想中最核心、最有价值的部分。

由于“民为贵”，人民是国家的价值主体，人民的好恶决定政治的具体内容，“所欲与之聚之，所恶勿施尔也”，君主在治理国家的过程中，应注意考察民意。以官吏的任免而言，其进其退，都不能仅仅听取少数人的一面之词，而应以人民的意志、意愿为根据。他说：

> 国君进贤，如不得已，将使卑逾尊，疏逾戚，可不慎与？左右皆曰贤，未可也；诸大夫皆曰贤，未可也；国人皆曰贤，然后察之，见贤焉，然后用之。左右皆曰不可，勿听；诸大夫皆曰不可，勿听；国人皆曰不可，然后察之，见不可焉，然后去之。左右皆曰可杀，勿听；诸大夫皆曰可杀，勿听；国人皆曰可杀，然后察之，见可杀焉，然后杀之。故曰：“国人杀之也。”如此，然后可以为民父母。（《梁惠王下》）

甚至对别国的讨伐，也要征得别国民众的同意。在谈到齐国应否征伐燕国时，孟子提出，“取之而燕民悦，则取之”，“取之而燕民不悦，则勿取”（《梁惠王下》）。将燕国民众的同意不同意作为出兵征伐的唯一根据。更进一步，君主自身的统治，也应当得到“民”的认可。虽然孟子并不认为君主的权利是直接来自于民，而是保留了“君权天授”的形式，但其思想中显然也包含了对君主统治合法性的思考，认为唯有为“民”所接受和支持，君主的统治才具有合法的形式。换言之，民众的认可和接受，构成了判断、衡量君主统治合法性的尺度。孟子对“君”“民”关系的这种理解，显然已超出了“君”应重视、关心“民”这一类简单的规定，而包含了对人民国家主体资格的肯定。孟子以舜继尧位为例，说明天子之位既是来自天，又是来自民，是“天与之”“人与之”，这是其统治合法性的基础。孟子认为“天子不能以天下与人”，表明天下并非天子个人的私有物，“这种区分的内在含义，在于肯定天下非天子个人的天下，而是天下之人或天下之民的天下”④。故在孟子看来，天子不过是受“天”与“民”委托的管理者，只具有管理、行政权，而不具有对天下的所有权。正因为如此，孟子肯定了汤武革命的合理性，不把君位看作是绝对的，如果君主不能保民，不能推行仁政，便可易位，甚至诛之、杀之。

齐宣王问曰：“汤放桀，武王伐纣，有诸？”

孟子对曰：“于传有之。”

曰：“臣弑其君可乎？”

曰：“贼仁者谓之贼，贼义者谓之残；残贼之人谓之一夫。闻诛一夫纣矣，未闻弑君也。”（《梁惠王下》）

同样，孟子也反对臣对于君的一味顺从，认为“以顺为正者，妾妇之道也”（《滕文公下》）。他向齐宣王进言道：“君之视臣如手足，则臣视君如腹心；君之视臣如犬马，则臣视君如国人；君之视臣如土芥，则臣视君如寇雠。”（《离娄下》）臣并不是完全依附于君，对于“贵戚之卿”来说，“君有大过则谏，反复之而不听，则易位”（这体现了社稷“贵”于君主）；对于“异姓之卿”来说，“君有过则谏，反复之而不听，则去”（《万章下》）。与君位相比，臣更应关注的是人民的利益与福祉，应该“守先王之道”“乐道忘势”，应该直言进谏，为民请命，而孟子之所以有如此主张，显然就在于“民贵君轻”的价值理想与信念。

孟子的“民贵君轻”说将古代的民本思想发展到一个高峰，代表了当时的最高成就，不过仍具有一些时代的局限。这是因为，孟子虽主张“民为贵”“君为轻”，但并不否认君主的特权地位，他认为君主的权力是“天与之”，是上天的赋予——尽管此天以人民的意志为根据，而一般的人想要成为天子，“德必若舜、禹，而又有天子荐之者”，才可以实现。天子即位之后，除非残暴“若桀、纣者”，否则天也不会废弃（《万章上》)。这是一种“君权天授”的思想，是一种神权政治，与近代主权在民的民主思想有所不同。同样，孟子虽肯定国家行政措施当以人民意愿为根据，认为人民的利益构成君主权力的基础，但并不主张人民可以直接参与国家政治管理，并未赋予人民监督、节制和罢免君主的权利，孟子所关注的主要是人民的生存（生命、财产）权以及受教育权，而非人民的政治参与权。诚如梁启超所言：“孟子仅言‘保民’，言‘救民’，言‘民之父母’，而未尝言民自为治，近世所谓 of the people（民享）、for the people（民有）、by the people（民治）之三原则，孟子仅发明 of 与 for 之二义，而未能发明 by 义。”⑤孟子虽然突出民在国家中的地位，但其“劳心”“劳力”说又否定了民（“劳力者”）的政治权利，肯定了人在政治上的不平等。孟子说：“劳心者治人，劳力者治于人；治于人者食人，治人者食于人。天下之通义也。”(《滕文公上》)如果说“劳心”“劳力”只是经济学意义上的劳动分工以及彼此间的“通功易食”——“治于人者食人，治人者食于人”，这种划分尚有合理之处的话，那么，孟子将其与政治学意义上的社会等级混同在一起，并用前者论证后者的合理性，则走向了偏差。按照这样的规定，“治人”或政治管理就成了少数“劳心者”的特权，而广大的“劳力者”则只能“治于人”，而不能积极地去“治人”，不能参与到社会的管理决策中去。而现代民主政治的基本原则之一，便是肯定每一个合乎法定要求的社会成员都具有参与社会决策的权利，它的前提，是承认每一个社会成员在社会政治结构中具有平等的地位。在这些方面，孟子的“民贵君轻”说与现代民主思想显然是有所不同的。

3.“仁政”与“王道”

孟子生活的战国中后期，正是古代社会大变动的前夜，春秋时期的诸侯争霸演变为战国时期的诸侯兼并，诸侯间战争愈演愈烈，“争地以战，杀人盈野；争城以战，杀人盈城”（《离娄上》）。这些战争不仅对社会生产造成极大破坏，也给人民生命财产带来沉重灾难。《孟子》记梁惠王曰：“东败于齐，长子死焉；西丧地于秦七百里；南辱于楚。”（《梁惠王上》）就是魏国对外发动的几次著名战争。面对战争的惨败，梁惠王不是汲取教训，偃旗息鼓，反而急于报仇雪恨，发动更大规模的战争。在兼并战争的刺激下，诸侯国君为了取胜不择手段，完全撕破了三代以来礼乐征伐的温情面纱。顾炎武说：“春秋时犹尊礼重信，而七国则绝不言礼与信矣；春秋时犹宗周王，而七国则绝不言王矣；春秋时犹严祭祀重聘享，而七国则无其事矣；春秋时犹论宗姓氏族，而七国则无一言及之矣。”（《日知录·论周末风俗》）孟子反对诸侯间的战争，他站在民本的立场提出了“仁政”说，对孔子“仁者爱人”“为政以德”的思想做了进一步发展。孟子“仁政”说的思想基础是民本论，其根据则是性善论。孟子说：

> 人皆有不忍人之心。先王有不忍人之心，斯有不忍人之政矣。以不忍人之心，行不忍人之政，治天下可运之掌上。（《公孙丑上》）

“不忍人之心”即“恻隐之心”，也就是人皆生而即有的仁爱、同情心。“先王”指尧舜和三代之王，孟子认为“先王”将生而即有的“不忍人之心”施之于社会政治中，于是就有了“不忍人之政”，即“仁政”。只要实行仁政，治理天下便可“运之掌上”。在孟子看来，推行仁政不仅富有成效，而且是完全可能的，原因就在于“人皆有不忍人之心”，今之君王与古之“先王”一样，也都有仁爱、同情之心。孟子在游说齐宣王时，以宣王不忍杀牛衅钟而“以羊易之”，“见其生，不忍见其死”，启发齐宣王扩充此仁心，即可“保民而王”(《梁惠王上》)。孟子将仁政寄托在君主的不忍人之心上，似天真、不切实际，如后人所批评的，是“迂远而阔于事情”；但孟子以仁心启发宣王，不过是一种进言的策略，是在当时历史条件下的无奈之举。孟子提倡仁政，其根本原因并不在于相信君王的不忍人之心，而在于坚信“民为贵”，认为民众的生命、财产是最为珍贵的，故以民众代言人的身份登上当时的政治舞台，要求统治者放下屠刀，实行仁政，解民于倒悬，救民于水火。对于孟子而言，性善论只是实行仁政的可能条件，民本论才是其根本原因。故在《孟子》中，我们还可以看到孟子与齐宣王之间的另外一幕：

> 孟子谓齐宣王曰：“王之臣有托其妻子于其友而之楚游者，比其反也，则冻馁其妻子，则如之何？”
>
> 王曰：“弃之。”
>
> 曰：“士师不能治士，则如之何？”
>
> 王曰：“已之。”
>
> 曰：“四境之内不治，则如之何？”
>
> 王顾左右而言他。(《梁惠王下》)

孟子从某人受人之托，照顾朋友的妻室儿女，却使其受冻挨饿；被任命为士师的高官，却不能管理好其下属，“则如之何”的一步步追问，意在提醒宣王注意，君主亦不过是受天之托来管理民众，如果“四境之内不治”，同样面临着“如之何”的问题。故在孟子看来，仁政绝不仅仅是君主的一种施舍、怜悯，而是其应尽的责任与义务，是其获得统治地位的理由和根据。而从“王顾左右而言他”的表现来看，孟子的主张显然是宣王自己也无法完全否认的。

孟子通过总结三代“废兴存亡”的历史教训指出：“三代之得天下也以仁，其失天下也以不仁。国之所以废兴存亡者亦然。”（《离娄上》）认为天子不施行仁政，便不能保全四海；诸侯不施行仁政，便不能保住社稷；大夫不施行仁政，便不能保住宗庙；士和庶人不施行仁政，便不能保全生命。他像孔子一样，一生中周游列国，游说魏、齐等国的君主，希望他们能效法尧、舜以及三代之王，“制民之产”，施行仁政，结束战乱，使人民过上安定、富裕的生活。

> 孟子曰：“规矩，方员之至也；圣人，人伦之至也。欲为君，尽君道；欲为臣，尽臣道。二者皆法尧舜而已矣。不以舜之所以事尧事君，不敬其君者也；不以尧之所以治民治民，贼其民者也。孔子曰：‘道二，仁与不仁而已矣。’”（《离娄上》）

尧、舜等圣人是人伦的极致，是君道、臣道的最高榜样。后世当效法尧、舜，“以舜之所以事尧事君”，“以尧之所以治民治民”，而尧、舜所体现的君道、臣道不过就是仁而已。孟子又说：“尧舜之道，不以仁政，不能平治天下。今有仁心仁闻而民不被其泽、不可法于后世者，不行先王之道也。故曰，徒善不足以为政，徒法不能以自行。”（《离娄上》）认为施行仁政不仅要有善良之心和好的名声（“仁心仁闻”），同时还应有一套具体、可供操作的制度。只有其中的一项，“徒善”或“徒法”，都是不能真正实现仁政的。只有“既竭心思焉，继之以不忍人之政”，也就是扩充不忍人之心，急民所急，想民所想，同时又“遵先王之法”，这样才能达到“仁覆天下”的效果。故在仁政的问题上，孟子不仅重人治，亦重法治，其所谓“法”主要是指“先王之法”或“先王之道”。孟子说：“无恒产而有恒心者，惟士为能。若民，则无恒产，因无恒心。”（《梁惠王上》）民众与士的不同之处，就在于他们具有了固定的“恒产”，才能有为善的“恒心”。如果没有“恒产”，人民生活陷入困顿，也就没有了“恒心”，“放辟邪侈，无不为已”。所以先王、明君施行仁政，首先要“制民之产”，设计相应的经济制度，使民众“仰足以事父母，俯足以畜妻子；乐岁终身饱，凶年免于死亡，然后驱而之善，故民之从之也轻”（同上）。具体讲，就是要“正经界”，均井田；“薄税敛”，“省刑罚”；“去关市之征”，废除市场税等。孟子说：

> 夫仁政必自经界始。经界不正，井地不钧，谷禄不平，是故暴君污吏必慢其经界。经界既正，分田制禄可坐而定也。（《滕文公上》）

“正经界”就是要明确土地的所有权，避免暴君污吏对人民土地、财产的侵夺，故孟子视其为“仁政之始”，认为是施行仁政首先要做的事情。就孟子承认人民的土地所有权而言，他是肯定土地私有的。但春秋战国以来出现的土地私有，虽然调动了人民的生产积极性，有利于富国强兵，也暴露出相应的弊端，国家聚敛无度，社会贫富分化，致使“富者田连阡陌，贫者无立锥之地”。有鉴于此，孟子以恢复古代井田为名，提出了一个公有、私有相混合的土地所有模式，其具体内容是：“方里而井，井九百亩，其中为公田。八家皆私百亩，同养公田。公事毕，然后敢治私事。”（《滕文公上》）在这个方案中，孟子既肯定了私田，也保留了公田。肯定私田，是为了鼓励生产，满足人民的基本生活需要；保留公田，则是为了使百姓“出入相友，守望相助，疾病相扶持”。孟子讲，“公事毕，然后敢治私事”。强调首先要治好公田，然后才能治理私田。但就施行仁政而言，他更重视的是私田，要求每家都有“百亩之田”可从事生产，统治者“勿夺其时”，这样才能真正实现仁政、王道。人民有了“五亩之宅”“百亩之田”后，国家还应“薄其税敛”，避免对人民的横征暴敛。

战国时期，商品经济已较为繁荣，出现了集市贸易，孟子主张“关市讥而不征”，反对统治者与人民争利，将其作为仁政的一个重要内容。对于市场，提供空地储藏货物却不征税，如果滞销，就依法收购不让其长期积压。对于关卡，只稽查而不征税。对于耕田的人，实行助法而不征税。对于人民的住宅，不征收额外的税钱。这样，天下之民便会欣然归附，“如此，则无敌于天下”（《公孙丑上》）。

孟子说：“人之有道也，饱食煖衣，逸居而无教，则近于禽兽。”（《滕文公上》）人的伦理生活高于物质生活，在“制民之产”，人民的生活得到基本保障后，便需要“谨庠序之教，申之以孝悌之义”，培养人民的向善之心。仁政、王道的最终目的就是要“富而教之”，实现“父子有亲，君臣有义，夫妇有别，长幼有序，朋友有信”“人伦明于上，小民亲于下”（《滕文公上》）的和谐伦理社会。

孟子生活的战国时代，统一已成为大的趋势，对此孟子亦持肯定的态度。孟子在回答梁襄王问“天下恶乎定”时，明确肯定“定于一”（《梁惠王上》），表明在孟子看来，只有统一才能实现天下的安定。但当时各国都将统一的方式寄托在暴力上，希望通过富国强兵、合纵连横统一天下，正如《史记·孟子荀卿列传》所言：“天下方务于合纵连横，以攻伐为贤。”而孟子则大义凛然，逆潮流而动，倡仁政，反霸道，“述唐虞、三代之德”，提出了“以德服人”的王道思想。

> 孟子曰：“以力假仁者霸，霸必有大国；以德行仁者王，王不待大——汤以七十里，文王以百里。以力服人者，非心服也，力不赡也；以德服人者，中心悦而诚服也，如七十子之服孔子也。《诗》云：‘自西自东，自南自北，无思不服。’此之谓也。”（《公孙丑上》）

孟子主张用“以德服人”的“王道”统一天下，反对“以力服人”

的“霸道”，也就是反对法家以严刑峻法驱民耕战，凭借富国强兵的实力和暴力来统一天下。因为前者符合人民的普遍利益，体现了对人民生命、财产和意志的尊重；后者则是从统治者的个人私利出发，是为了满足统治者个人的私欲，相反给人民的生命、财产带来巨大的灾难，是违背人民的意愿的，它虽可以称霸一时，但不可长久。孟子说：

> 君不行仁政而富之，皆弃于孔子者也，况于为之强战？争地以战，杀人盈野；争城以战，杀人盈城。此所谓率土地而食人肉，罪不容于死。故善战者服上刑，连诸侯者次之，辟草莱、任土地者次之。（《离娄上》）

“弃于孔子者”即违背了孔子的价值原则，具体讲，就是违背了“民为贵”的价值原则。在孟子看来，孔子的精神就是“行一不义、杀一无辜而得天下，皆不为也”（《公孙丑上》），认为人民的生命高于君主、天下之位，天下虽大，亦不能以牺牲民之生命为代价。这当然是一种很高的人道主义和价值理想，商汤、周文王实行仁政、王道，正体现了这种价值理想，而齐桓、晋文及当时之诸侯攻伐征战，违背了这一价值理想，“率土地而食人肉，罪不容于死”。

孟子曾向齐宣王进言，称其试图用“兴甲兵，危士臣，构怨于诸侯”的方式，以实现“辟土地，朝秦楚，莅中国而抚四夷”的“大欲”，无异于是“缘木求鱼”（《梁惠王上》），是根本无法实现的。只有实行仁政、王道，“使天下仕者皆欲立于王之朝，耕者皆欲耕于王之野，商贾皆欲藏于王之市，行旅皆欲出于王之涂，天下之欲疾其君者皆欲赴愬于王”（同上），才能真正统一天下。可见，仁政、王道不仅体现了“民为贵”的价值原则，同时还可以“得民心”，是富有成效、切实可行的。孟子说：

天时不如地利，地利不如人和。……故曰：域民不以封疆之界，固国不以山谿之险，威天下不以兵革之利。得道者多助，失道者寡助。寡助之至，亲戚畔之；多助之至，天下顺之。以天下之所顺，攻亲戚之所畔，故君子有不战，战必胜矣。（《公孙丑下》）

孟子以商汤伐桀，“民望之，若大旱之望云霓也。归市者不止，耕者不变，诛其君而吊其民，若时雨降。民大悦”（《梁惠王下》），说明“仁人无敌于天下”（《尽心下》）。他分析当时的形势，认为“王者之不作，未有疏于此时者也；民之憔悴于虐政，未有甚于此时者也”。“当今之时，万乘之国行仁政，民之悦之，犹解倒悬也。故事半古之人，功必倍之，惟此时为然。”（《公孙丑上》）基于这种认识，孟子甚至对《尚书·武成》篇关于武王伐纣的记载持怀疑态度：“以至仁伐至不仁，而何其血之流杵也？”（《尽心下》）显然，孟子将正义战争理想化了，他的“以德服人”“仁人无敌”的思想在当时也不免受到“迂远”之讥。但孟子重视人民的力量，关心民众的疾苦，特别是将民众的生命、财产看作是最为珍贵的，认为任何统治者只有行仁政、王道，维护民众的生命、财产，才最有资格也最有可能统一天下，这种人道主义思想无疑是具有超越时代的价值，一定程度上也反映了历史的实际。

三、《孟子》的地位及影响

《孟子》一书是由孟子晚年与弟子万章等编著，《史记·孟子荀卿列传》说：“（孟子）退而与万章之徒序《诗》《书》，述仲尼之意，作《孟子》七篇。”认为《孟子》一书实为七篇。《风俗通义·穷通》则说：“退与万章之徒序《诗》、《书》、仲尼之意，作书中、外十一篇。”《汉书·艺文志·诸子略》儒家亦著录《孟子》十一篇。东汉赵岐《孟子题辞》说：“于是退而论集所与高第弟子公孙丑、万章之徒难疑答问，又自撰其法度之言，著书七篇，二百六十一章，三万四千六百八十五字。……又有《外书》四篇：《性善》《辩文》《说孝经》《为政》[6]。其文不能宏深，不与内篇相似，似非孟子本真，后世依放而托之者也。”可见所谓十一篇是在七篇的基础上，再加上《外书》四篇。但赵岐对《外书》四篇已有所怀疑，认为“似非孟子本真”，此四篇后已失传。至于今本《外书》，一般认为是明人姚士粦伪作。

《孟子》今存七篇，分别为：《梁惠王》《公孙丑》《滕文公》《离娄》《万章》《告子》《尽心》，每篇各分上下，共十四卷。《孟子》一书记载孟子的游说活动，并记录孟子的“仁政”“性善”“义利之辨”“存心”“养性”等思想。作为辩论对象，还保存了杨朱、许行、告子的思想材料。

《孟子》一书可能在战国时已形成，并在社会上流传。据《韩非子·显学》，孔子之后，“儒分为八”，“孟氏之儒”为八派之一，与“孙氏之儒”（荀子）并列，是孔门内部较有影响的一派。不过自秦汉以降至两宋以前，《孟子》一书地位一直不高，被当作一般的子书看待。司马迁在《史记》中列有《孟子荀卿列传》，将孟荀并称，说明在当时人们心目中二人地位相当，学术界称为“孟荀齐号”。不过就对汉代经学的影响而言，孟子似乎都不如另一位儒者荀子大。汉代儒学以经学为主体，孟子、荀子虽然均传授六艺，但由于荀子差不多活到“六王毕，四海一”的战国后期，六经多是由他才传到后代，汉初的经师，如毛公、申公、穆生、白生、张苍、贾谊、大小戴等，直接或间接都是出于荀子之门，所以荀子与汉代经学有着更密切的关系。清人汪中说：“荀卿之学出于孔氏，而尤有功于诸经。……盖自七十子之徒既殁，汉诸儒未兴，中更战国暴秦之乱，六艺之传赖以不绝者，荀卿也。周公作之，孔子述之，荀卿子传之，其揆一也。”[7]梁启超亦称：“汉世六经家法，强半为荀子所传，而传经诸老师，又多故秦博士，故自汉以后，名虽为昌明孔学，实则所传者仅荀学一支派而已。”[⑧] 汉代儒学除经学外，亦包括子学，虽然孟子倡民本、行仁政，其流风余韵亦波及汉代诸子，但相比较而言，荀子“隆礼重法”，注重外王事功，更适应当时社会的需要，故亦更受到时人的重视。“汉世儒者，非仅浮丘伯、伏生、申公一辈博士经生，大部出自荀卿之学；即其卓称诸子，自陆贾以下，如扬雄、王符、仲长统，及荀悦之伦，亦莫非荀卿之传也。盖两汉学术，经学固云独盛，然因承先秦诸家之余风，子学述作亦复不少，其列属儒家者，大抵为荀卿之儒也。吾人读其书，荀卿之色彩颇浓，申、韩之绪余，亦往往杂出乎其间。……此其所谓儒，盖荀卿之儒耳。”[⑨]

及至唐代，孟子的地位虽有提高，但仍未有根本改善。据学者考证，唐高祖、太宗、高宗三朝，争论国子学当祭“周孔”还是“孔颜”；唐太宗时，增加从左丘明到范宁二十二位儒者从祀孔庙；唐玄宗封颜渊为“亚圣”和“兖国公”，封“孔门十哲”和“七十子”为侯、伯，而孟子却只字未被提及。当时科举考试的“明经”科目中有《周礼》《仪礼》《礼记》《左传》《公羊传》《穀梁传》《周易》《尚书》《毛诗》“九经”，《论语》和《孝经》被列入“兼经”，而《孟子》一书没有资格入选[⑩]。故由汉至唐，荀子的影响似超过孟子，而彼时所谓儒学，大抵缘饰以经学，阴染有法意，“霸王道杂糅之”，多由荀学发展而来。“三代以下之天下，非孟子治之，乃荀子治之。”

宋代以后，经学衰落，理学兴起，儒学形态再次发生变化：一是由六经转向四书，二是由章句训诂转向性命义理。在这一过程中，孟子的地位不断提升，并与道统结合在一起，成为儒家正统的代表。汉魏以降，佛老流行，儒学衰微，逮至唐代，韩愈崇儒学，批佛老，首倡道统说：“斯吾所谓道也，非向所谓老与佛之道也。尧以是传之舜，舜以是传之禹，禹以是传之汤，汤以是传之文武周公，文武周公传之孔子，孔子传之孟轲，轲之死，不得其传焉。荀与扬也，择焉而不精，语焉而不详。”[⑪] 儒家自古以来就有一个道统的传授，它从尧舜时代就已经开始，远比佛老久远，这一传授系统后经孔子传与孟子，孟子以后道便不传。韩愈的道统说得到宋明理学家的普遍认可，“伊洛兴起，那时的学术风气又变了。他们看重‘教’更过于看重‘治’。因此他们特别提出《小戴记》中《大学》这一篇，也正为《大学》明白地主张把‘治国’、‘平天下’包括到‘正心’、‘诚意’的一条线上来。于是孟子和孔子更接近，周公和孔子则更疏远。在韩愈以前，常还是‘周孔’并称的，到伊洛以后，确然变成为‘孔孟’并称了……他们之更可看重者，也全在内圣之德上，而不在其外王之道上。于是远从《尚书》‘十六字传心诀’，一线相传到孔孟，全都是‘圣学’，不再是‘王道’”⑫。按照理学家的看法，孔子之后儒家的道统谱系是：孔子—曾子—子思—孟子，与这一谱系对应的，便是《论语》《大学》《中庸》《孟子》四书。故孔子之后，真正继承道统的是曾子、子思尤其是孟子，其言性命天道，功绩反在尧舜周公之上。“孟子有功于圣门不可言。如仲尼只说一个‘仁’，孟子开口便说‘仁义’；仲尼只说一个‘志’，孟子便说许多‘养气’出来。只此二字，其功甚多。”⑬“古之学者便立天理，孔孟而后，其心不传，如荀、扬皆不能知。”⑭孟子之名逐渐列于孔子之后，成为仅次于孔子的“亚圣”；《孟子》一书也“升格”为经，悬为科举功令，成为中国士人必读的官方教科书。“自孔子没，群弟子莫不有书，独孟轲氏之传得其宗，……故求观圣人之道，必自《孟子》始。”⑮“夫《孟子》之文，粲若经传，……其文继乎六艺，光乎百氏，真圣人之微旨也！”⑯“学者当以《论语》《孟子》为本。《论语》《孟子》既治，则六经可不治而明矣。”⑰“《论》《孟》如丈尺权衡相似，以此去量度事物，自然见得长短轻重。……今人看《论》《孟》之书，亦如见孔孟何异？”⑱

孟子的地位也得到官方的认可。熙宁四年（1071）二月，《孟子》一书首次被列入科举考试的科目之中。熙宁七年（1074），支持王安石变法的经学家常秩，请立孟轲像于朝廷。元丰六年（1083）十月，孟子首次受到官方的封爵，诏封为“邹国公”。元丰七年（1084）五月，官方首次批准，允许孟子配享孔庙。政和五年（1115），政府方面承认兖州邹县所建的孟庙，诏以乐正子配享、公孙丑以下十七人从祀。宣和年间（1119—1125），《孟子》一书首次被刻成石经，成为“十三经”之一。到元朝的至顺元年（1330）元文宗加封孟子为“亚圣公”，孟子“亚圣”的地位终于确立[19]。故宋代以后，孟子的影响又彻底压倒荀子，《孟子》一书也随“四书”的广泛传播，在中国传统社会的后期产生了深远影响。

四、《孟子》的注疏及版本

阅读《孟子》，离不开古人的注疏。关于《孟子》的注本，重要的有东汉赵岐《孟子章句》、南宋朱熹《孟子集注》、清焦循《孟子正义》等。

赵岐（？—201），字邠卿，京兆长陵县（今陕西咸阳）人。初名嘉，字台卿，因避难而改名。东汉末年经学家。汉桓帝时，因得罪京兆尹唐玹，赵岐全家被害，自己只好隐姓埋名，逃至北海卖饼，后被孙嵩救至家中，藏于复壁内数年。唐玹及其家人死后，赵岐得到大赦，才得以重见天日。但又遇到两次党锢之祸，可谓一生历经坎坷。赵岐的《孟子章句》，是汉代几家《孟子》注释中唯一完整留存至今的。不仅反映了汉代《孟子》研究的状况和水平，在整个孟学史上也占有重要地位，可谓是孟学史的发端之作，意义重大。《十三经注疏》中《孟子注疏》收入的就是赵岐的注。

朱熹（1130—1200），字元晦，又字仲晦，号晦庵，世称朱文公。祖籍徽州婺源（今江西婺源），出生于南剑州尤溪（今属福建尤溪）。南宋著名的理学家，闽学派的代表人物，传统社会后期儒学的集大成者，世尊称为朱子。朱熹十九岁中进士第，后任泉州同安县（今属福建）

主簿，开始了仕途生涯。六十五岁时，应召入都（今杭州），官拜焕章阁待制兼侍讲，为宁宗讲《大学》。朱熹强调“格物、致知、诚意、正心、修身、齐家、治国、平天下”八目，希望通过匡正君德来限制君权，引起宋宁宗和执政韩侂胄的不满，在朝仅四十六日，便被解职。不久，在韩侂胄的指使下，朝廷发动了“庆元党禁”，斥道学为伪学，斥朱熹为“伪学魁首”，朱子的门人或流放，或坐牢，遭到严重打击。朱熹虽身处逆境，仍著述不辍，希望在有生之年建构起自己的理学体系，使道统后继有人。庆元六年（1200），朱熹去世，时年七十一岁。朱熹的《孟子集注》收入《四书章句集注》之中，与《大学章句》《中庸章句》《论语集注》一起构成朱子的四书学体系。朱熹注《孟子》，注重义理的发挥，并申之以己意，实际是将《孟子》纳入自己的理学体系之中，代表了与汉唐章句之学不同的治学风格。不过，朱熹虽然重视义理，但对文字训诂并不偏废，往往有独到见解，又大量引用了宋代学者的观点，保留了一批珍贵资料，有着重要价值。宋以后，元、明、清三朝都以《四书章句集注》为官方教科书和科举考试的标准答案，《孟子集注》随《四书章句集注》一起，成为传统社会后期的官方哲学，产生重大影响。

焦循（1763—1820），字理堂，一字里堂，江苏扬州人。清代经学家。嘉庆六年（1801）中举人，后应礼部试不第，随即返乡侍奉母亲，不仕。母亲卒后，托疾闭户，建雕菰楼，读书著述其中，足不踏入城市有十余年。焦循治学广博，对《周易》《论语》《孟子》三书犹有精深研究。据焦循自述，其从弱冠时就好读《孟子》，对以往经疏中的不当之处深感不满，立志为其作正义。嘉庆二十一年（1816）冬，焦循与儿子焦廷琥先用近两年时间，博采历代有关《孟子》及赵注之论述，编次为《孟子长编》三十卷。《长编》编成后，焦循再就中所录删繁补缺，于嘉庆二十五年（1820）春完稿。但校对、誊录未半，焦循即去世。其子焦廷琥秉承父志，完成《正义》余下的工作，但未及出版也因病而终。临终前委托其叔叔焦征以完成《正义》的刊刻印行。道光五年（1825），《孟子正义》由焦征缮清、付刊问世。所以，《正义》一书实际成于焦循、焦廷琥、焦征三人之手，是凝聚了兄弟父子的心血之作。焦循成长于考据学极盛的乾隆年间，他接受了吴、皖两派经学思想之精义，形成考据与义理相结合的学术取向。其《正义》虽然是为赵岐《注》做疏，但又突破了“疏不破注”的成法，对于赵注，既申其义，又补其注，同时还正其误，存其疑，被称为清代“新疏家模范作品”。《正义》详于名物训诂，虽然对于义理也有心得，其往往淹没在浩繁的疏文之中，有胶柱鼓瑟之病，这点是需要注意的。

《孟子》的版本，重要的有宋刻巾箱本、宋刻大字本、明崇祯十三年（1640）锡山秦氏求古斋刻本、清乾隆间武英殿刻本、清嘉庆道光间江都焦氏雕菰楼本等。本书以常见的《十三经注疏》本为底本，同时参考其他版本，根据文意择善而从。底本改动之处一般会在注释中加以说明，个别虚词、异体字的改动，因不影响文本的理解，不做专门说明。本书参考了阮元的《校勘记》，尤其是刘玉才教授主编的《十三经注疏校勘记》（北京大学出版社 2015 年版），特此说明。

① 持此说者有元代程复心《孟子年谱》，清代陈宝泉《孟子时事考征》、狄子奇《孟子编年》等。

② 余英时《士与中国文化》，上海人民出版社 1987 年版，第 12—13 页。

③ 张岱年《中国哲学大纲》，中国社会科学出版社 1982 年版，第 184—185 页。

④ 杨国荣《儒家政治哲学的多重面向——以孟子为中心的思考》，《浙江学刊》2002 年第 5 期。

⑤ 梁启超《老孔墨以后学派概观》，收入《饮冰室专集》2 册，台北中华书局 1972 年版，第 36—37 页。

⑥ 此句也有断为《性善辩》《文说》《孝经》《为政》。但《孝经》为一独立的作品，不应收录于《孟子》中，故不从。

⑦ （清）汪中《荀卿子通论》，见王先谦《荀子集解》，《诸子集成》第2册，上海书店1986年影印版，第14—17页。

⑧ 梁启超《论中国学术思想变迁之大势》，上海古籍出版社2001年版，第80页。

⑨ 徐平章《荀子与两汉儒学》，台北文津出版社1988年版，第179页。

⑩ 参见徐洪兴《唐宋间的孟子升格运动》，《中国社会科学》1993年第5期。值得注意的是，东汉赵岐在注解《孟子》时，曾把孟子尊为“亚圣”，还提到西汉文帝时设置过《孟子》的“传记博士”。可“亚圣”之名，当时未得到官方认可过；而“传记博士”之说，不见于《史记》《汉书》的记载，后人对此多有疑窦。即使存在也为时很短，没有产生过较大影响。

⑪ （唐）韩愈《原道》，见《韩愈全集》，上海古籍出版社1997年版，第120页。

⑫ 钱穆《两汉经学今古文评议》，商务印书馆2001年版，第296—297页。

⑬ （宋）程颢、程颐《二程集》第1册，中华书局1981年版，第76页、221页。

⑭ （宋）张载《经学理窟·义理》，见《张载集》，中华书局1978年版，第273页。

⑮ （唐）韩愈《送王秀才序》，见《韩愈全集》，第212页。

⑯ （唐）皮日休《请孟子为学科书》，见《皮子文薮》卷九，《四库全书》文渊阁本。

⑰ （宋）程颢、程颐《二程集》第1册，第322页。

⑱ 同上，第205页。

⑲ 参见前引徐洪兴《唐宋间的孟子升格运动》。

孟　子

梁惠王上

1.1　孟子见梁惠王[1]。王曰："叟！不远千里而来，亦将有以利吾国乎[2]？"

孟子对曰："王何必曰利？亦有仁义而已矣[3]。王曰'何以利吾国？'大夫曰'何以利吾家[4]？'士、庶人曰'何以利吾身？'上下交征利而国危矣[5]。万乘之国[6]，弑其君者，必千乘之家；千乘之国，弑其君者，必百乘之家。万取千焉，千取百焉，不为不多矣[7]。苟为后义而

"国不以利为利，以义为利也。"（《礼记·大学》）

先利，不夺不餍[8]。未有仁而遗其亲者也，未有义而后其君者也。王亦曰仁义而已矣，何必曰利？”

［注释］

[1] 梁惠王：即魏惠王（前369—前319年在位），战国时魏国国君。名罃。“惠”是其死后的谥号。魏惠王在位时，因迫于秦国的压力，将都城从安邑（今山西夏县西北）迁到大梁（今河南开封），故亦称梁惠王。 [2] 以上三句意为，老先生，不远千里而来，那么将给我的国家带来什么利呢？亦：则。 [3] 以上两句意为，大王何必说利？只有仁义罢了。亦：只；仅仅。 [4] 家：大夫的封邑，又称采地。 [5] 此句意为，上下互相争夺利，国家就危险了。交征：互相争夺。征：夺取。 [6] 乘（shèng）：量词。古代用四匹马拉的一辆兵车叫一乘，一乘有甲士三人，普通兵卒七十二人，共七十五人。诸侯国的大小以兵车的多少来衡量，万乘之国为当时的大国。 [7] 以上三句意为，万份中占有千份，千份中占有百份，不算是不多。 [8] 以上两句意为，如果人们把义放在利之后，不全部夺取就不会满足。餍（yàn）：满足。

［点评］

本章为《孟子》一书首章，从梁惠王称孟子为“叟”，知是孟子游历晚期事，列为首章，关乎全书主旨也。据学者考证，孟子在滕国推行仁政失败后（参见2.13、2.14、2.15），听说魏惠王招贤纳士，于是率领门徒，“后车数十乘，从者数百人”（6.4），浩浩荡荡来到魏国。孟子到魏国时，梁惠王正经历了一连串的军事失败，故急迫地问：能给我的国家带来什么利益？于是二人有了这场关于义利的著名对话。

朱熹说："义利之说，乃儒者第一义。"故这段文字被列为《孟子》的开篇，可能不是偶然的，它既是对当时社会状况的反映，也是理解《孟子》一书的关键。孟子生活的战国中后期，周代以来的礼乐制度彻底崩坏，如何重建政治秩序成为急迫的现实问题，在这一问题上存在着不同的认识和看法。法家主张对内富国强兵，对外武力扩张，希望通过暴力重建政治秩序，其所行乃霸道；而以孟子为代表的儒家则主张行仁政、王道，"得其民，斯得天下矣"（7.9），希望以仁义重建政治秩序。故孟子的义利之辨不只是一个利益分配的问题，而首先是政治秩序重建，是行霸道还是王道的问题——以仁义重建政治秩序是为王道，以暴力实现政治统治则为霸道。需要说明的是，梁惠王"何以利吾国"的"利"并非一般意义上的利，不是民众的物质利益，而是指攻占别国的土地，杀戮别国的民众，是"欲以富国强兵为利"（赵岐注），实际是梁惠王扩张疆土，臣服秦、楚的"大欲"。故针对梁惠王的发问，孟子明确回答："大王何必说利？只有仁义罢了。"孟子所说的义或仁义是指公正、正义，以及人与人之间的良善关系。孟子的义利之辨具有不同的内涵和层面。义利之辨的第一个层面是说，我们不能在一个没有道德原则，没有正义、秩序的环境中去追求利，在这样的环境中如果人们还一味地追求利，那只能是诸侯想着去取代天子，大夫想着去杀害诸侯，士想着篡夺大夫，只能使社会陷入更大的混乱之中。孟子告诫人们，在一个无序、混乱的社会中，首先不应该想着如何去追求利，而是建立起公正、正义，以及人与人之间的良善关系。

司马迁说：“余读孟子书，至梁惠王问‘何以利吾国’，未尝不废书而叹也。曰：嗟乎！利诚乱之始也！”（《史记·孟子荀卿列传》）司马迁这里所说的利，就是孟子所否定的利，也就是只讲个人需要不讲道义原则的利。所以我们不应只看到利，还应看到利背后的义，只有建立起义，建立起合理、公正的秩序，才能更好地追求利。这是两千年前孟子给我们的启示。

需要说明的是，孟子并不一概反对物质利益。《孔丛子》中子思与孟子的一段“对话”，将义利的关系讲得更为清楚。

> 孟轲问牧民何先，子思曰：“先利之。”
>
> 曰：“君子之所以教民，亦仁义，固所以利之乎？”
>
> 子思曰：“上不仁则下不得其所，上不义则下乐为乱也，此为不利大矣。故《易》曰：‘利者，义之和也。’又曰：‘利用安身，以崇德也。’此皆利之大者也。”（《杂训》）

这段文字与前面孟子与梁惠王的对话显然具有某种联系。前文孟子主张“何必曰利”，这里“子思”却主张“先利之”；前面是孟子教导梁惠王，这里却是子思教导孟子。说明这段文字是针对孟子与梁惠王的对话而发，是对前者的一个补充和回应。不过据学者考证，子思与孟子年代相距较远，二人不及相见。故《孔丛子》中的这段文字并没有事实的根据，而可能是出于子思或孟子后学之手，意在说明经过子思的“教诲”，孟子也重视起民众的利益了。这虽然是虚构，但衡之以孟子“制民之产”的主张，也是符合孟子思想的。《孟子》上文中的“利”是指君王的“大欲”，故孟子主张“何必曰利”，而此段文字中的“利”是指民众的物质利益，故“子思”主张“先利之”。在孟子等儒家学者看来，执政者本来就是要为天下百姓谋取、创造利益的，执政者若奉行仁，遵守义，百姓安居乐业，各得其所，“此皆利之大者也”；若执政者抛弃了仁，违背了义，百姓的生活得不到保障，流离失所，甚至铤而走险，“此为不利大矣”。所以，义和利实际是统一的，或者说应该是统一的，这里“义”是指道义和公正、正义，“利”则是指社会的整体利益，指民众的物质利益。强调义利的统一，是孟子义利之辨的第二个层面。

故本章虽然是谈义利，但与孟子所主张的仁政、王道也是密切相关的。以民众的物质利益为重，对内实行仁义的是仁政，通过“得民心”使天下归附的是王道；而“以富国强兵为利”，片面追求物质利益的是暴政，通过武力扩张使天下臣服的是霸道。重视义还是重视利以及如何看待义利的关系，乃区分仁政与力政、王道与霸道的重要根据。故以下几章主要围绕仁政、王道展开论述。本章可与12.4合看。

贤者与民偕乐，故能乐此乐；不贤者不与民偕乐，虽有此乐而不能乐。

1.2 孟子见梁惠王。王立于沼上，顾鸿雁麋鹿[1]，曰："贤者亦乐此乎？"

孟子对曰："贤者而后乐此，不贤者虽有此，不乐也。《诗》云[2]：'经始灵台[3]，经之营之，庶民攻之[4]，不日成之。经始勿亟[5]，庶民子来[6]。王在灵囿，麀鹿攸伏[7]，麀鹿濯濯[8]，白鸟鹤鹤[9]。王在灵沼，於牣鱼跃[10]。'文王以民力为台为沼，而民欢乐之，谓其台曰灵台，谓其沼曰灵沼，乐其有麋鹿鱼鳖。古之人与民偕乐，故能乐也。《汤誓》曰[11]：'时日害丧，予及女偕亡[12]。'民欲与之偕亡，虽有台池鸟兽，岂能独乐哉？"

［注释］

[1] 顾：视；看。 [2]《诗》云：此章所引为《诗·大雅·灵台》，记述文王营造灵台之事。 [3] 经始：即"始经"。经：测度。指测量灵台的位置，以便建造地基。灵台：祭祀神灵之台。故址在今陕西西安西北。孟子在这里做了引申，认为文王与民同乐，故民称其台为灵台。灵是美好的意思。 [4] 攻：建造。 [5] 亟：急。 [6] 子来：像儿子一样前来。 [7] 麀（yōu）鹿：牝鹿。攸伏：安然俯伏。攸：安然貌。 [8] 濯（zhuó）濯：肥胖而光滑的样子。 [9] 鹤鹤：羽毛洁白的样子。 [10] 上引诗句意为，开始建灵台，测量又经营。百姓来建造，很快就造好。王说莫要

急，百姓更卖力。文王到灵囿，母鹿卧不惊。母鹿肥又美，白鸟羽毛洁。文王到灵沼，满池鱼儿跳。於（wū）：赞叹词。牣（rèn）：满。 [11]《汤誓》：《尚书》中的一篇。记载商汤讨伐暴君夏桀的誓词。 [12] 以上两句意为，这太阳何时陨落？我们和你一起灭亡！夏桀曾自比太阳，故百姓以“日害丧”诅咒之。时：这。害：同“曷”。何时。女：同“汝”。你。

［点评］

本章论与民偕乐，与《梁惠王下》2.1、2.2、2.4、2.5 章内容相近，放在《梁惠王下》似乎更合理。孟子不反对君主拥有一定的特权和享乐，这既是对现实的承认，也是对劳心、劳力社会分工的认可，但前提是君主要有贤的品德，能够推己及人，与民同乐，得到百姓的支持。相反，若是一味贪图个人享乐，甚至与民为敌，则只能是自取灭亡。

1.3 梁惠王曰：“寡人之于国也[1]，尽心焉耳矣。河内凶，则移其民于河东，移其粟于河内[2]。河东凶亦然[3]。察邻国之政，无如寡人之用心者。邻国之民不加少[4]，寡人之民不加多，何也？”

孟子对曰：“王好战，请以战喻[5]。填然鼓之，兵刃既接，弃甲曳兵而走[6]。或百步而后止，或五十步而后止。以五十步笑百步，则何如？”

讥惠王好战，虽有惠民之举，亦不过五十步笑百步耳。

曰："不可，直不百步耳[7]，是亦走也。"

曰："王如知此，则无望民之多于邻国也。不违农时，谷不可胜食也；数罟不入洿池[8]，鱼鳖不可胜食也；斧斤以时入山林，材木不可胜用也。谷与鱼鳖不可胜食，材木不可胜用，是使民养生丧死无憾也。养生丧死无憾，王道之始也[9]。五亩之宅，树之以桑，五十者可以衣帛矣。鸡豚狗彘之畜，无失其时，七十者可以食肉矣。百亩之田，勿夺其时，数口之家可以无饥矣。谨庠序之教[10]，申之以孝悌之义，颁白者不负戴于道路矣[11]。七十者衣帛食肉，黎民不饥不寒，然而不王者，未之有也。

行仁政，则能王天下。

狗彘食人食而不知检[12]，途有饿莩而不知发[13]；人死，则曰'非我也，岁也'，是何异于刺人而杀之，曰'非我也，兵也'。王无罪岁，斯天下之民至焉[14]。"

［注释］

[1] 寡人：古代君主、诸侯的自称。 [2] 以上三句意为，河内发生灾荒，就把那里的一些百姓迁移到河东，把粮食运到河内。河内：指河南黄河以北的地区，包括今河南沁阳、济源、博爱一带，当时属魏国的领土。凶：饥荒。这里用作动词。

河东：黄河以东的地区，指今山西西南部，当时属于魏国的领土。[3] 河东凶亦然：河东发生灾荒也是这样。即将河东的一些百姓迁移到河内，把粮食运到河东。[4] 加少：更加少。加：更加。[5] 以上两句意为，大王喜欢打仗，那我就用打仗来做比喻。喻：比喻。[6] 以上三句意为，战鼓咚咚擂响，刚一交战，就丢盔弃甲，拖着兵器逃跑。填然：鼓声咚咚状。曳：拖。走：跑。[7] 此句意为，只不过没有跑到一百步罢了。直：只不过。[8] 此句意为，密孔的渔网不入池沼。数罟（shuò gǔ）：密网。罟：网。洿（wū）池：大池。[9] 以上两句意为，百姓养生送终没有缺憾，这是王道的开始。王道：孟子的政治主张，与霸道相对，指实行仁义以赢得民心和天下的归附。[10] 庠（xiáng）序：古代地方所设的学校。[11] 以上三句意为，注重学校的教育，宣讲孝悌的道理，头发花白的老人就不必在路上头顶肩扛了。颁白：须发斑白。颁：通“斑”。负戴：以背负物，以头顶物。[12] 检：禁止。[13] 以上两句意为，猪狗吃着人吃的粮食却不知道制止，路上有饿死的尸体却不知道开仓赈济。莩（piǎo）：同“殍”。饿死的人。发：开仓发粮；赈济。[14] 以上两句意为，大王不要怪罪年成不好，那么天下的百姓就会投奔到你这儿来了。斯：犹“则”。

［点评］

本章论仁政、王道。惠王认为自己治国爱民，尽心尽责。孟子认为他只是行一些小惠，并未真正尽责，特别是惠王连续对外发动战争，给魏国民众生命、财产造成巨大伤害，与那些完全不行仁政的国君没有根本区别。就好像打仗时逃跑，有的逃了一百步，有的只逃了五十步，但本质上没有不同。故孟子以“五十步笑百步”为喻，劝其弃霸道而行王道，并对仁政、王道做了阐发：首先要尊重自然规律，“不违农时”，“数罟不入洿池”，“斧斤以时入山林”。还有，给百姓足够的产业，每家有五亩之宅，百亩之田，使百姓有基本的生活保障。然后，兴办学校，推行教化，营造和谐的社会环境。孟子的主张包含维持生态平衡，合理开发、利用自然资源，发展生产，注重教化等思想，有着积极的意义。

需要说明的是，在孟子这里，仁政、王道的含义既密切相关又有所区别，仁政侧重于对民众的治理，王道强调对天下的平治；王道以仁政为内容，仁政以王道为归依。王道就是以仁政而非暴政赢得天下的归附，平治天下。

1.4 梁惠王曰：“寡人愿安承教[1]。”

孟子对曰：“杀人以梃与刃，有以异乎[2]？”

曰：“无以异也。”

“以刃与政，有以异乎[3]？”

曰：“无以异也。”

以政杀人，甚于以刃杀之。

曰：“庖有肥肉[4]，厩有肥马[5]，民有饥色，野有饿莩，此率兽而食人也[6]。兽相食，且人恶之[7]，为民父母，行政不免于率兽而食人，恶在其为民父母也[8]？仲尼曰：‘始作俑者[9]，其无后乎[10]！’为其象人而用之也[11]。如之何其使斯民饥而死也[12]？”

［注释］

[1] 此句意为，我愿意诚心接受指教。安：乐意。承：接受。 [2] 以上两句意为，用木棍打死人和用刀杀死人，有什么不同吗？梃（tǐng）：木棒。刃：刀刃。这里指刀。 [3] 以上两句意为，用刀杀死人和用苛政害死人，有什么不同？ [4] 庖（páo）：厨房。 [5] 厩：马棚。 [6] 率兽而食人：率领野兽吃人。率：率领。一说驱赶。朱熹《集注》："驱兽以食人。" [7] 以上两句意为，野兽自相残食，人们尚且憎恶。且人恶之：按现在的词序，应是"人且恶之"。且：尚且。 [8] 以上三句意为，作为百姓的父母，施政却不能避免率领野兽来吃人，那么其作为百姓的父母又表现在哪里呢？恶在：何在。恶（wū）：何；怎么。 [9] 俑：古代用以殉葬的木偶或陶偶。 [10] 其无后乎：以俑代人殉葬，虽是一种进步，但俑具人形，尚有殉葬之意在。孔子崇尚仁爱，故对始作俑者亦加谴责。 [11] 象：同"像"。 [12] 以上五句意为，孔子说："率先用人偶殉葬的，大概不会有后代吧！"因为他模仿人的样子来做殉葬品。（这样尚且不可，）又怎么能让这些百姓饥饿而死呢？斯：这些。

［点评］

本章紧承上章，批评梁惠王以苛政杀人。孟子特别强调作为国君，应像"民之父母"一样去保民、爱民、养民，惠王不仅没有做到这一点，反而有"率兽食人"之弊。本章"庖有肥肉，厩有肥马，民有饥色，野有饿莩"

四句，被诗圣杜甫提炼为“朱门酒肉臭，路有冻死骨”，成为批判暴政的千古名句！

1.5 梁惠王曰：“晋国[1]，天下莫强焉，叟之所知也。及寡人之身，东败于齐，长子死焉[2]；西丧地于秦七百里[3]；南辱于楚[4]。寡人耻之，愿比死者一洒之[5]，如之何则可？”

孟子对曰：“地方百里而可以王[6]。王如施仁政于民[7]，省刑罚，薄税敛，深耕易耨[8]，壮者以暇日修其孝悌忠信，入以事其父兄，出以事其长上，可使制梃以挞秦楚之坚甲利兵矣[9]。

“彼夺其民时[10]，使不得耕耨以养其父母。父母冻饿，兄弟妻子离散。彼陷溺其民[11]，王往而征之，夫谁与王敌？故曰：‘仁者无敌。’王请勿疑！”

孟子倡仁政、王道，根据皆在“仁者无敌”。

［注释］

[1] 晋国：韩、赵、魏三家分晋，称为“三晋”，故梁（魏）惠王亦自称魏国为晋国。 [2] 东败于齐，长子死焉：指魏惠王二十九年（前 341）魏、齐马陵之战，齐威王派田忌、孙膑率军队大败魏军于马陵。魏将庞涓自杀，太子申被俘。 [3] 西丧地于秦七百里：指秦将公孙鞅打败魏国，迫使魏国割让河西郡全

部和上郡十五县，几次著名的战役分别发生在魏惠王三十年（前340）、后元五年（前330）、后元六年（前329）和后元七年（前328）。 [4]南辱于楚：指魏惠王后元十二年（前323）楚、魏襄陵之战，魏军被楚将昭阳击败，被迫割让大片土地。 [5]此句意为，想要为所有死者报仇雪恨。比：为；替。一：全；都。洒：同“洗”。 [6]此句意为，只要有方圆百里的土地就可以称王天下。地方百里：方圆百里的土地。王（wàng）：动词，指称王于天下。 [7]仁政：孟子的思想主张，是对孔子“为政以德”思想的继承和发展，主张通过一系列的惠民政策，如“制民之产”，给予充足的土地和田宅，让百姓生活有基本保障，同时轻徭薄赋、十一而税，征发徭役“无夺农时”，“关市讥而不征”，“泽梁无禁”等，以赢得民心，实现政治统治。 [8]以上三句意为，少用刑罚，减轻赋税，让百姓深耕细作，及时除去杂草。易耨（nòu）：即“疾耨”。及时除草。易：疾；速。 [9]此句意为，可让他们制作木棒对抗秦、楚坚实的铠甲、锋利的兵刃。挞（tà）：击打。 [10]此句意为，别国的统治者经常侵占百姓的生产时间。彼：指别国不行仁政的统治者。 [11]此句意为，他们使百姓陷入了痛苦之中。陷溺：指陷入危难或不好的境地。

[点评]

本章论仁者无敌。孟子到魏国时，惠王正经历了执政以来的巨大挫折，他所说的“东败于齐”“西丧地于秦七百里”“南辱于楚”即是魏国对外战争中几次惨痛的失败。此时的惠王复仇心切，故见到孟子就问“何以利吾国”（见1.1）。针对惠王的心理，孟子告诫其只有实行仁政，才能称王天下，因为“仁者无敌”。

需要说明的是，战国时一般只有周天子可以称王（吴、越、楚在春秋时期已称王，另当别论），诸侯一般只能称公、侯、伯等。公元前334年，梁惠王率领韩国和一些小国到徐州（今山东滕州东南）朝见齐威王，尊齐威王为王，齐威王不敢独自称王，于是也承认魏的王号，史称“徐州相王”。自此以后，诸侯纷纷称王。面对这一形势，孟子不是站在“礼乐征伐自天子出”的传统观念对其表示反对，而是因势利导，劝当时的诸侯效法当年的文王，行仁政而称王。

1.6　孟子见梁襄王[1]，出，语人曰：“望之不似人君，就之而不见所畏焉[2]。卒然问曰[3]：‘天下恶乎定[4]？’

天下统一则安定。

“吾对曰：‘定于一[5]。’

“‘孰能一之？’

行仁政者可统一天下。

“对曰：‘不嗜杀人者能一之[6]。’

“‘孰能与之[7]？’

“对曰：‘天下莫不与也。王知夫苗乎？七八月之间旱，则苗槁矣。天油然作云，沛然下雨，则苗浡然兴之矣[8]。其如是，孰能御之？今夫天下之人牧[9]，未有不嗜杀人者也。如有不嗜杀人者，则天下之民皆引领而望之矣[10]。诚如是也，

仁者无敌。

民归之，由水之就下[11]，沛然谁能御之？’”

［注释］

[1] 梁襄王：梁惠王之子，名嗣，公元前 318 年至前 296 年在位。 [2] 以上两句意为，远看不像个国君，到了他面前也不能令人敬畏。畏：敬畏。 [3] 卒：同“猝（cù）”。突然。 [4] 此句意为，天下怎样才能安定？定：安定。 [5] 此句意为，天下统一了就会安定。一：统一。 [6] 此句意为，不喜欢杀人的人能统一天下。嗜：喜好。 [7] 此句意为，谁愿归顺他呢？与：跟随；跟从。之：指“不嗜杀人者”。 [8] 以上三句意为，天上涌起大片乌云，降下大雨，禾苗便蓬蓬勃勃地生长起来。油然：充沛的样子。沛然：盛大貌。 [9] 人牧：治理人民的人，指国君。 [10] 此句意为，那么天下的老百姓就会伸长了脖子盼望他。引：伸。领：脖颈。 [11] 由：同“犹”。如同。

［点评］

本章论“定于一”，是孟子王道思想的反映。公元前 319 年梁惠王去世，第二年梁襄王正式即位。孟子与他会面，此章即为二人的对话。孟子认为天下必将统一，是大势所趋。同时又认为只有“不嗜杀人者”，也就是行仁政、王道者才可以统一天下。不过，王道虽然能够赢得民心，赢得天下，但行王道还是霸道则取决于统治者自己。孟子在与襄王接触后，感到他不像个有为的君主，十分失望，不久只好离开了魏国。

1.7 齐宣王问曰[1]：“齐桓、晋文之事可得闻乎[2]？”

孟子对曰：“仲尼之徒无道桓、文之事者，是以后世无传焉，臣未之闻也。无以，则王乎[3]？”

不言霸道而言王道。

曰：“德何如则可以王矣？”

曰：“保民而王，莫之能御也[4]。”

曰：“若寡人者，可以保民乎哉？”

曰：“可。”

曰：“何由知吾可也？”

曰：“臣闻之胡龁曰[5]：王坐于堂上，有牵牛而过堂下者，王见之，曰：‘牛何之？’对曰：‘将以衅钟[6]。’王曰：‘舍之！吾不忍其觳觫，若无罪而就死地[7]。’对曰：‘然则废衅钟与[8]？’曰：‘何可废也？以羊易之！’不识有诸？”

曰：“有之。”

曰：“是心足以王矣。百姓皆以王为爱也[9]，臣固知王之不忍也。”

王曰：“然，诚有百姓者。齐国虽褊小[10]，吾何爱一牛？即不忍其觳觫[11]，若无罪而就死地，故以羊易之也。”

曰："王无异于百姓之以王为爱也[12]。以小易大，彼恶知之？王若隐其无罪而就死地，则牛羊何择焉[13]？"

以羊易牛，可见王之仁心。

王笑曰："是诚何心哉？我非爱其财而易之以羊也。宜乎百姓之谓我爱也。"

曰："无伤也，是乃仁术也，见牛未见羊也。君子之于禽兽也，见其生，不忍见其死；闻其声，不忍食其肉。是以君子远庖厨也。"

王说曰[14]："《诗》云[15]：'他人有心，予忖度之[16]。'夫子之谓也。夫我乃行之，反而求之，不得吾心。夫子言之，于我心有戚戚焉[17]。此心之所以合于王者，何也[18]？"

仁心何以可行王道？

[注释]

[1] 齐宣王：战国时齐国国王田辟疆，为齐威王之子、齐湣王之父。约公元前 319 年至前 301 年在位。 [2] 齐桓、晋文之事：指齐桓公、晋文公称霸之事。齐桓：齐桓公，春秋时齐国国君，姓姜，名小白。晋文：晋文公，春秋时晋国国君，姓姬，名重耳。二人均列于春秋五霸之中。孟子说："五霸者，三王之罪人也。"（12.7）故对其事迹不屑于谈起。 [3] 以上两句意为，一定要我讲的话，那就说说称王天下吧。无以：不得已。以：同"已"。王（wàng）：动词，见 1.5 注 [6]。 [4] 以上两句意为，安抚百姓而称王天下，没有人能够阻挡。 [5] 胡龁（hé）：人名，齐宣王身

边的近臣。　[6] 衅钟：古代一种祭祀仪式。新钟铸成后，杀牲取血，涂在钟的缝隙处。　[7] 以上三句意为，放了牛吧！我不忍心看它战栗发抖，就像没有罪过却要被处死的样子。觳觫（hú sù）：因恐惧而发抖的样子。　[8] 与：同“欤”。表疑问。　[9] 爱：吝啬。　[10] 褊（biǎn）：狭小。　[11] 即：只；只是。　[12] 此句意为，大王不要责怪百姓以为您吝啬。异：动词。奇怪；责怪。　[13] 以上四句意为，用小的羊替换大的牛，他们怎么能理解您的用心呢？如果大王可怜牛没有罪过而要被处死，那么牛和羊又有什么区别呢？隐：哀痛；可怜。　[14] 说：同“悦”。　[15]《诗》云：以下两句出自《诗·小雅·巧言》。　[16] 以上两句是说，别人有心思，我能揣摩到。忖度：推测。　[17] 以上两句意为，先生这么一说，说到我心坎上了。戚戚：心动貌。　[18] 以上两句意为，这样的心适合于称王天下，又是为什么呢？

曰：“有复于王者曰[19]：‘吾力足以举百钧，而不足以举一羽；明足以察秋毫之末，而不见舆薪[20]。’则王许之乎？”

曰：“否。”

“今恩足以及禽兽，而功不至于百姓者，独何与[21]？然则一羽之不举，为不用力焉；舆薪之不见，为不用明焉；百姓之不见保，为不用恩焉。故王之不王，不为也，非不能也。”

曰：“不为者与不能者之形，何以异[22]？”

曰："挟太山以超北海[23]，语人曰：'我不能。'是诚不能也。为长者折枝[24]，语人曰：'我不能。'是不为也，非不能也。故王之不王，非挟太山以超北海之类也；王之不王，是折枝之类也。

"老吾老以及人之老，幼吾幼以及人之幼，天下可运于掌[25]。《诗》云[26]：'刑于寡妻，至于兄弟，以御于家邦[27]。'言举斯心加诸彼而已[28]。故推恩足以保四海，不推恩无以保妻子。古之人所以大过人者，无他焉，善推其所为而已矣。今恩足以及禽兽，而功不至于百姓者，独何与？权，然后知轻重；度，然后知长短。物皆然，心为甚[29]。王请度之！抑王兴甲兵，危士臣，构怨于诸侯，然后快于心与[30]？"

推恩、扩充仁心则可行王道。

王曰："否，吾何快于是？将以求吾所大欲也。"

曰："王之所大欲，可得闻与？"

王笑而不言。

[注释]

[19] 复：回复。 [20] 以上四句意为，我的力气足以举起三千斤，却举不起一片羽毛；我的视力足以看清秋天鸟兽身上新

长的细毛，却看不见一车子柴禾。钧：古代重量单位，三十斤为一钧。秋毫：秋天鸟兽身上新长的细毛。比喻细微的事物。舆薪：一车木柴。比喻显而易见的事物。 [21] 以上三句意为，如今大王的恩惠能够施与禽兽，而功德却不能施及百姓，这到底是为什么呢？与：同“欤”。 [22] 此句意为，不愿意做和做不到有什么区别？ [23] 太山：即泰山。北海：渤海。焦循《正义》引阎若璩《四书释地》：“齐南有太山，北有渤海……皆取齐境内之地设譬耳。” [24] 折枝：折腰；鞠躬。枝：通“肢”。见《文献通考·经籍考》引宋陆筠《翼孟音解》。一说为折取草茎树枝。喻易为之事。朱熹《集注》：“为长者折枝，以长者之命，折草木之枝，言不难也。”一说为按摩。赵岐注：“折枝，案摩。” [25] 以上三句意为，敬重自己的长辈进而敬重他人的长辈，爱护自己的孩子进而爱护他人的孩子，这样天下就可以运转在掌心之上。老吾老：尊敬我的父兄。前一个“老”为动词，指敬老、养老，后一个“老”为名词，指父兄。下“幼吾幼”句式与此相同。 [26]《诗》云：以下三句出自《诗·大雅·思齐》。 [27] 以上三句意为，给妻子树立榜样，推广到兄弟身上，以此治理家邦。刑：同“型”。示范。寡妻：嫡妻；正妻。 [28] 此句意为，说的就是将自己的不忍人之心推广到别人身上。 [29] 以上六句意为，称一称，然后才能知道轻重；量一量，然后才能知道长短。万物都是这样，心更是如此。权：称量。 [30] 以上四句意为，难道大王要兴师动众，让将士、大臣冒着生命危险，去和别的国家结下仇怨，这样您心里才痛快吗？抑：或许；或者。

曰：“为肥甘不足于口与？轻暖不足于体与？抑为采色不足视于目与？声音不足听于耳

与？便嬖不足使令于前与[31]？王之诸臣皆足以供之，而王岂为是哉？”

曰：“否，吾不为是也。”

曰：“然则王之所大欲可知已，欲辟土地，朝秦楚，莅中国而抚四夷也[32]。以若所为求若所欲，犹缘木而求鱼也[33]。”

以霸道取天下犹缘木求鱼。

王曰：“若是其甚与？”

曰：“殆有甚焉。缘木求鱼，虽不得鱼，无后灾。以若所为求若所欲，尽心力而为之，后必有灾。”

曰：“可得闻与？”

曰：“邹人与楚人战，则王以为孰胜？”

曰：“楚人胜。”

曰：“然则小固不可以敌大，寡固不可以敌众，弱固不可以敌强。海内之地方千里者九，齐集有其一。以一服八，何以异于邹敌楚哉？盖亦反其本矣[34]。今王发政施仁[35]，使天下仕者皆欲立于王之朝，耕者皆欲耕于王之野，商贾皆欲藏于王之市，行旅皆欲出于王之途，天下之欲疾其君者皆欲赴愬于王[36]。其若是，孰能御之？”

行仁政则得民心，得民心则得天下。

[注释]

[31] 以上五句意为，是因为肥美的食物不够吃吗？轻暖的衣服不够穿吗？还是因为艳丽的色彩不够看呢？美妙的音乐不够听呢？身边伺候的人不够使唤呢？便嬖（bì）：君主左右受宠幸的小臣。 [32] 以上四句意为，那么大王最大的愿望就可以知道了，您是想扩张疆土，使秦、楚臣服，君临中原而安抚四夷。莅（lì）：统治。 [33] 以上两句意为，以您的做法去实现您的愿望，就好比爬上树去捉鱼一样。若：人称代词，你。缘木求鱼：爬到树上去捉鱼。比喻用错误的方法不可能达到目的。 [34] 以上三句意为，用一去征服八，这同邹国对抗楚国有什么不同呢？为何不回到根本上呢？盖：通“盍（hé）”。何不。 [35] 此句意为，如果大王能发布政令，施行仁政。今：假设连词。犹“若”。 [36] 愬（sù）：诉说；告发。

王曰：“吾惛，不能进于是矣[37]。愿夫子辅吾志，明以教我。我虽不敏，请尝试之。”

曰：“无恒产而有恒心者，惟士为能[38]。若民，则无恒产，因无恒心[39]。苟无恒心，放辟邪侈，无不为已。及陷于罪，然后从而刑之，是罔民也[40]。焉有仁人在位，罔民而可为也？是故明君制民之产[41]，必使仰足以事父母，俯足以畜妻子，乐岁终身饱，凶年免于死亡，然后驱而之善，故民之从之也轻[42]。今也制民之产，仰不足

富民为先，教民次之。

以事父母，俯不足以畜妻子，乐岁终身苦，凶年不免于死亡。此惟救死而恐不赡[43]，奚暇治礼义哉[44]？王欲行之，则盍反其本矣。五亩之宅，树之以桑，五十者可以衣帛矣。鸡豚狗彘之畜，无失其时，七十者可以食肉矣。百亩之田，勿夺其时，八口之家可以无饥矣。谨庠序之教，申之以孝悌之义，颁白者不负戴于道路矣。老者衣帛食肉，黎民不饥不寒，然而不王者，未之有也。”

［注释］

[37] 以上两句意为，我头脑昏聩，不能达到这种目标。惛：同“昏”。昏乱；糊涂。 [38] 以上两句意为，没有固定产业而有不变的志向，只有士能做到。恒产：恒常具有可以维持生计的产业。恒心：持久不变的志向，尤指向善的志向。恒：常。 [39] 以上三句意为，至于百姓，如果没有固定的产业，也就没有了不变的志向。若：至于。则：假若。 [40] 罔：同“网”。用作动词，犹言陷害。 [41] 制民之产：规定百姓的财产。 [42] 轻：轻松，容易。 [43] 赡（shàn）：足够。 [44] 以上两句意为，他们连保命恐怕都顾不上，哪还有闲暇去讲求礼义呢？奚暇：哪里顾得上。奚：何。暇：余暇；空闲。

［点评］

本章系统阐述仁政、王道，不仅文字较长，在思想内容上也有所深化。孟子离开魏国后，来到齐国，时齐宣王当政。齐宣王姓田，名辟疆，为齐威王之子，公元前319年至前301年在位。孟子这次来到齐国，停留时间较长，约有六年之久，是孟子一生中较为重要的阶段。

孟子在齐国时，与宣王有多次对话，《孟子》一书就记录了十四处，本章是《孟子》中篇幅最长、也较有影响的一段文字。在该章中，孟子循循善诱，层层递进，向宣王宣讲仁政的道理，显示了高超的进谏艺术。本章内容丰富，涉及孟子政治思想的许多方面。具体包括：

一、王霸之辨。齐宣王询问齐桓公、晋文公的霸业，孟子直接予以回绝，认为孔门“无道桓、文之事”，表示自己更愿意宣讲王道。其实，孔门并非不谈齐桓、晋文之事，孔子本人所谈就不少，如“晋文公谲而不正，齐桓公正而不谲”（《论语·宪问》）；“桓公九合诸侯，不以兵车，管仲之力也。如其仁！如其仁！”（同上）“管仲相桓公，霸诸侯，一匡天下，民到于今受其赐”（同上）等等，对齐桓公的霸业也是有所肯定的。孟子有意回避这一点，表明他在王霸问题上采取了更为激进的态度。而孟子之所以尊王贱霸，是因为当时的诸侯争霸给民众的生产、生活带来深重的灾难，而在孟子心目中，只有王道才能救民众于水火。

二、推恩保民。在否定了霸道后，孟子接着向宣王宣讲王道。为了消除宣王的疑虑，他举出宣王对将被宰杀的牛有“不忍”之心的事例，说明宣王完全可以推行王道。因为所谓仁政、王道不过是将“不忍”之心推及他人，由他人推及天下，用孟子的话讲叫“推恩”，认为“推恩足以保四海，不推恩无以保妻子”。既然宣王对禽兽都能够施以恩惠，为何却没有施及百姓呢？可见，宣王没有行仁政、称王天下，“不为也，非不能也”，是不去做，而不是做不到。因为推恩是极容易做到，而不是难以做到的事情。

三、仁者无敌。当宣王提出自己另有“大欲”时，孟子明确指出，宣王的“大欲”不过是想扩张疆土，臣服秦、楚，君临中原而安抚四夷。这实际是以己之力与天下为敌，是根本行不通的；只有实行仁政，使天下之人心悦诚服，才能称王天下。本章孟子很好地揣摩了宣王的心理，并做了细致入微的分析，因而能够因势利导，积极劝谏。至于所用的许多精妙比喻，如“力举百钧”“明察秋毫”“挟太山以超北海”“缘木求鱼”等等，早已成为中国人耳熟能详的著名成语。

四、士民之别。孟子认为民与士不同，士是社会的特殊阶层，是“社会的良心”，是人类基本价值的维护者，他们以道自任，“无恒产而有恒心”，能够超越个人的私利去关注国家、民众的普遍利益。而民是一般的生产者，是社会大众，他们“无恒产，因无恒心”，若基本生活需要得不到满足，便会为非作歹，无所不为。故作为士，应有精神、道义的更高要求；而对于民，首先应“制民之产”，解决百姓的物质生活，然后推行教化，“谨庠序之教”，先富而后教。

五、仁政蓝图。最后孟子描绘出一幅仁政的蓝图，这一蓝图在其他各章中也多次谈论过，其核心是保证每户有五亩宅园、百亩耕地，同时发展农副经济，保证农时，注重教育等等，这样就可以使老年人穿上丝织衣服、吃上肉，老百姓不挨饿受冻。这一蓝图虽然反映的只是一种温饱经济，但对于身处战乱的社会底层民众来说，则无疑是其最迫切的希望，同时也成为后来无数仁人志士不断努力追求的目标。

梁惠王下

2·1　庄暴见孟子[1]，曰：“暴见于王[2]，王语暴以好乐，暴未有以对也。”曰：“好乐何如？”

孟子曰：“王之好乐甚，则齐国其庶几乎[3]！”

他日，见于王曰：“王尝语庄子以好乐，有诸？”

王变乎色，曰：“寡人非能好先王之乐也，直好世俗之乐耳。”

曰：“王之好乐甚，则齐其庶几乎！今之乐由古之乐也[4]。”

因宣王好乐，劝其推己及人以行仁政。

曰："可得闻与？"

曰："独乐乐，与人乐乐，孰乐[5]？"

曰："不若与人。"

曰："与少乐乐，与众乐乐，孰乐？"

曰："不若与众。"

"臣请为王言乐。今王鼓乐于此[6]，百姓闻王钟鼓之声，管籥之音[7]，举疾首蹙颎而相告曰[8]：'吾王之好鼓乐，夫何使我至于此极也[9]？父子不相见，兄弟妻子离散。'今王田猎于此，百姓闻王车马之音，见羽旄之美[10]，举疾首蹙颎而相告曰：'吾王之好田猎，夫何使我至于此极也？父子不相见，兄弟妻子离散。'此无他，不与民同乐也。今王鼓乐于此，百姓闻王钟鼓之声，管籥之音，举欣欣然有喜色而相告曰：'吾王庶几无疾病与，何以能鼓乐也？'今王田猎于此，百姓闻王车马之音，见羽旄之美，举欣欣然有喜色而相告曰：'吾王庶几无疾病与，何以能田猎也？'此无他，与民同乐也。今王与百姓同乐，则王矣[11]。"

推己及人，与民同乐，民亦乐其乐。

[注释]

[1] 庄暴（bào）：齐国大臣。 [2] 见于王：被王召见。于：表示被动，相当于“被”。 [3] 以上两句意为，大王非常喜爱音乐，那么齐国差不多就可以治理好了！其：表推测、估计。庶几：古代习语，犹今语所谓“差不多”。 [4] 由：通“犹”。好像。 [5] 以上三句意为，独自享受快乐，与别人一起享受快乐，哪一种更快乐？下面“与少乐乐”一段，与此意同。乐乐（yào lè）：前一乐字，指喜好；后一乐字，指快乐。一说后一乐指音乐（yuè），亦可通。 [6] 今：犹“若”。 [7] 管籥（yuè）：古管乐器名。籥：似笛而短小。 [8] 此句意为，全都愁眉苦脸地相互议论说。举：都。蹙頞（cù è）：形容愁眉苦脸的样子。蹙：紧缩。頞：鼻梁。 [9] 极：疲困；穷困。 [10] 羽旄：鸟羽和牦牛尾，古人用作旗帜上的装饰，故可代指旗帜。 [11] 以上两句意为，假如大王能和百姓一同快乐，就可以称王天下了。

[点评]

本章的王虽然没有明说，但应“是指齐宣王。这是由上一章和下一章所言都是齐宣王的事情而推知的”（杨伯峻《孟子译注》，中华书局 2008 年版，第 28 页）。故本章仍为孟子在齐国时与宣王的对话。

儒家重忠恕之道，主张推己及人，孟子对其做了进一步发展，并运用到君民关系上，作为游说诸侯行仁政、王道的方法。宣王好音乐，孟子便通过两个设问向其表明，“独乐”不如“与人乐”“与众乐”更快乐，一个统治者不应满足于个人的快乐，而应该与民同乐，做到与民同乐，才能得到民众的拥护，并最终称王天下。

本章孟子提到“今之乐由（犹）古之乐也”，需要做点说明。孔子推崇古代雅乐，反对郑国的流行音乐，主张“放郑声”，原因是“郑声淫”（见《论语·卫灵公》）；而孟子却认为流行音乐与古代雅乐差不多，与孔子的观点显然不同。出现这种情况，主要是因为战国时代礼乐进一步崩坏，孟子所遇的君主又都好货、好色、好乐，所以孟子不好再固守孔子的乐教理想，而着眼于从启发君主“与民同乐”入手。“今之乐”与“古之乐”虽有差别，但在应“与民同乐”上则是一致的。朱熹《集注》中曾引范氏语，对此有精辟说明：“孟子切于救民，故因齐王之好乐开导其善心，深劝其与民同乐。而谓今乐犹古乐，其实今乐、古乐何可同也？但与民同乐之意，则无古今之异耳……盖孔子之言，为邦之正道；孟子之言，救时之急务，所以不同。”

2.2　齐宣王问曰：“文王之囿方七十里[1]，有诸？”

孟子对曰：“于传有之[2]。”

曰：“若是其大乎？”

曰：“民犹以为小也。”

曰：“寡人之囿方四十里，民犹以为大，何也？”

曰：“文王之囿方七十里，刍荛者往焉[3]，雉兔者往焉[4]，与民同之，民以为小，不亦宜乎[5]？臣始至于境，问国之大禁，然后敢入。臣闻郊关之内有囿方四十里[6]，杀其麋鹿者如杀人之罪；则是方四十里为阱于国中[7]，民以为大，不亦宜乎？”

与民同之，故民以为小；不与民同之，则民以为大。

［注释］

[1] 囿：古代畜养禽兽的园林。 [2] 传：指古代文献。朱熹《集注》：“传，谓古书。” [3] 刍荛（ráo）：割草采薪。刍：割草。荛：柴草。亦用作动词。 [4] 雉兔：用作动词，指猎取野鸡兔子。 [5] 以上三句意为，文王与百姓共同享用它，百姓认为太小，不是很自然的吗？同：共。指共享。 [6] 郊关：四郊之门，起拱卫防御作用。 [7] 此句意为，这就好像是在国内设下了一个方圆四十里的陷阱。阱：陷阱。

［点评］

本章论推己及人，“与民同之”。孟子不反对君主可以有私人财产、物质享受，但主张君主应“与民同之”。“与民同之”是孟子民本思想的一个重要原则，对于君主的一切物质财富、精神享受，孟子都用这一原则来处理。而要做到这一点，就需“推己及人”，靠国君的道德自觉，而国君的道德自觉则需要孟子这样士人的诱导。本章以园囿为例，说明文王与民同之，故民以为小；宣王不与民同之，则民以为大。前者是与民同之的榜样，后者则是反面代表。

2.3 齐宣王问曰："交邻国有道乎？"

孟子对曰："有。惟仁者为能以大事小，是故汤事葛[1]，文王事昆夷[2]。惟智者为能以小事大，故太王事獯鬻[3]，勾践事吴[4]。以大事小者，乐天者也[5]；以小事大者，畏天者也[6]。乐天者保天下，畏天者保其国。《诗》云[7]：'畏天之威，于时保之[8]。'"

乐天者保有天下而不侵人之国，畏天者服从大国而不丧其国，所可伐者仅残暴之国。

王曰："大哉言矣[9]！寡人有疾，寡人好勇。"

劝宣王好大勇，而非小勇。

对曰："王请无好小勇。夫抚剑疾视曰：'彼恶敢当我哉！'此匹夫之勇，敌一人者也。王请大之！《诗》云[10]：'王赫斯怒[11]，爰整其旅[12]，以遏徂莒[13]，以笃周祜[14]，以对于天下[15]。'此文王之勇也。文王一怒而安天下之民。《书》曰[16]：'天降下民，作之君，作之师，惟曰其助上帝宠之。四方有罪无罪，惟我在[17]，天下曷敢有越厥志[18]？'一人衡行于天下[19]，武王耻之[20]。此武王之勇也。而武王亦一怒而安天下之民。今王亦一怒而安天下之民，民惟恐王之不好勇也。”

［注释］

[1] 汤：商汤，商朝的创建人。葛：葛伯，葛国的国君。葛国是商紧邻的小国，故城在今河南宁陵北十五里处。汤曾派人给葛伯送去牛羊粮食，却被葛伯杀害。其事详见本书 6.5 节。 [2] 文王：周文王。昆夷：也写作“混夷”，周朝初年的西戎国名。 [3] 太王：周文王的祖父古公亶父，周族首领。獯鬻（xūn yù）：又称猃狁（xiǎn yǔn），当时北方的少数民族。 [4] 以上六句意为，只有仁者能以大国的身份感化小国，所以商汤曾爱护葛国，文王曾爱护混夷。只有智者能以小国的身份侍奉大国，所以周太王曾侍奉獯鬻，勾践曾侍奉吴国。勾践：春秋时越国国君。吴：指春秋时吴国国君夫差。勾践曾臣服吴王夫差。 [5] 以上两句意为，大国感化小国，这是因为喜爱天命。事：这里有感化的意思。 [6] 以上两句意为，小国服从大国，这是因为畏惧天命。事：服侍、服从之意。 [7]《诗》云：此指《诗・周颂・我将》。 [8] 以上两句意为，敬畏天的威严，因此得到保佑。时：通“是”。 [9] 此句意为，讲得太好了！大：善；好。 [10]《诗》云：此指《诗・大雅・皇矣》。 [11] 赫斯：指帝王盛怒貌。斯：语气词。 [12] 爰：语首助词。无义。 [13] 遏：止。徂（cú）：往；到。莒：殷末国名。 [14] 笃：厚。祜：福。 [15] 以上五句意为，文王勃然发怒，整顿派遣军队，狙击侵莒之敌，增加周国威福，报答天下期望。对：酬答；答谢。 [16]《书》：此乃《尚书》逸文，伪古文《尚书》放入《泰誓上》篇。 [17] 惟我在：即“惟在我”。赵岐注：“四方善恶皆在己，所谓在予一人。” [18] 以上七句意为，上天降生百姓，为他们设立君主，设立师长，要他们协助上天爱护百姓。天下有罪和无罪的，都由我来负责，天下谁敢有非分之想？

厥：其。 [19] 一人：指殷纣王。衡行：即“横行”。 [20] 以上两句意为，有一个人横行霸道于天下，武王就感到耻辱。指武王起兵伐纣灭殷。

［点评］

本章论交往邻国之道，是王道政治的一个重要内容。孟子从儒家立场出发，提出仁、智的外交原则，认为仁者能够以大国感化小国；智者能够以小国服从大国。其中“以大事小者，乐天者也；以小事大者，畏天者也”几句中的“天”含义较为抽象，大致而言，可以理解为主宰之天或者义理之天，即天是世间的最高主宰或者价值原则。天生育万物，无所不覆，无所不养，体现着仁爱的价值原则，所以真正的仁者不会恃强凌弱，以大欺小，而是“修文德以来之”，这是因为他自觉地尊奉天的意志或原则。爱护葛国的商汤、爱护混夷的文王即是其代表。同时，天高高在上，代表一种尊严与秩序，智者认识到这一点，便会以小侍大，敬畏天的意志或原则，侍奉獯鬻的周太王、侍奉吴国的勾践是其代表。喜好天命的仁者可以行王道，保有天下，而敬畏天命的智者只能保住国家。

宣王虽然认为孟子讲得好，但又提出勇，实际是想把逞强好勇作为对外邦交的原则。面对宣王的发问，孟子回答得好：大王不要喜欢匹夫之勇，而应喜好文王、武王之勇，也就是仁者之勇。用在对外邦交上，就是不要因个人的私欲恃强凌弱，而应为民众的利益诛伐不道。

2.4 齐宣王见孟子于雪宫[1]。王曰："贤者亦有此乐乎？"

孟子对曰："有。人不得，则非其上矣[2]。不得而非其上者，非也[3]；为民上而不与民同乐者，亦非也。乐民之乐者，民亦乐其乐；忧民之忧者，民亦忧其忧。乐以天下，忧以天下，然而不王者，未之有也。

贤者与民同乐，民亦得其乐。若不得，则怨其上不与民同乐。

"昔者齐景公问于晏子曰[4]：'吾欲观于转附、朝儛，遵海而南，放于琅邪。吾何修而可以比于先王观也[5]？'晏子对曰：'善哉问也！天子适诸侯曰巡狩。巡狩者，巡所守也[6]。诸侯朝于天子曰述职。述职者，述所职也[7]。无非事者[8]。春省耕而补不足，秋省敛而助不给[9]。夏谚曰："吾王不游，吾何以休？吾王不豫[10]，吾何以助？一游一豫，为诸侯度[11]。"今也不然，师行而粮食，饥者弗食，劳者弗息[12]。睊睊胥谗[13]，民乃作慝[14]。方命虐民[15]，饮食若流[16]。流连荒亡，为诸侯忧[17]。从流下而忘反谓之流，从流上而忘反谓之连，从兽无厌谓之荒，乐酒无厌谓之亡[18]。先王无流连之乐、荒亡之行。惟

君所行也[19]。’

子思曰：“恒称其君之恶者，可谓忠臣矣。”（郭店竹简《鲁穆公问子思》）

“景公悦，大戒于国，出舍于郊[20]。于是始兴发补不足[21]。召大师曰[22]：‘为我作君臣相说之乐[23]！’盖《徵招》《角招》是也[24]。其诗曰：‘畜君何尤[25]？’畜君者，好君也[26]。”

［注释］

[1] 雪宫：齐宣王的离宫，为正宫之外临时居住的宫室。 [2] 以上两句意为，人们得不到这种快乐，就会抱怨他们的国君。非：动词。非难；埋怨。 [3] 以上两句意为，得不到就抱怨他们的国君，是不对的。非：不对；错误。 [4] 齐景公：春秋时齐国君主姜杵臼，公元前 547 年至前 490 年在位。晏子：齐国著名贤臣晏婴。 [5] 以上四句意为，我想去巡游转附、朝儛这两座山，然后沿着海边往南，一直到琅邪。我该怎么做才能和古代先王的巡游相比呢？转附、朝儛：均为山名。放：至。琅邪（yá）：山名，在今山东青岛黄岛区，面临黄海。观：游览。 [6] 以上三句意为，天子到诸侯国去叫巡狩。巡狩，就是巡视诸侯所守的疆土。 [7] 以上三句意为，诸侯去朝见天子叫述职。述职就是汇报履行职守的情况。 [8] 无非事者：无不和政事有关。 [9] 以上两句意为，春天巡视耕作情况，补助贫困；秋天巡视收获情况，救济歉收。 [10] 豫：指帝王秋天出巡。《晏子春秋·问下一》：“天子之诸侯为巡狩，诸侯之天子为述职。故春省耕而补不足者谓之游，秋省实而助不给者谓之豫。” [11] 以上六句意为，我王不巡游，我哪能得养息？我王不视察，我哪能得补助？巡游又视察，为诸侯的榜样。度：法度，亦即榜样。 [12] 以

上三句意为，现在的巡游却不是这样，队伍一出动就要筹集粮食，使得饥饿的人没饭吃，劳累的人不得休息。粮食：用作动词。指筹集粮食。 [13] 此句意为，人们侧目而视，怨声载道。睊（juàn）睊：因愤恨侧目而视的样子。胥：都。谗：毁谤。 [14] 此句意为，百姓于是被迫作恶。慝（tè）：恶。 [15] 此句意为，这种巡游违逆天命，祸害百姓。方命：违命；抗命。方：违背；违反。 [16] 饮食若流：大吃大喝如流水。 [17] 以上两句意为，这种流连荒亡，使得诸侯也担忧。 [18] 以上四句意为，从上游顺流玩到下游，乐而忘返，叫作流；从下游逆水玩到上游，乐而忘返，叫作连；打猎不知厌倦，叫作荒；喝酒不知满足，叫作亡。 [19] 惟君所行也：现在要看大王怎么做了。 [20] 以上三句意为，景公很高兴，在都城内做了充分的准备，然后搬到郊外去住。大戒：充分准备。戒：准备。舍：居住。 [21] 此句意为，于是就开仓救济穷人。兴发：开仓放粮。 [22] 大师：读为“太师”，古代的乐官。 [23] 此句意为，给我作一首君臣同乐的乐曲！说：同“悦”。 [24]《徵（zhǐ）招》《角招》：古代乐曲名。 [25] 畜（xù）君：匡正君主的过失。朱熹《集注》：“言晏子能畜止其君之欲。” [26] 以上四句意为，其中有句歌词说：“匡正君主的过失有什么不对呢？”匡正君主的过失，正是爱护君主啊。

［点评］

本章论推己及人、“与民同乐”。宣王问贤者亦可以有雪宫之乐？其所说的“乐”指个人的享乐，实际是君主的特权。而孟子则从“与民同乐”来理解“乐”，强调君主的责任和义务是与民同乐，认为“乐民之乐者，民亦乐其乐；忧民之忧者，民亦忧其忧。乐以天下，忧以天下”。故真正的快乐是与民同乐，是君主、百姓皆得到、实现其快乐。后北宋政治家、儒家学者范仲淹在《岳阳楼记》中写下“先天下之忧而忧，后天下之乐而乐”的名句，无疑受到孟子的启迪，是对孟子思想的继承和发展，是真正的“贤者之乐”。

本章后面一段举出齐景公与晏婴的故事，进一步表达了孟子反对暴政、关心民众疾苦的仁政思想。

2.5 齐宣王问曰：“人皆谓我毁明堂[1]，毁诸？已乎？”

孟子对曰：“夫明堂者，王者之堂也。王欲行王政[2]，则勿毁之矣。”

王曰：“王政可得闻与？”

文王之行仁政。

对曰：“昔者文王之治岐也[3]，耕者九一，仕者世禄[4]，关市讥而不征[5]，泽梁无禁[6]，罪人不孥[7]。老而无妻曰鳏，老而无夫曰寡，老而无子曰独，幼而无父曰孤。此四者，天下之穷民而无告者[8]。文王发政施仁，必先斯四者。《诗》云[9]：‘哿矣富人[10]，哀此茕独[11]！’”

王曰：“善哉言乎！”

[注释]

[1] 明堂：古代帝王宣明政教的地方。凡朝会、祭祀、庆赏、选士、养老、教学等大典，都在此举行。赵岐注："谓泰山下明堂，本周天子东巡狩朝诸侯之处也，齐侵地而得有之。人劝齐宣王，诸侯不用明堂，可毁坏，故疑而问于孟子当毁之乎。"按赵说，这里是指泰山明堂，是周天子东巡时所设。 [2] 王政：王道之政，犹王道、仁政。 [3] 岐：地名，在今陕西岐山东北。相传周太王古公亶父自豳（bīn，陕西旬邑）迁此建邑，成为周族居住之处。 [4] 以上两句意为，耕田者交纳九分之一的税，出仕者世代承袭俸禄。 [5] 关市讥而不征：关卡和市场只稽查不征税。讥：稽查。 [6] 此句意为，不禁止在湖泊中捕捞。泽梁：在水流中用石筑成的拦水捕鱼的堰。《荀子·王制》："山林泽梁，以时禁发而不税。"杨倞注："石绝水为梁，所以取鱼也。" [7] 孥（nú）：妻子儿女。这里用作动词。不孥，即不牵连妻子儿女。 [8] 以上两句意为，这四种人，是天下贫穷百姓中没有依靠的。告：诉说，引申为依靠。 [9]《诗》云：以下两句出自《诗·小雅·正月》。 [10] 哿（gě）：同"可"。 [11] 以上两句意为，富人的生活过得去，最可怜的是孤独无依靠的人。茕（qióng）独：指孤独无依靠之人。

曰："王如善之，则何为不行？"

王曰："寡人有疾，寡人好货[12]。"

对曰："昔者公刘好货[13]，《诗》云[14]：'乃积乃仓，乃裹糇粮[15]，于橐于囊[16]，思戢用光[17]。弓矢斯张，干戈戚扬[18]，爰方启行[19]。'

故居者有积仓，行者有裹囊也，然后可以爰方启行。王如好货，与百姓同之，于王何有[20]？”

推好货之心，与百姓共之，则可称王天下。

［注释］

[12] 以上两句意为，我有个毛病，我喜欢钱财。货：财物。 [13] 公刘：周族早期首领，曾率部落从邰迁至豳，周族从此兴旺起来。 [14]《诗》云：以下七句引自《诗·大雅·公刘》。 [15] 裹：包扎；缠绕。糇（hóu）粮：干粮。 [16] 橐、囊：盛东西的口袋。 [17] 思：语气词，无义。戢：同“辑”，和睦。用：因而。光：发扬光大。 [18] 干戈戚扬：四种兵器。干：盾牌。一说刺人之兵器。戈：古代主要兵器，有突出的援，援上下皆刃，用以横击和钩杀。戚：斧一类兵器。扬：钺，大斧。 [19] 以上七句意为，粮食积满仓，准备好干粮，装进小袋和大囊，和睦团结争荣光。箭上弦、弓开张，干戈斧钺拿手上，于是启程奔前方。爰：于是；就。方：开始。启行：出发。 [20] 以上三句意为，大王如果喜欢钱财，使百姓也能有钱财，那么称王天下有什么困难呢？

王曰：“寡人有疾，寡人好色。”

对曰：“昔者太王好色，爱厥妃。《诗》云[21]：‘古公亶父[22]，来朝走马[23]，率西水浒[24]，至于岐下，爰及姜女[25]，聿来胥宇[26]。’当是时也，内无怨女，外无旷夫。王如好色，与百姓同之，于王何有？”

推好色之心，与百姓共之，则可称王天下。

[注释]

[21]《诗》云：以下六句引自《诗·大雅·绵》。 [22] 古公亶（dǎn）父：即周文王的祖父周太王。 [23] 来朝：第二天早上。 [24] 率：循。浒：水边。 [25] 爰：语首词，无义。姜女：太王的妃子。也称太姜。 [26] 以上六句意为，太王古公亶父，清晨骑马奔驰，沿着西边水滨，来到岐山脚下，带着宠妃姜氏女，视察居处好安家。聿：语首词，无义。胥：省视，视察。宇：屋宇。

[点评]

本章详论仁政的内容及推己及人行仁政的方法。孟子以文王治岐为例，说明仁政的具体内容，包括“耕者九一”“仕者世禄”“关市讥而不征”“泽梁无禁”“罪人不孥”等等。当宣王以自己“好货”“好色”推脱时，孟子则用公刘好货、古公亶父好色的事例，说明关键要“与民同之”。若能像先王那样，扩充好货之心，让百姓居有余粮，过上富足的日子；扩充好色之心，让男女成家立业，过上美满的生活，一样可以称王天下。在《梁惠王上》1.7 中，孟子曾以宣王对牛“不忍其觳觫”“见其生，不忍见其死”为例，劝说宣王“推恩”，“保民而王”。其所推主要是“不忍”之心，也就是恻隐之心，本章所推则是“好货”“好色”之心。故在孟子这里，实际存在两种“推”，一种是推己之恻隐之心、不忍人之心，是道德情感的扩充、推广，用孟子的话说是“推恩”；一种是推己之好货、好色之心，实际是将心比心，承认他人生理欲望的合理性，强调“与民同之”。两种“推”有所不同，但又存在着联系。其中前一种“推”是后一种“推”的前提或根据，只有“推恩”才有可能做到“与民同之”；后一种“推”则是前一种“推”的落实和实现，“推恩”须体现为对民众物质及婚姻生活的关注。两种“推”都发生在国君与民众之间，是自上而下的关爱和施与，也就是孟子所讲的“所欲与之聚之，所恶勿施尔也”（7.9），是儒家忠恕之道的重要内容。

本章开头提到的“明堂”，即“明政教之堂”，是古代帝王宣明政治教化的地方。举凡朝会、祭祀、庆赏、选士、养老、教学等大典，都在此举行。在中国古代政治及文化运作中，明堂占有重要的地位。中国古代文化典籍中多有关于明堂的记载，如《周礼·冬官考工记》中有关于明堂形制的描述，《小戴礼记》中有《明堂位》一篇，《大戴礼记》中也有《明堂》篇，专门记述明堂的建筑规格，以及政教活动的内容。宣王提到的明堂，据说是周初武王东征时所建，位于当时属于齐国境内的泰山脚下。战国中期，各大诸侯国虽然不再打出尊周的口号，但还没有谁明目张胆地提出灭周的主张。当时的齐宣王一心称霸中国，征服天下，存有取代周天子的野心，便借口别人建议他拆毁明堂，来试探孟子。对于宣王的发问，孟子避开尊周与否的问题，只强调明堂是推行王道之堂，象征着王道理想，如要实行仁政，就不应拆毁明堂，把话题引到了仁政、王道上。说明孟子并不固守原有的政治制度和尊卑秩序，而是更重视统治者行仁政、王道，认为行仁政、王道，比遵守原有的政治制度和尊卑秩序更重要。

2.6 孟子谓齐宣王曰："王之臣有托其妻子于其友而之楚游者[1]，比其反也[2]，则冻馁其妻子，则如之何[3]？"

王曰："弃之。"

曰："士师不能治士[4]，则如之何？"

王曰："已之[5]。"

曰："四境之内不治，则如之何？"

王顾左右而言他。

理屈词穷，知己亦当罢免。

[注释]

[1] 妻子：妻子和儿女。之：往；到……去。 [2] 比：及；至。反：同"返"。 [3] 以上四句意为，如果大王有一个臣子把妻儿托付给朋友照顾，自己到楚国去游玩，等他回来时，发现自己的妻儿却在受冻挨饿，那该怎么办呢？ [4] 此句意为，士师管不好他的下属。士师：司法官。 [5] 已：罢免。

[点评]

本章论君之职责，是孟子民本思想的重要内容。孟子通过三个设问，环环紧扣，层层递进，最后一问，迫使"王顾左右而言他"。寥寥数字，微妙传神，生动地勾画出宣王尴尬难堪、理屈词穷的窘态。其背后的潜台词是，君主不过是受上天之托的管理者，他只具有对天下的管理权，而不具有所有权，如不称职，同样可以易位。

2.7 孟子见齐宣王，曰："所谓故国者，非谓有乔木之谓也，有世臣之谓也[1]。王无亲臣矣，昔者所进，今日不知其亡也[2]。"

王曰："吾何以识其不才而舍之[3]？"

曰："国君进贤，如不得已，将使卑逾尊，疏逾戚，可不慎与[4]？左右皆曰贤，未可也；诸大夫皆曰贤，未可也；国人皆曰贤，然后察之，见贤焉，然后用之。左右皆曰不可，勿听；诸大夫皆曰不可，勿听；国人皆曰不可，然后察之，见不可焉，然后去之。左右皆曰可杀，勿听；诸大夫皆曰可杀，勿听；国人皆曰可杀，然后察之，见可杀焉，然后杀之。故曰：'国人杀之也。'如此，然后可以为民父母。"

民意为上。

[注释]

[1] 以上三句意为：所谓历史悠久的国家，不是说国中要有高大的树木，而是说要有世代建立功勋的大臣。 [2] 以上三句意为，大王现在没有亲信的臣子，过去任用的人，都不知哪里去了。进：进用。 [3] 吾何以识其不才而舍之：我怎样才能识别无能之人而不任用他们呢？ [4] 以上五句意为，国君进用贤才，如果不得已，将会使卑者超越尊者，疏者超越亲者，能不慎重吗？

［点评］

本章论述选用贤才和罢免不才，强调了民众意见的重要性。本章的观点，应是受到孔子“众恶之，必察焉；众好之，必察焉”（《论语·卫灵公》）的影响，但孟子突出了民的地位，强调民意在决策中的重要性，将其作为官吏任免的重要依据，是对民本思想的一个重要发展。

本章提到“使卑逾尊，疏逾戚，可不慎与”，并不意味着孟子反对尚贤。相反，《孟子》一书中多次谈到尚贤，主张“尊贤使能，俊杰在位”（3.5），要求“立贤无方”（8.20）。孟子这样讲，可能是因为“卑逾尊，疏逾戚”在当时还是一件大事，故要求执政者谨慎处理，避免引起不必要的矛盾。

2.8　齐宣王问曰：“汤放桀[1]，武王伐纣[2]，有诸？”

孟子对曰：“于传有之。”

曰：“臣弑其君，可乎？”

曰：“贼仁者谓之贼，贼义者谓之残，残贼之人谓之一夫。闻诛一夫纣矣，未闻弑君也[3]。”

《周易·革·彖辞》：“汤武革命，顺乎天而应乎人。”

［注释］

[1] 汤放桀：汤：商朝的开国之君。桀：夏朝最后一个君主。放：流放。传说商汤灭夏后，把桀流放到南巢（据传在今安徽巢湖一带）。　[2] 武王伐纣：纣，商朝最后一个君主，昏乱残暴。

周武王起兵讨伐，灭掉商朝，纣自焚而死。 [3] 以上五句意为，残害仁的人叫作贼，残害义的人叫作残，残贼之人叫作独夫。我只听说诛杀了独夫纣，没听说杀害国君。

［点评］

本章论汤武革命。孟子虽承认君的统治地位，但并不把君看作是最高的，君之上还有天，而天又是民意的代表，所谓“天视自我民视，天听自我民听”。故君主不过是上天推选的管理者（参见 9.5 点评），只有行仁政，保民、爱民，其统治才具有合法性；若残仁害义，便成为人可诛之的独夫民贼。正是基于这一点，孟子肯定了汤武革命的正当性和合理性。诚如学者所言：“人君上面的神，人君所凭藉的国，以及人君的本身，在中国思想正统的儒家看来，都是为民的存在……可以说神、国、君，都是政治中的虚位，而民才是实体。”“即使从统治者的角度来看，不仅那些残民以逞的暴君污吏没有政治上的主体地位，而那些不能‘以一人养天下’，而要‘以天下养一人’的为统治而统治的统治者，中国正统的思想亦皆不承认其政治上的地位。”（徐复观《学术与政治之间》，台湾学生书局 1985 年版，第 51—52 页）“孟子之政治思想，遂成为针对虐政之永久抗议。”“专制时代忠君不二之论，诚非孟子所能许可。”（萧公权《中国政治思想史》第 1 册，辽宁教育出版社 1998 年版，第 87—88 页）

2.9 孟子谓齐宣王曰：“为巨室，则必使工师求大木[1]。工师得大木，则王喜，以为能胜其任也。匠人斫而小之[2]，则王怒，以为不胜其任矣。夫人幼而学之，壮而欲行之，王曰：‘姑舍女所学而从我。’则何如[3]？今有璞玉于此[4]，虽万镒[5]，必使玉人雕琢之。至于治国家，则曰‘姑舍女所学而从我’，则何以异于教玉人雕琢玉哉？”

范祖禹：“古之贤者，常患人君不能行其所学；而世之庸君，亦常患贤者不能从其所好。”（朱熹《集注》引）

［注释］

[1] 工师：管理各种工匠的官员。 [2] 此句意为，木匠把木料砍小了。斫（zhuó）：砍削。 [3] 以上四句意为，人从小学会一种本领，长大了就要运用，大王却说：“姑且丢掉你所学的来听我的。”这样行吗？ [4] 璞玉：未经雕琢加工过的玉。 [5] 镒（yì）：古代重量单位，二十两（一说二十四两）为一镒。

［点评］

本章为孟子向齐宣王的进谏之言，强调治国当尊重贤者之言。孟子到齐国后，对宣王循循善诱，不断宣讲“王道”“仁政”，但宣王不仅充耳不闻，不为所动，反而要求孟子放弃主张，听命于自己。故孟子用两个比喻说明：治国与造房、治玉一样，都需要专业的知识与技能。宣王要求别人听命于自己，正如教导玉匠如何雕琢玉石一样可笑。

苏格拉底曾提出，如果我们想使一个人成为鞋匠，就要送他去见鞋匠；要成为医生，就要送他去医生那里，其他行业也是一样。（参见《美诺篇》，王晓朝译《柏拉图全集》第1卷，人民出版社2002年版，第523页）因此在他看来，“如果做鞋或评判鞋的好坏要请教具有专门知识的鞋匠，为什么治理国家和评判政治的好坏却不去请教具有专门政治知识的人，而去请教只具有制鞋、做马具等手艺的人，甚至并无任何专门知识可言的人呢？”苏格拉底与孟子都强调治国需要专业的知识与技能，但具体语境又有所不同。孟子针对的是世袭制下的国君，苏氏针对的则是直接民主制下的大众。

2.10 齐人伐燕[1]，胜之。宣王问曰：“或谓寡人勿取[2]，或谓寡人取之。以万乘之国伐万乘之国，五旬而举之，人力不至于此。不取，必有天殃。取之，何如？”

取与不取，以燕民意见为准。

孟子对曰：“取之而燕民悦，则取之。古之人有行之者，武王是也。取之而燕民不悦，则勿取。古之人有行之者，文王是也[3]。以万乘之国伐万乘之国，箪食壶浆以迎王师[4]，岂有他哉？避水火也。如水益深，如火益热，亦运而已矣[5]。”

[注释]

[1] 齐人伐燕：公元前 315 年（齐宣王五年），燕王哙将燕国让给相子之，将军市被和太子平不服而作乱，子之反攻，杀死了市被和太子平，国内一片混乱。齐宣王趁机进攻燕国，取得了胜利。 [2] 取：占领；吞并。指将燕国的土地据为己有。 [3] 以上两句意为，古人有这么做的，那就是周文王。指周文王在三分天下有其二时，仍然服侍商纣王。 [4] 箪食壶浆：用箪装着食物，用壶装着酒浆。箪：古代用来装饭食的盛器，以竹或苇编成，圆形，有盖。 [5] 以上三句意为，如果使水更深、火更热，燕国的百姓就要转而盼望别人来拯救了。运：转而求助之意。

[点评]

本章及下一章为孟子与齐宣王围绕伐燕的对话，反映了孟子的民本与王道思想。齐宣王五年（前 315），齐国的近邻燕国发生了一件大事。燕王哙受当时广泛流行的禅让思想的影响，接受谋臣鹿毛寿等人的建议，让国于相子之，结果引起燕国的一场内乱。齐国趁机出兵，几乎没有遇到抵抗便大获全胜。于是宣王请教孟子，是否要趁机吞并燕国。孟子从民本的立场出发，认为如果燕国百姓欢迎，便吞并；如果燕国百姓不欢迎，便不吞并。可见，即使在对外战争中，孟子也是将民意作为重要根据，充分体现了他的民本思想。

2.11 齐人伐燕，取之。诸侯将谋救燕。宣王曰："诸侯多谋伐寡人者，何以待之？"

孟子对曰："臣闻七十里为政于天下者，汤是也。未闻以千里畏人者也[1]。《书》曰：'汤一征，自葛始[2]。'天下信之，东面而征，西夷怨；南面而征，北狄怨，曰：'奚为后我[3]？'民望之，若大旱之望云霓也。归市者不止[4]，耕者不变，诛其君而吊其民[5]，若时雨降。民大悦。《书》曰：'徯我后，后来其苏[6]。'

"今燕虐其民，王往而征之，民以为将拯己于水火之中也，箪食壶浆以迎王师。若杀其父兄，系累其子弟[7]，毁其宗庙，迁其重器[8]，如之何其可也？天下固畏齐之强也，今又倍地而不行仁政，是动天下之兵也[9]。王速出令，反其旄倪[10]，止其重器，谋于燕众，置君而后去之，则犹可及止也[11]。"

犹以燕伐燕，非仁者所为。

［注释］

[1] 此句意为，没有听说凭着方圆千里的土地还怕别人的。　[2] 以上三句意为，《尚书》中说："商汤初次征伐，是从葛国开始的。"《书》：《尚书》，孟子所引为《尚书》逸篇。一征：初征；始征。《滕文公下》6.5 作"汤始征，自葛载"。　[3] 此句意为，为什么不先来解救我，而把我放在后面呢？奚：为何；为什么。后我：把我放在后。　[4] 归市：趋向集市。指赶集。　[5] 以上

三句意为，赶集的照常赶集，种地的照常种地。杀了那里的暴君，慰问那里的百姓。吊：慰问。 [6] 以上两句意为，等待我们的君王，君王来了获新生。徯（xī）：等待。后：王；君主。苏：恢复；复活。 [7] 系累：束缚；捆绑。 [8] 重器：古代君王所铸造的作为传国宝器的鼎之类。迁其重器，意味着灭亡其国家。 [9] 以上三句意为，天下本来就害怕齐国的强大，如今齐国土地扩大一倍却不施行仁政，这是挑动各国出兵啊。 [10] 旄倪（mào ní）：老人与儿童。旄：同“耄”，古时八十至九十岁称耄，这里泛指老人。倪：儿童。 [11] 以上六句意为，大王赶快发布命令，放回他们的老人孩子，停止搬运他们的宝器，同燕国人商量，选立一位国君然后撤兵，这样还来得及阻止各国出兵。止：指阻止各国出兵。

［点评］

宣王出兵占领燕国后，不是安民、抚民、保民，相反是烧杀掳掠，甚至毁坏其宗庙，结果不但没有赢得燕人的拥护，相反引起激烈反抗。加之诸侯联合出兵讨伐齐国，于是宣王再次向孟子询问对策。孟子以商汤为例，说明只有仁义之师，才能救民于水火，得到百姓的拥护。建议宣王下令停止掠夺，释放无辜，与燕国百姓一起选立一位君主然后撤兵，以阻止各国出兵。可惜宣王没有听进孟子的进言，最终导致“燕人畔（叛）”（4.9）。本篇关于孟子在齐国的活动至此章暂时结束，相关的内容将在《公孙丑下》出现。

2.12 邹与鲁閧[1]。穆公问曰[2]：“吾有司死者三十三人[3]，而民莫之死也。诛之，则不可胜诛；不诛，则疾视其长上之死而不救[4]，如之何则可也？”

孟子对曰：“凶年饥岁，君之民老弱转乎沟壑[5]，壮者散而之四方者，几千人矣[6]，而君之仓廪实，府库充，有司莫以告，是上慢而残下也[7]。曾子曰[8]：‘戒之戒之！出乎尔者，反乎尔者也[9]。’夫民今而后得反之也。君无尤焉[10]。君行仁政，斯民亲其上[11]，死其长矣。”

朱熹：“君行仁政，则有司皆爱其民，而民亦爱之矣。”（《集注》）

［注释］

[1] 邹：古国名，其地在今山东邹城附近，为孟子的母国。鬨（hòng）：争斗。 [2] 穆公：指邹穆公。 [3] 有司：官吏。 [4] 以上两句意为，不杀这些百姓吧，又恨他们眼睁睁地看着长官被打死而不去相救。疾：憎恨。 [5] 转：弃尸。 [6] 几：将近；几乎。 [7] 此句意为，这是官员怠慢渎职而残害老百姓啊。上：指在上位者。慢：怠慢。 [8] 曾子：孔子弟子曾参，字子舆。 [9] 以上三句意为，警惕啊，警惕啊！从你身上出去的，还会回到你身上。 [10] 尤：动词。责备；归罪。 [11] 斯：则。

［点评］

本章论仁政，是孟子早期活动的记载。孟子是邹人，其游说诸侯当是从邹穆公开始的。周广业《孟子四考》说：

“孟子之仕，自邹始也。时方隐居乐道，……会与鲁閧，有司多死者，公问如何而可？孟子以仁政勉之。”据本章，邹国与鲁国发生争斗，邹国的长官被打死三十多人，而邹国的百姓却在一旁见死不救。邹穆公便向孟子请教，该如何处置这些人。站在今天的角度，孟子实际是遇到了“人民为何不爱国”的问题。孟子认为不能以官吏甚至君主代表国家，国家的主体是民众，而非君主、官吏，后孟子提出“民为贵，社稷次之，君为轻”（14.14），即是对此问题的进一步思考。百姓的冷漠，责任在官吏。邹国的官吏平时缺乏仁爱之心，对百姓的死活不闻不问，现在算是得到了报应。解决民众的“爱国”问题要靠“行仁政”，执政者只有执政为民，造福于民，才能得到民众的支持和拥护。孟子这里虽提到仁政，但对如何实行仁政却没有说明，其思想还在形成之中。

关于本章的时间，一般认为是孟子四十岁左右。如谭贞默《孟子编年略》说：“孟子四十以前，讲学设教；六十以后，归老著书。其传食诸侯当在四十以外。”

2.13　滕文公问曰[1]：“滕，小国也，间于齐、楚[2]。事齐乎？事楚乎？”

孟子对曰：“是谋非吾所能及也。无已，则有一焉：凿斯池也[3]，筑斯城也，与民守之，效死而民弗去[4]，则是可为也[5]。”

得民心为本，事大国为末。

［注释］

[1] 滕文公：战国时滕国国君。滕国为西周分封的诸侯国，姬姓，在今山东滕州西南。 [2] 间：处于……之间。 [3] 斯：代词。这。池：护城河。 [4] 效死：献出生命至于死。指卖力而不顾生命。 [5] 以上八句意为，这样的谋略不是我能想出来的。一定要我说，就只有一个办法：深挖护城河，筑牢城墙，与百姓一起来守卫，献出生命百姓也不离去，这样就可以有所作为了。

［点评］

本章及下面两章记载孟子在滕国的活动。孟子一生游说诸侯，所遇只有滕文公一位知音。早在孟子在宋国时，尚未即位的滕文公便两次拜访孟子，被孟子的学说深深打动（见 5.1）；正式即位后，便派人将孟子接到滕国（见 5.2、5.3、5.4）。孟子到滕国后，积极推行仁政，在社会上产生了一定影响，但也遇到一定挑战，本章及以下两章记录的就是这方面的内容。孟子虽得到滕文公的信任，无奈滕国是一个小国，夹在齐、楚两个大国之间，面临着到底侍奉齐，还是侍奉楚的问题。孟子反对在外交上左右逢源，主张加强战备，争取民心，宁为玉碎，不为瓦全，誓与国家共存亡。

2·14 滕文公问曰："齐人将筑薛[1]，吾甚恐，如之何则可？"

孟子对曰："昔者大王居邠，狄人侵之。去，之岐山之下居焉。非择而取之，不得已也[2]。苟为善，后世子孙必有王者矣[3]。君子创业垂统，为可继也。若夫成功，则天也[4]。君如彼何哉？强为善而已矣[5]。”

尽人事以待天命。

[注释]

[1] 薛：古国名，其地在今山东滕州东南，战国初期为齐所灭，成为齐权臣田婴、田文的封邑。 [2] 以上四句意为，离开邠，到岐山下居住。这不是主动的选择，而是迫不得已。邠（bīn）：古地名，在今陕西彬州。 [3] 以上两句意为，如果能推行善政，后代子孙中必定会有称王天下的。 [4] 以上四句意为，君子创立基业传之后世，是为了可以世代相继。至于能否成功，那只能由天来决定了。天：指命运天。 [5] 以上两句意为，您如何对待齐国呢？只有努力推行善政罢了。

[点评]

本章承上章，继续论“强为善”。薛本是周初一个任姓的小国，后被齐国灭掉了，成为齐靖郭君田婴的封地。薛离滕国很近，齐人在薛地修筑城池，自然威胁到滕国，所以滕文公很担心，向孟子求教。但在“当今争于力气”的时代，除了主张“强为善”，努力实行仁政，自立自强外，孟子也提不出其他办法，至于能否成功，也只能看天意了。

据记载，田婴于公元前 322 年（梁惠王后元十三年，齐威王三十五年）四月封于薛，十月在薛地筑城，故孟子答滕文公问，应在该年四月之后、十月之前。

2.15 滕文公问曰："滕，小国也，竭力以事大国，则不得免焉，如之何则可？"

孟子对曰："昔者大王居邠，狄人侵之。事之以皮币[1]，不得免焉；事之以犬马，不得免焉；事之以珠玉，不得免焉。乃属其耆老而告之曰[2]：'狄人之所欲者，吾土地也。吾闻之也，君子不以其所以养人者害人[3]。二三子何患乎无君？我将去之。'去邠，逾梁山[4]，邑于岐山之下居焉[5]。邠人曰：'仁人也，不可失也。'从之者如归市。或曰：'世守也，非身之所能为也，效死勿去[6]。'君请择于斯二者。"

小不敌大，则或去国，或坚守。

[注释]

[1] 皮币：毛皮和缯帛。古代用作聘享的贵重礼物。 [2] 属（zhǔ）：聚集；会合。耆（qí）老：老年人。《礼记·曲礼上》："六十曰耆。" [3] 此句意为，君子不用养人的东西（指土地）害人。 [4] 梁山：山名，在今陕西乾县西北五里。 [5] 邑：用作动词，建筑城邑。 [6] 以上四句意为，也有人说："世代相守的地方，自己不可以擅自处理，就是死也不能离开。"

[点评]

本章与前面两章问题相同，均是讨论滕国在大国威胁下如何自保的问题。孟子提出两条措施：或者迁国图存，或者坚守国土。在这种情况下，孟子感到难以借滕国实现仁政理想，于是不久离开了滕国。

以上三章均为孟子在滕国后期事，似归入《滕文公》篇更为合理，放在本篇或是为说明孟子推行仁政的困境和艰难，或是表达孟子坚守仁义的信念。

2.16　鲁平公将出[1]，嬖人臧仓者请曰[2]："他日君出，则必命有司所之。今乘舆已驾矣，有司未知所之，敢请[3]。"

公曰："将见孟子。"

曰："何哉，君所为轻身以先于匹夫者[4]？以为贤乎？礼义由贤者出，而孟子之后丧逾前丧[5]。君无见焉！"

公曰："诺。"

乐正子入见[6]，曰："君奚为不见孟轲也？"

曰："或告寡人曰：'孟子之后丧逾前丧。'是以不往见也。"

曰："何哉，君所谓逾者？前以士，后以大夫？前以三鼎，而后以五鼎与[7]？"

曰："否，谓棺椁衣衾之美也[8]。"

曰："非所谓逾也，贫富不同也[9]。"

乐正子见孟子，曰："克告于君，君为来见也。嬖人有臧仓者沮君[10]，君是以不果来也。"

曰："行，或使之；止，或尼之[11]。行止，非人所能也。吾之不遇鲁侯，天也。臧氏之子焉能使予不遇哉[12]？"

鲁侯来与不来，在己不在人。吾遇昏聩之鲁侯，天意也；故吾之不得见，亦天也。

[注释]

[1] 鲁平公：战国时鲁国国君姬叔，公元前 322 年至前 303 年在位。 [2] 嬖（bì）人：受宠幸而地位卑下的人。 [3] 以上五句意为，以前您外出，一定会告诉管事的人要去的地方。现在车马已经准备好了，管事的人还不知道您要去哪里，所以冒昧来请示。敢请：冒昧请问。敢：谦辞，冒昧之意。 [4] 以上两句意为，您不顾及自己的身份而去问候一个普通人，这是为什么呢？所为：所以。为：以。先：通"诜（shēn）"。问候。 [5] 后丧逾前丧：母亲的丧事超过了父亲的丧事。孟子父亲先卒，故后丧指母丧，前丧指父丧。 [6] 乐正子：孟子弟子乐正克，当时在鲁国做官。 [7] 以上六句意为，您所说的超过，是什么意思呢？是指先前用士礼，后来用大夫之礼吗？先前用三个鼎，后来用五个鼎吗？ [8] 此句意为，是指棺椁衣物的华美。棺椁：棺和椁。古代士以上的人常用两重以上的棺木，内曰棺，外曰椁。衣衾（qīn）：死者入殓时所用的衣服被褥。 [9] 以上两句意为，这不叫超过，只是前（孟子父亲去世时）后（孟子母亲去世时）贫富不同罢了。 [10] 沮（jǔ）：阻止。 [11] 以上四句意为，平公来，是某种非人力所能决定的命在促使；不来，也是这种命在阻止。或认

为是说，道行进，是有某种力量在推动它；道停止，是有某种力量在阻止。尼（nì）：阻拦。 [12] 以上五句意为：（平公）来与不来，不是人力所能决定的。我不能与鲁君相见，这是天意。姓臧的小子怎能阻止我与鲁君相见呢？

［点评］

儒家重视命，孔子自称“五十而知命”，认为“不知命，无以为君子也”（《论语·尧曰》）。郭店竹简《穷达以时》说：“有天有人，天人有分。察天人之分，而知所行矣。有其人，无其世，虽贤弗行矣。苟有其世，何难之有哉？”其所说的天指命运天，所谓“遇不遇，天也”，故也是对命运问题的讨论。根据《穷达以时》此说，关系世间人们命运的，不仅有个人的努力，也有天的影响，天人各有其分。分是职分的意思。天人之分是说天人各有其职分、作用、范围，二者互不相同。而明白了哪些属于人，哪些属于天，便知道哪些该为，哪些不该为，知道应该如何行为了。郭店竹简《语丛一》：“知天所为，知人所为，然后知道，知道然后知命。”这里的“天所为”“人所为”就是其职分和作用，也就是天人之分。在《语丛》看来，个人的富贵穷达主要取决于时运，这些属于天，是天的职分；而一个人的德行如何则主要靠自己，属于人的职分。明白了这种“天人之分”，就不应汲汲于现实的际遇，而应“敦于反己”，只关心属于自己职分的德行，“尽人事以待天命”，这样就做到了“知命”。后孟子在孔子的知命、《穷达以时》的天人之分的基础上提出了“性命之分”，认为仁义礼智根于心、内在于性，由于人具有意志自由，“求则得之，舍则失之”，能否得到取决于自己，与命运无关，所以是“在我者也”；而感官需要以及希望富贵显达等虽然也出于性，但“求之有道，得之有命”，能否实现取决于命，所以只能看作是“在外者也”。确立了这种天人或性命之分，就不应为外在的际遇所左右，而孜孜于我性分内的仁义礼智，“虽大行不加焉，虽穷居不损焉”。孟子本章及其他各章有关命运的讨论（见 13.1、13.2、13.3、13.21、14.24），都可以从“天人之分”或“性命之分”的思想去理解（参见梁涛《郭店竹简与思孟学派》第八章第二节《竹简〈穷达以时〉与早期儒家天人观》，中国人民大学出版社 2008 年版，第 447—467 页）。

本章记孟子欲见鲁平公受阻事，反映其天命观及不怨天尤人的处事原则。孟子在齐国时，母亲去世，孟子从齐国回到鲁国办理丧事。这时孟子在诸侯间有了一定声望，弟子乐正克也在鲁国为官，故鲁平公想前来拜访。不料平公身边的宠臣臧仓从中作梗，致使平公最终未能成行。对于这一变故，孟子持一种达观的态度，认为自己不得与平公相见，乃是冥冥之中天在起作用，并非小人臧仓可以阻止的。孟子所说的天，既非上古有意志、有目的的神学天，也不同于后来“不为尧存，不为桀亡”的自然天，而是一种命运天，它既可以指某种社会的“合力”或“势”，也可以指出人意料的某种机遇或巧合等等。这种天作为一种神秘的力量，作用到我们每个人，或者说我们每个人都生活在这种天的影响之下。具体到孟子不遇平公，表面上看似乎是臧仓的破坏，但平公来与不来，不是别人能决定的，关键还在平公自己。平公不辨别是非，轻信谗言，自身就存在很大问题。而遇到平公这样的君主，只能说是天意。明白了这一点，就不必为一时的挫折怨天尤人，而应该尽人事以待天命，以积极、乐观的态度面对之。所以，孟子虽然提出天，但并不是取消人的主动性，让人听天由命。相反，他是通过明“天人之分”（参见14.24点评），化解人生际遇的种种困惑，以获得心理的舒坦与安定，凸显人之为人的价值与尊严。

孟子葬母的记载又见《公孙丑下》4.7：“孟子自齐葬于鲁，反于齐，止于嬴。”可知孟子是从齐国回到鲁国丧葬母亲，至于时间，据学者考证，应是孟子第二次来齐国的齐宣王时期。

公孙丑上

3.1　公孙丑问曰[1]："夫子当路于齐，管仲、晏子之功可复许乎[2]？"

孟子曰："子诚齐人也，知管仲、晏子而已矣。或问乎曾西曰[3]：'吾子与子路孰贤[4]？'曾西蹵然曰[5]：'吾先子之所畏也[6]。'曰：'然则吾子与管仲孰贤？'曾西艴然不悦[7]，曰：'尔何曾比予于管仲[8]？管仲得君如彼其专也，行乎国政如彼其久也，功烈如彼其卑也[9]。尔何曾比予于是？'"曰："管仲，曾西之所不为也，而子为我愿之乎[10]？"

曰："管仲以其君霸[11]，晏子以其君显。管

朱熹："齐人但知其国有二子而已，不复知有圣贤之事。"（《集注》）

管仲得齐国之大，得其君信任之专，而不能称王天下，是以不足法也。

仲、晏子犹不足为与？”

曰：“以齐王，由反手也[12]。”

曰：“若是，则弟子之惑滋甚。且以文王之德，百年而后崩，犹未洽于天下。武王、周公继之，然后大行[13]。今言王若易然，则文王不足法与[14]？”

［注释］

[1] 公孙丑：孟子弟子，齐国人。　[2] 以上两句意为，如果先生在齐国当政，管仲、晏子的功业能够再度实现吗？当路：当权；当政。管仲：名夷吾，字仲，齐桓公之相，辅佐齐桓公成为春秋时第一个霸主。许：兴起。赵岐注：“犹兴也。”　[3] 曾西：名申，字子西，曾参之子。　[4] 吾子：对友人的昵称，相当于“吾兄”“老兄”。子路：孔子弟子仲由，字子路。　[5] 蹵（cù）然：不安的样子。　[6] 先子：已去世的长辈。这里指曾西的父亲曾参。畏：敬。　[7] 艴（bó）然：恼怒的样子。　[8] 此句意为，你为何竟拿管仲与我相比？何曾：为何竟然。曾：竟然；居然。　[9] 以上三句意为，管仲得到君主的信任是那样专一，执掌国政是那样长久，而功业却是那么微不足道。　[10] 以上三句意为，管仲，是连曾西都不愿效法的，你以为我会愿意吗？为：同“谓”。认为。　[11] 此句意为，管仲使他的君主称霸天下。以：使。　[12] 以上两句意为，以齐国的实力而称王天下，易如反掌。由：同“犹”。好像。　[13] 以上五句意为，以文王的仁德，活了近百岁才去世，尚且没有做到使天下和洽。武王、周公继承他的事业，然后才使德政广泛推行。周公：姓姬，名旦，周

文王之子、武王之弟，因采邑在周（今陕西岐山北），称为周公。曾辅佐武王伐纣灭商，统一天下；后又辅佐成王，巩固了周初的统治。 [14] 以上两句意为，现在您把称王天下说得这样容易，那么文王也不值得效法了吗？若易然：这样容易。若：如此；这样。易：容易。然：助词。

文王虽形势不利，仍百里之地行仁政而称王天下，是其可法也。

曰："文王何可当也[15]。由汤至于武丁[16]，贤圣之君六七作，天下归殷久矣，久则难变也。武丁朝诸侯，有天下，犹运之掌也。纣之去武丁未久也，其故家遗俗，流风善政，犹有存者；又有微子、微仲、王子比干、箕子、胶鬲[17]，皆贤人也，相与辅相之[18]，故久而后失之也。尺地，莫非其有也；一民，莫非其臣也；然而文王犹方百里起，是以难也[19]。

"齐人有言曰：'虽有智慧，不如乘势；虽有镃基，不如待时[20]。'今时则易然也[21]。夏后、殷、周之盛，地未有过千里者也，而齐有其地矣；鸡鸣狗吠相闻，而达乎四境，而齐有其民矣[22]。地不改辟矣[23]，民不改聚矣，行仁政而王，莫之能御也。且王者之不作，未有疏于此时者也；民之憔悴于虐政，未有甚于此时者也[24]。饥者易为食，渴者易为饮。孔子曰：'德之流行，速于置邮而传命[25]。'当今之时，万乘之国行仁政，民之悦之，犹解倒悬也。故事半古之人，功必倍之，惟此时为然。"

当今之时，最宜于行仁政称王天下。

［注释］

[15] 文王何可当也：怎么能和文王相比。 [16] 武丁：商代帝王，后被称为高宗。 [17] 微子：商纣王的庶兄，名启。微仲：微启的弟弟。王子比干：纣王叔父，因多次劝谏，被纣王剖心而死。箕（jī）子：纣王叔父。胶鬲（gé）：纣王之臣。 [18] 相与：共同。辅相（xiàng）：辅助。 [19] 以上六句意为，当时，没有一尺土地不属于纣王所有，没有一个百姓不归纣王统治，然而文王却从方圆百里的地方兴起，所以是很困难的。 [20] 以上四句意为，虽然有智慧，不如趁形势；虽然有锄头，不如等农时。镃（zī）基：今写作镃錤。锄头。 [21] 今时则易然也：现在的时势就很容易做到这样了（指称王天下）。 [22] 以上六句意为，夏、商、周三代兴盛时，没有哪个国家的土地超过方圆千里，而齐国却有那么辽阔的土地；（夏、商、周三代兴盛时，）国都鸡鸣狗叫的声音，边境上都听得到（指夏、商、周国都狭小、人烟稀少），而齐国却有那么众多的百姓。达：达到。 [23] 地不改辟矣：土地不需要再开辟。改：重新。辟：开辟。 [24] 以上四句意为，况且，一统天下的君王不出现，没有比现在隔得更久；百姓忍受暴政的折磨，没有比现在更厉害。憔悴：动词。困顿。 [25] 以上两句意为，德政的流行，比驿站传递还要迅速。置邮：驿站。

[点评]

本章论王霸之辨，为孟子在齐国时与弟子公孙丑之间的对话。孟子尊王贱霸，故对管仲、晏婴的功业不屑一顾。那么，为何管、晏助其君主称霸天下，而文王行王道，历经三世才有所成？又如何对王、霸的现实功效做出解释和说明呢？这是宣扬王道者必须正视的问题。孟子认为虽然“王不待大”（3.3），称王天下未必一定就是大国，但推行王道还是需要一定的客观形势和条件的。管仲掌握当时强国齐国之政，又得齐桓公的信任，由于不行王道，故只是助桓公成就霸业，而没能称王天下。文王在力量悬殊的形势下，行王道而终于称王天下。这说明王道不仅具有正当性，在功效上也远胜于霸道。进而提出，当今之世，齐国如推行王道，必定会有事半功倍的效果。

3.2 公孙丑问曰：“夫子加齐之卿相，得行道焉，虽由此霸王，不异矣[1]。如此，则动心否乎？”

孟子曰：“否，我四十不动心。”

曰：“若是，则夫子过孟贲远矣[2]。”

曰：“是不难，告子先我不动心[3]。”

曰：“不动心有道乎[4]？”

曰：“有。北宫黝之养勇也[5]，不肤桡[6]，

“子曰：四十而不惑。”（《论语·为政》）四十不惑、四十不动心，其意一也。

以养勇说不动心。

不目逃[7]；思以一豪挫于人，若挞之于市朝[8]；不受于褐宽博[9]，亦不受于万乘之君；视刺万乘之君，若刺褐夫；无严诸侯[10]，恶声至，必反之。孟施舍之所养勇也[11]，曰：'视不胜犹胜也。量敌而后进，虑胜而后会，是畏三军者也[12]。舍岂能为必胜哉？能无惧而已矣。'孟施舍似曾子，北宫黝似子夏[13]。夫二子之勇，未知其孰贤，然而孟施舍守约也[14]。昔者曾子谓子襄曰[15]：'子好勇乎？吾尝闻大勇于夫子矣[16]：自反而不缩，虽褐宽博，吾不惴焉[17]；自反而缩，虽千万人，吾往矣。'孟施舍之守气，又不如曾子之守约也。"

曾子之大勇，道义之勇，胜于北宫黝、孟施舍之小勇，血气之勇。

曰："敢问夫子之不动心与告子之不动心，可得闻与？"

"告子曰：'不得于言，勿求于心；不得于心，勿求于气[18]。'不得于心，勿求于气，可；不得于言，勿求于心，不可。夫志，气之帅也；气，体之充也。夫志至焉，气次焉[19]。故曰：'持其志，无暴其气[20]。'"

评告子之不动心。

"既曰'志至焉，气次焉'，又曰'持其志，无暴其气'者，何也？”

曰：“志壹则动气，气壹则动志也[21]。今夫蹶者趋者，是气也，而反动其心[22]。”

[注释]

[1] 以上四句意为，如果先生担任了齐国的卿相，可以实现自己的抱负，即使成就了霸业和王业，也不足为怪。加：担任。赵岐注：“加，犹居也。”异：以为异，感到奇怪。 [2] 孟贲（bēn）：古代勇士。 [3] 告子：赵岐说他姓告，名不害（《告子上》注）。《墨子·公孟篇》有他与墨子的问答，故亦有学者认为他是墨子的门徒。孟子在齐国时，曾与告子辩论（见《告子上》），当时告子的身份应为稷下先生。 [4] 此句意为，做到不动心有方法吗？道：方法。 [5] 北宫黝（yǒu）：古代勇士，姓北宫，名黝，生平不详。 [6] 肤桡（náo）：赵岐注：“人刺其肌肤，不为桡却。”桡：屈从。 [7] 以上三句意为，北宫黝培养勇气，肌肤被刺不退缩，眼睛被刺不逃避。不目逃：赵岐注：“刺其目，目不转睛逃避之矣。” [8] 以上两句意为，认为受一点点挫折，就像在大庭广众中被鞭打了一样。一豪：同“一毫”。一根毫毛。比喻极小或很少。挞（tà）：用鞭子或棍子抽打。 [9] 此句意为，不受普通百姓的羞辱。褐宽博：褐布做的宽大的衣服，为贱者之服。此指“衣褐之匹夫”（焦循《正义》），即下文的“褐夫”。褐：毛布。宽博：宽大之衣。 [10] 严：畏惧；害怕。 [11] 孟施舍：古代勇士，生平不详。下文他又自称“舍”，故或谓姓孟，名舍，施为发音词；或谓姓孟施，名舍；也有说姓孟，名施舍。 [12] 以上四句意为，把不能战胜的看作如同能够战胜一样。如果估量了敌人才前进，考虑了胜败才交战，这是畏惧强大的敌军啊。会：会和。指

交战。 [13] 子夏：姓卜，名商，字子夏，孔子弟子。 [14] 守约：得其要领；抓住关键。 [15] 子襄：曾参弟子。 [16] 夫子：指孔子。 [17] 以上三句意为，自问理亏，即使面对乡巴佬，我也不威吓他。缩：本意是竖直之直，引申为曲直之直（见杨伯峻《孟子译注》，中华书局 1960 年版，第 69 页）。不缩，即不直，理亏。惴：恐吓。 [18] 以上四句也可理解为，得于言，然后求于心；得于心，然后求于气。前两句强调言对于心的优先性，言并非一般的描述性语言，而是规范性语言，是指思想、学说、教义等，实际是让心服从于言也就是外在的思想、学说。后两句强调心对于气的主导性，故孟子认为后两句“可”，前两句“不可”。关于此段文字的解说，参见点评部分。 [19] 以上六句意为，志是气的统帅，气则充实于身体。志到了哪里，气也随之到了那里。次：及；至。 [20] 以上两句意为，要把握住志，不要滥用气。暴（pù）：显露。 [21] 以上两句意为，志专一时能鼓动气，气专一时也能扰动志。壹：专注；专一。 [22] 以上三句意为，那些跌倒和奔跑的人，都是由于气，反过来扰动了他们的心。蹶：颠仆；跌倒。趋：疾行；奔跑。

“敢问夫子恶乎长[23]？”

曰：“我知言，我善养吾浩然之气。”

“敢问何谓浩然之气？”

曰：“难言也。其为气也，至大至刚，以直养而无害，则塞于天地之间[24]。其为气也，配义与道[25]；无是，馁也。是集义所生者，非义养浩然之气法。

袭而取之也[26]。行有不慊于心[27]，则馁矣。我故曰，告子未尝知义，以其外之也。必有事焉，而勿正[28]；心勿忘，勿助长也。无若宋人然：宋人有闵其苗之不长而揠之者[29]，芒芒然归[30]，谓其人曰：'今日病矣[31]！予助苗长矣！'其子趋而往视之，苗则槁矣。天下之不助苗长者寡矣。以为无益而舍之者，不耘苗者也；助之长者，揠苗者也，非徒无益，而又害之。"

［注释］

[23] 此句意为，请问老师，您擅长哪一方面呢？长（cháng）：擅长。 [24] 以上四句意为，那一种气，最伟大，最刚强，用义去培养它，而不加伤害，就会充满天地之间。直：公正；正直。翻译为义。 [25] 以上两句意为，那种气，必须用义与道去培养它。这里的"义"是内在之义。配：配合；配有。 [26] 以上两句意为，那种气，是由内心的义积聚产生的，不是外在的义侵袭心而取得的。前一句的"义"是内在之义，后一句的"义"是外在、客观之义。 [27] 此句意为，行为有愧于心。慊（qiè）：满足；快意。 [28] 以上两句意为，对于浩然之气一定要去培养，但不要有主观目的。正：预期。 [29] 闵：担忧；担心。揠（yà）：拔起。 [30] 芒芒然：赵岐认为是"罢倦之貌"，朱熹认为是"无知之貌"，焦循认为是匆忙貌。 [31] 病：疲惫。

"何谓知言？"

曰："诐辞知其所蔽[32]，淫辞知其所陷[33]，邪辞知其所离[34]，遁辞知其所穷[35]。生于其心，害于其政；发于其政，害于其事[36]。圣人复起，必从吾言矣。"

经验心，非良心、本心。

[注释]

[32] 诐（bì）辞知其所蔽：偏颇的言辞，知道它片面的地方。诐辞：偏颇的言辞。蔽：掩盖；掩饰。　[33] 淫辞知其所陷：浮夸的言辞，知道它失实的地方。淫辞：夸张、过分的言辞。陷：过失；缺陷。　[34] 邪辞知其所离：邪僻的言辞，知道它背离正道的地方。邪辞：邪僻的言辞。离：背离；偏离。　[35] 遁辞知其所穷：躲闪的言辞，知道它理屈词穷的地方。遁辞：躲闪的言辞。穷：理屈；辞屈。　[36] 以上四句意为，这四种言辞从心中产生出来，就会危害政治；在政治中表现出来，就会危害具体事务。

"宰我、子贡善为说辞[37]，冉牛、闵子、颜渊善言德行[38]。孔子兼之[39]，曰：'我于辞命[40]，则不能也。'然则夫子既圣矣乎[41]？"

曰："恶！是何言也！昔者子贡问于孔子曰：'夫子圣矣乎？'孔子曰：'圣则吾不能，我学不厌而教不倦也。'子贡曰：'学不厌，智也；教不倦，仁也。仁且智，夫子既圣矣乎。'夫圣，孔子不居，是何言也？"

孔子尚不自居圣人，吾何敢居之？

“昔者窃闻之，子夏、子游、子张皆有圣人之一体[42]，冉牛、闵子、颜渊则具体而微[43]。敢问所安[44]？”

曰：“姑舍是[45]。”

［注释］

[37] 此句意为，宰我、子贡善于言辞。宰我：姓宰，名予，字子我。子贡：姓端木，名赐，字子贡。均为孔子弟子。说辞：指孔门四科之一的“言语”。四科指德行、言语、政事、文学。见《论语·先进》。 [38] 此句意为，冉牛、闵子、颜渊长于德行。冉牛：姓冉，名耕，字伯牛。闵子：姓闵，名损，字子骞。颜渊：姓颜，名回，字子渊。均为孔子弟子。冉牛等三人善于德行，“故言之亲切而有味也”（朱熹《集注》）。 [39] 兼之：兼而有之。 [40] 辞命：辞令。即说辞。 [41] 这段话是说，孔子兼有德行、言辞，却说不擅长辞令，（而您知道分析言辞，）那么，先生已经是位圣人了吧？夫子：指孟子。 [42] 此句意为，子夏、子游、子张都有圣人的某一方面。子游：姓言，名偃，字子游。子张：姓颛（zhuān）孙，名师，字子张。均为孔子弟子。一体：一个方面。 [43] 此句意为，冉牛、闵子、颜渊则具备了圣人的全体，只是略逊一筹。具体：全体。微：狭小。 [44] 此句意为，请问您是处在哪一种情况呢？安：处。 [45] 此句意为，暂且不谈这个。舍：同“捨”。放下。

曰：“伯夷、伊尹何如[46]？”

曰：“不同道[47]。非其君不事，非其民不使；

治则进，乱则退，伯夷也[48]。何事非君，何使非民；治亦进，乱亦进，伊尹也[49]。可以仕则仕，可以止则止，可以久则久，可以速则速[50]，孔子也。皆古圣人也，吾未能有行焉。乃所愿，则学孔子也[51]。”

“伯夷、伊尹于孔子，若是班乎[52]？”

曰：“否。自有生民以来，未有孔子也。”

曰：“然则有同与？”

曰：“有。得百里之地而君之，皆能以朝诸侯，有天下[53]；行一不义、杀一不辜而得天下，皆不为也，是则同。”

曰：“敢问其所以异？”

曰：“宰我、子贡、有若[54]，智足以知圣人，污不至阿其所好[55]。宰我曰：‘以予观于夫子，贤于尧、舜远矣[56]。’子贡曰：‘见其礼而知其政，闻其乐而知其德。由百世之后，等百世之王，莫之能违也[57]。自生民以来，未有夫子也。’有若曰：‘岂惟民哉[58]！麒麟之于走兽，凤凰之于飞鸟，太山之于丘垤[59]，河海之于行潦[60]，类也；圣人之于民，亦类也。出于其类，拔乎其萃[61]。

赞美布衣孔子盛于尧、舜圣王，发前人所未发！

自生民以来，未有盛于孔子也。’”

[注释]

[46] 伯夷：商末孤竹国君的长子。周武王伐纣时，伯夷与弟弟叔齐拦马谏阻。周灭商后，两人隐居首阳山，不食周粟而死。伊尹：名挚。本是有莘氏的陪嫁奴隶，后成为商汤的厨师。他利用向商汤进食机会向商汤分析天下形势，得到商汤的欣赏，被提拔为相。他辅汤灭夏，建立商朝。太甲即位后昏庸无能，他把太甲流放到桐达三年之久，并摄政管理国家。直到太甲后悔了，才把他迎回复辟执政，使太甲变成了一位贤君。在《万章上》9.7章孟子对伊尹的生平有讨论，与传统说法不同，可参看。 [47] 不同道：指伯夷、伊尹的主张不同。 [48] 以上五句意为，不认可的君主不侍奉，不认可的百姓不使唤；天下太平就出仕，天下昏乱就隐居，这是伯夷。 [49] 以上五句意为，任何君主都可侍奉，任何百姓都可使唤；天下太平就出仕，天下昏乱也出仕，这是伊尹。 [50] 以上五句意为，该出仕就出仕，该辞职就辞职，该（做官）长久就长久，该（做官）短暂就短暂，这是孔子。速：短暂。 [51] 以上两句意为，至于我的愿望，则是向孔子学习。乃：至于。 [52] 以上两句意为，伯夷、伊尹与孔子，可以相提并论吗？班：等同。 [53] 以上三句意为，如果让他们管理方圆百里之地，都可以使诸侯来朝，天下归附。 [54] 有若：姓有，名若，孔子弟子。 [55] 此句意为，虽然地位低下，但不会对喜欢的人加以吹捧。污（wū）：卑下。阿（ē）：阿谀；迎合。 [56] 尧、舜：儒家推崇的古代理想圣君。 [57] 以上五句意为，见到一个国家的礼俗，就可以了解这个国家的政治；听到一个国家的音乐，就可以了解这个国家的德行。一百代后来评价这一百代的君王，也无法违背孔子的主张。等：分等；区别。 [58] 此句意为，难道

只是人类存在差别吗！岂惟：亦作“岂维”。何止。 [59] 太山：泰山。丘垤（dié）：小土堆。 [60] 河海：指黄河和大海。行潦（lǎo）：沟中的流水。赵岐注：“道傍流潦也。”潦：积水。 [61] 以上两句意为，圣人高出了同类，超出了群辈。萃：犹“群”“类”，指聚在一起的人或物。

[**点评**]

本章即著名的“知言养气”章，历来受到学者的重视。宋代程颐曾说：“孟子有功于圣门不可言。如仲尼只说一个‘仁’，孟子开口便说‘仁义’；仲尼只说一个‘志’，孟子便说出许多‘养气’来。只此二字，其功甚多。”(《二程集》，中华书局 1981 年版，第 1 册，第 221 页）认为本章所谈的“浩然之气”，是孟子对儒学的一大贡献。现当代尤其是港台学者，对本章也有很多讨论，其成果值得参考。本章篇幅较长，内容也较复杂，以下从几个问题分别讲解。

一、不动心。本章公孙丑首先提出了“不动心”的问题。不动心即内心不被人世的穷达祸福、沉浮变化所扰动，达到一种波澜不惊、宠辱皆忘的精神境界。这里的“心”是指经验心，而不是孟子别处所讲的道德本心。凡成就伟大事业者，都要做到“不动心”。孔子回顾自己的生命历程，说“四十而不惑”，“不惑”也就是不动心。孔子“四十不惑”，孟子“四十不动心”，至圣、亚圣的生命历程是相近的。孟子虽认为自己“四十不动心”，但又承认告子先于自己做到了不动心。在这里伏下一笔，暗示不动心实际有两种，一种是告子的不动心，一种是自己的不动心。但没有马上对两种不动心展开论述，而是将其留在了后面。

二、养勇。公孙丑接着问到不动心的方法，孟子认为就是要培养勇气，用精神的力量战胜外部的干扰。于是讲了北宫黝、孟施舍和曾子三种不同培养勇气的方法：北宫黝养勇的方法是在每一件事、每一个人面前都要做到无所畏惧；而孟施舍养勇的方法则不同，他只需培养“无惧”之心，有了这种“无惧”之心，在每一件事上、每一个人面前自然也就无所畏惧。北宫黝、孟施舍虽有所不同，但他们所养皆“血气之勇”，而非“道义之勇”；是小勇，而非大勇。曾子的养勇方法则不同，他是将勇气建立在道义、是非之上，自认理亏，即使对卑贱者也不仗势欺人；如果理直，面对千军万马也勇往直前。这才是真正的大勇，是“道义之勇”，是孟子所肯定的勇。

三、告子之不动心。公孙丑又问到孟子不动心与告子不动心的差别，接上了前面的内容。孟子介绍，告子的主张是：“不得于言，勿求于心；不得于心，勿求于气。”其中第一句“不得于言，勿求于心”的“言”，并非一般的描述性语言，而是一种规范性语言，是“杨朱、墨翟之言盈天下”的“言”，实际是一种思想学说。告子将“言”置于心之前，实际是让思想无条件地服从外在的主义和学说，是一种典型的“义外”说，所以孟子认为是不可取的。唐君毅先生对此有分析说明：“告子所谓‘不得于言，勿求之于心’，犹谓于客观外在之义有所不得，只须求此义之所在，不当求之于主观内在之心也。然人果能求得客观外在义之所在，而心即著于其上，亦可更不外求，而不动心。如今一偏执一政治上之主义之党徒，与宗教信徒之坚信一教义者，亦更可不动心也。”（《中国哲学原论·原道篇》卷一，香港新亚研究所1976年版，第250页）可供参考。后一句“不得于心，勿求于气”，将“心”置于“气”之前，强调心对气的主宰，如果孤立地看待这一句，孟子认为是可以接受的。

四、志与气。孟子接着对志与气的关系做了说明，认为“志，气之帅也；气，体之充也”。“志”是“气”的统帅，“气”是生命的基础。孟子的“志”主要是针对心而言，指人的理性能力。赵岐注为“心所念虑也”，朱熹释为“心之所之”，均说明了这一点。而“气”情况较复杂，需要做进一步辨析。在中国古代思想中，气是一个非常重要的概念，其范围十分广泛，几乎无所不包。大体而言，可分为物质之气与精神之气。精神之气又包括血气、情气和德气。血气主要是针对生理欲望而言，如“节乎肌肤血气之情”（郭店竹简《唐虞之道》）。情气是针对自然情感而言，如“喜怒哀悲之气”（郭店竹简《性自命出》）。德气则是针对道德情感而言，如马王堆帛书《五行篇》中的仁气、义气、礼气。孟子这里所谓的“气”应是指血气、情气，赵岐注“气，所以充满形体为喜怒也”是正确的。这种血气、情气一方面受到意志的支配，听命意志的调遣，另一方面又会反过来扰动人的心志。所以孟子主张既要保持住志，又不要滥用血气、情气。

五、浩然之气。公孙丑又问孟子擅长什么，孟子指出自己善于培养浩然之气。孟子认为浩然之气作为一种精神状态，是很难描述的，需要靠生命的体验。浩然之气具有道德属性，“至大至刚”“配义与道”，如果能以正直之心去培养（“直养”）的话，就可以充塞于天地之间；如果心有愧疚，它就会变得软弱无力。这一段有两句话比较重要，一句是“是集义所生者”，这涉及浩然之气是如何产生的问题。历史上，一些学者往往将“浩然之气”与前面“体之充”之“气”等同起来，如朱熹《集注》说：“浩然，盛大流行之貌。气即所谓体之充者，本自浩然，失养故馁。惟孟子为善养之，以复其初也。”当代也有学者认为，“集义”是指通过理性的凝聚以逐渐作用、渗透于气，使气日趋于伦理化，由自然存在上升为道德存在。这实际是认为浩然之气来自前面的血气、情气，是对血气、情气的理性升华。这种说法忽略了先秦思想中的气还可以指德气，是不准确的。其实，“集义所生”是说浩然之气是由内心的义积聚产生的，故浩然之气应是精神心志之气而非生物之气，是发自心、志的德气，是“德气塞于天地”（上海博物馆藏竹简《民之父母》、《礼记·孔子闲居》作“志气塞乎天地”）之气，是发自于仁义之心、贯穿于形体、充塞于天地之间的气。这种气与血气、情气虽有联系，但又有区别，是更高层次的气，是道德情感、理智活动的基础和动力。另一句“义袭而取之”则是意谓：“客观之‘义’自外强加于心，以求统御气，俨如自外掩袭而夺气。”（李明辉《〈孟子〉知言养气章的义理结构》，载李明辉主编《孟子思想的哲学探讨》，台北“中央研究院”中国文哲研究所筹备处1995年版，第149页）这是一种典型的义外说，是告子的观点，所以孟子认为告子不曾懂得义，因为他把义看作是外在的。

孟子还提出培养浩然之气的方法，认为要尊重浩然之气自身的规律，不要抱着主观的目的，既不要忽略忘记，也不要盲目助长。孟子这里讲了拔苗助长的故事，形象地说明急于扩充浩然之气，就像拔苗助长一样可笑。总之，对浩然之气置之不理或盲目助长，都是不正确的。

六、知言。接着孟子又讲到知言的问题，孟子所谓“知言”的“言”并非一般的言论，而是反映人生态度的道德语言，也就是“杨朱、墨翟之言盈天下”的“言”。人们在表达自己的主张时，往往存在着偏颇、夸张、背离正道、躲闪隐晦的弊病，“知言”就是要了解这些违背道义的言辞的失误及危害所在。而要具有知言的能力，就要发挥心辨别言辞是非善恶的能力，以心为标准去观察社会，衡量言辞，分辨出什么是正确的，什么是错误的。不过孟子虽然自称能够知言，但并没有说明是如何做到知言的，没有提供一套关于知言的方法，无法使人通过学习像孟子一样做到知言。出现这种情况，主要是因为孟子突出良知、良能，强调心的直觉能力，而一定程度上忽略了经验认知。孟子固然可以由于其天赋异禀、敏锐的直觉能力，而做到知言，但如何教导他人也学会知言，这是孟子及其以后的心学无力回答的问题。

七、赞美孔子。本章最后部分，孟子对孔子做了充分肯定和赞美，认为自有人类以来，无人比得上孔子，甚至借宰我之口，认为孔子远远超过了尧舜。这样的评价不仅前所未闻，而且可以说是石破天惊。因为尧舜乃古代天子、圣王，他们在世时地位崇高，去世后更是被人们崇拜和尊奉，而孔子不过是一介布衣，一个传道授业解惑的儒生，不过是培养出一些学生，产生一定影响而已。凭什么说孔子要比伊尹、尧舜这样的贤臣圣王更为伟大呢？在当时人们的观念中，孔子是根本无法与尧舜等圣王相提并论的。孟子推崇孔子主要在于两点：一是孔子对于得天下能够坚守仁道原则，尽管“得百里之地而君之”，就可以“朝诸侯”“有天下”，但是“行一不义、杀一不辜而得天下，皆不为也”。二是孔子在出仕上能够坚守义的原则，“可以仕则仕，可以止则止，可以久则久，可以速则速”，既积极出仕，又不违背义的原则，而是根据具体情境做出灵活选择，较之伯夷的洁身自好、伊尹的急于救世而流于一偏，无疑更符合中道，也更为可取。显然，孟子对孔子的肯定，也正是他的人生志向与选择。认为孔子是“出于其类，拔乎其萃”，而且表示“乃所愿，则学孔子也”。

本章在思想史上曾产生重要影响，特别是“浩然之气”的内容，“是两千年来始终激励人心、传颂不绝的伟词名句”，“是中华民族特别是知识分子的人格理想”（李泽厚《中国古代思想史论》，人民出版社 1986 年版，第 48 页）。对于塑造中华民族精神的气质特征产生了积极而重要的影响。北宋思想家程颢、程颐兄弟，极力崇尚孟子浩然之气的精神境界，认为“浩然之气，天地之正气，大则无所不在，刚则无所屈，以直道顺理而养，则充塞于天地之间”（《二程集》，中华书局 2004 年版，第 11 页）。南宋文天祥在《正气歌》中写道：“天地有正气，杂然赋流形，下则为河岳，上则为日星，在人曰浩然……”明显受到孟子“浩然之气”思想的影响。明末清初思想家王夫之赞扬孟子的浩然之气较北宫黝、孟施舍的培养勇气是百倍刚强伟大而塞于天地之间。从孟子到文天祥再到近代以来的无数仁人志士，他们用惊天地、泣鬼神、辉映千古的“浩然之气”铸造了我们民族的脊梁，这种决绝、壮烈和高旷的精神激励着世世代代的人们，抛弃苟且偷安，憧憬圣洁高尚的人生目标，刚直不阿，赴汤蹈火，视死如归，英勇捐躯，谱写出一曲曲惊天动地、可歌可泣的正气歌。

3.3　孟子曰：“以力假仁者霸，霸必有大国[1]；以德行仁者王，王不待大[2]——汤以七十里，文王以百里。以力服人者，非心服也，力不赡也[3]；以德服人者，中心悦而诚服也，如七十子之服孔子也[4]。《诗》云[5]：‘自西自东，自南自北，无思不服[6]。’此之谓也。”

霸道以力服人，王道以德服人。

［注释］

[1] 以上两句意为，用武力假借仁义的可以称霸，所以称霸必须是大国。　[2] 以上两句意为，用道德推行仁政的可以称王，称王不一定要是大国。待：等待。引申为依靠。　[3] 以上三句意为，用武力使人臣服，人们不是真心服从，只是力量不够。赡（shàn）：足。　[4] 以上三句意为，用道德使人归服，是心悦诚服，就像七十子服从孔子。七十子：《史记・孔子世家》：“弟子盖三千焉，身通六艺者七十有二人。”《史记・仲尼弟子列传》：“受业身

通者七十有七人。”七十是取其整数。 [5]《诗》云：以下三句出自《诗·大雅·文王有声》。 [6] 以上三句意为，从西从东，从南从北，无不服从。思：助词。无义。

［点评］

本章论王霸之辨。强调霸道“以力服人”，不能使人真心服从；而王道“以德服人”，可使天下人心悦诚服。称霸必须是大国，而小国行仁政也可称王天下。

3.4 孟子曰：“仁则荣，不仁则辱。今恶辱而居不仁，是犹恶湿而居下也。如恶之，莫如贵德而尊士，贤者在位，能者在职。国家闲暇，及是时明其政刑，虽大国必畏之矣。《诗》云[1]：‘迨天之未阴雨[2]，彻彼桑土[3]，绸缪牖户[4]。今此下民[5]，或敢侮予[6]？’孔子曰：‘为此诗者，其知道乎[7]！能治其国家，谁敢侮之？’今国家闲暇，及是时般乐怠敖[8]，是自求祸也。祸福无不自己求之者。《诗》云[9]：‘永言配命[10]，自求多福[11]。’《太甲》曰[12]：‘天作孽，犹可违[13]；自作孽，不可活[14]。’此之谓也。”

仁与不仁，在己不在人。

[**注释**]

[1]《诗》云：以下五句出自《诗 · 豳风 · 鸱鸮》。 [2] 迨（dài）：趁着。 [3] 彻：剥取。桑土（dù）：指桑树根的皮。土：通“杜”。根。《诗》省“皮”字。 [4] 绸缪：紧密缠缚。 [5] 此：《诗》原文作“女”。 [6] 以上五句意为，趁着天晴没阴雨，剥些桑树根上皮，补好窗子和门户。从今你们下面人，有谁还敢来欺辱？ [7] 以上两句意为，写这首诗的人，大概是懂得道啊！其：大概。 [8] 般（pán）乐：大肆作乐。赵岐注：“般，大也。”怠敖：亦作“怠慠”“怠骜”。怠慢骄傲。 [9]《诗》云：以下两句出自《诗 · 大雅 · 文王》。 [10] 永：长久。言：念。配命：配合天命。 [11] 以上两句意为，永远想着配合天命，自己求来多福。朱熹《集注》：“永，长也。言，犹念也。配，合也。命，天命也。” [12]《太甲》：《尚书》中的一篇，已失传。现在《尚书》中的《太甲》，系晋人伪作。 [13] 违：避开。 [14] 以上四句意为，上天降灾，还可以躲；自己作孽，就无处逃。活：《尚书》原文作“逭（huàn）”。逃避。

[**点评**]

本章讨论仁政。认为行仁政可以带来荣耀，不行仁政则会带来耻辱。荣耀和耻辱都是自取的，由己不由天。至于如何实行仁政，孟子主要谈到尊德贵士，选贤与能，及时修明政教刑法，而勿放纵骄奢。

3.5 孟子曰：“尊贤使能，俊杰在位，则天下之士皆悦，而愿立于其朝矣。市，廛而不征[1]，法而不廛[2]，则天下之商皆悦，而愿藏于其市矣；

关，讥而不征[3]，则天下之旅皆悦，而愿出于其路矣；耕者，助而不税[4]，则天下之农皆悦，而愿耕于其野矣；廛[5]，无夫里之布[6]，则天下之民皆悦，而愿为之氓矣[7]。信能行此五者，则邻国之民仰之若父母矣。率其子弟，攻其父母，自生民以来未有能济者也[8]。如此，则无敌于天下。无敌于天下者，天吏也。然而不王者，未之有也。”

天吏者，顺天应人、行仁政之官吏。

[注释]

[1] 廛（chán）：市中储藏或堆积货物的宅舍。此用作动词，指对宅舍收租。征：征税。这里指对货物征税。 [2] 以上三句意为，对于市场，只对作为仓库的宅舍收租而不对货物征税，或者依法对市场进行管理而不对宅舍收租。 [3] 讥而不征：只稽查不征税。讥：查问。 [4] 助而不税：出力以助耕公田，而不对私田收税。这是针对周代实行的“井田制”而言，关于井田制，见5.3注[27]。 [5] 廛：指宅舍，这里用作名词。 [6] 夫里之布：“夫布”与“里布”的简称。夫布是一夫的劳役税，里布是一户的地税，布是古代的一种货币。 [7] 以上四句意为，居住的地方，没有劳役税和额外的地税，那么，天下的人都会很高兴，愿意成为这里的居民了。氓（méng）：指从别处迁来之民。 [8] 以上二句意为，（若有邻国想率领百姓攻打你）就好比率领“子弟”攻打“父母”，自有人类以来没有能成功的。

［点评］

本章讨论仁政。提出仁政的五条措施，包括尊贤使能的用人政策，鼓励商业发展的经济政策，只稽查不征税的关卡政策，只助耕而不征税的农业政策，不征收劳役、住宅税的税收政策。孟子认为，实行这五项政策，就可以赢得士人、商人、旅客、农民的拥护和支持。而实行这五项政策的人，就好比是“天吏”，是上天派下的使者，必定会称王天下。

人皆有不忍人之心，知扩而充之，仁政可行也。

3.6 孟子曰：“人皆有不忍人之心[1]。先王有不忍人之心，斯有不忍人之政矣[2]。以不忍人之心，行不忍人之政，治天下可运之掌上。所以谓人皆有不忍人之心者，今人乍见孺子将入于井[3]，皆有怵惕恻隐之心[4]——非所以内交于孺子之父母也[5]，非所以要誉于乡党朋友也[6]，非恶其声而然也[7]。由是观之，无恻隐之心，非人也；无羞恶之心，非人也；无辞让之心，非人也；无是非之心，非人也。恻隐之心，仁之端也[8]；羞恶之心，义之端也；辞让之心，礼之端也；是非之心，智之端也。人之有是四端也，犹其有四体也[9]。有是四端而自谓不能者，自贼者也；谓其君不能者，贼其君者也。凡有四端于我者，知皆扩而充之矣，若火之始然[10]，泉之始达[11]。苟能充之，足以保四海；苟不充之，不足以事父母。”

［注释］

[1] 不忍人之心：指同情、怜悯之心。 [2] 斯：则。 [3] 今：表假设。若；假如。乍：突然；忽然。 [4] 怵惕：惊惧。恻隐：同情；怜悯。 [5] 内交：结交。内：同“纳”。 [6] 要誉：博取名誉。要：通“邀”。求。 [7] 非恶其声而然也：也不是厌恶孩子的哭声而这样的。 [8] 端：开端；源头。 [9] 四体：四肢。 [10] 然：同“燃”。 [11] 达：冒出地面。

［点评］

本章继续讨论仁政，提出仁政的基础在于每个人都具有的“不忍人之心”，将性善论与仁政结合在一起，是《孟子》一书的重要篇章。孟子开宗明义地提出，每个人都有不忍人之心，先王将这种不忍人之心运用到政治上，便有了不忍人之政，也就是仁政。何以见得每个人都有不忍人之心呢？孟子举例说，假如有人看到一个孩子要掉到井里，必定会有惊恐恻隐之心的流露，他的这种表现并不是出于某种外在目的，比如讨好孩子的父母、博得乡人的赞誉等等，而一定是有内在原因，也就是有内在不忍人之心的存在。需要说明的是，孟子这里所举，乃是一个“示例”，而非一个例证。孟子举出此例，其目的是让每个人置身其中，设身处地，反省到自己亦必生

“怵惕恻隐之心”，并援之以手，更进一步反省到自己以往的生活中亦有过众多类似的经历，从而洞见不忍人之心的存在。假如有人经过反省，认为自己从来没有恻隐之心、羞恶之心、辞让之心、是非之心，那他一定不是严格意义上的人了。

在肯定了人有不忍人之心，也就是恻隐、羞恶、辞让、是非之心后，孟子又讨论了恻隐、羞恶、辞让、是非四端之心，与仁义礼智四德的关系。认为恻隐之心是仁的开端，羞恶之心是义的开端，辞让之心是礼的开端，是非之心是智的开端。“端”字本作“耑”，“上象生形，下象其根也”（《说文解字》）。换言之，“端”即事物的萌芽、开始。“端”表明恻隐、羞恶、辞让、是非不是一种既定、完成的东西，从恻隐、羞恶、辞让、是非之心到仁、义、礼、智有一个生长、发展的过程，正如树苗到树木有一个生长、发展的过程一样。所以人虽然拥有四端，还需扩而充之，使其由星星之火发展成燎原之势，由汩汩泉水汇聚成大江大河。并进而指出，如果能扩充四端，便可以保有天下；如果不扩充四端，连家室也保不住。所以，孟子虽然肯定人有良知、良能，有先天的四端之心，但更强调对其扩而充之、后天培养，这是理解孟子性善论的关键。以下两章提到选择职业、邻里，以及向他人学习的重要性，这些都属于对善端的扩而充之、后天培养的内容。

3.7　孟子曰：“矢人岂不仁于函人哉[1]？矢

朱熹："恻隐之心人皆有之，是矢人之心，本非不如函人之仁也。巫者为人祈祝，利人之生。匠者作为棺椁，利人之死。"（《集注》）

人唯恐不伤人，函人唯恐伤人[2]。巫匠亦然[3]。故术不可不慎也。孔子曰：'里仁为美[4]。择不处仁，焉得智？'夫仁，天之尊爵也，人之安宅也[5]。莫之御而不仁，是不智也[6]。不仁不智，无礼无义，人役也。人役而耻为役，由弓人而耻为弓[7]，矢人而耻为矢也。如耻之，莫如为仁。仁者如射：射者正己而后发，发而不中，不怨胜己者，反求诸己而已矣。"

[注释]

[1] 矢人：造箭的人。函人：造铠甲的人。函：铠甲。 [2] 以上两句意为，造箭的人唯恐不能射伤人，制造铠甲的人唯恐人被射伤。 [3] 巫匠：巫和匠。巫：指巫医。匠：匠人。这里特指做棺材的木匠。赵岐注："巫欲祝活人。匠，梓匠，作棺欲其蚤售，利在于人死也。" [4] 里仁：与仁人为邻居，或谓住在仁者所居之里。 [5] 以上三句意为，仁，是上天尊贵的爵位，是人间安稳的住宅。 [6] 以上两句意为，没有人阻挡却不追求仁，这就是不明智。御：阻挡。 [7] 以上两句意为，被别人役使却以为耻，就像造弓的人却以造弓为耻。由：同"犹"。好像。

[点评]

孟子肯定人有"良知""良能"（13.15），同时又强调后天环境、教育的重要性，二者并不矛盾，而是相得益彰。以人的成长为例，职业、环境就很重要，需要谨慎选择。但职业、环境只是外因，关键是内在的仁，这才是人之为人的价值所在。如果不懂得追求仁，便是不智。追求仁应有正确的方法，其好比射箭，应反求诸己，多检讨自身，而不是责怪他人。

3.8　孟子曰："子路，人告之以有过，则喜。禹闻善言[1]，则拜。大舜有大焉[2]，善与人同[3]，舍己从人，乐取于人以为善。自耕稼、陶、渔以至为帝，无非取于人者[4]。取诸人以为善，是与人为善者也[5]。故君子莫大乎与人为善。"

我取他人之善，是亦助其为善矣。

［注释］

[1] 禹：儒家推崇的古代先王，曾奉舜命治理洪水，后成为夏朝开国君主。　[2] 有：同"又"。　[3] 以上两句意为，伟大的舜更了不起，善于与他人分享善。同：犹"共"。　[4] 以上两句意为，从农夫、陶工、渔夫一直到成为天子，没有一项优点不是从别人那里吸取来的。　[5] 以上两句意为，吸取别人的优点来行善，就是促使别人一起行善。与：帮助；赞许。

［点评］

本章论"与人为善"。子路、大禹、舜的共同特点是乐于向他人学习，向他人请益，"取诸人以为善"。这里的"善"是指人们在后天行为中形成的善言、善事、善行，而不是善性，但它又可以完善、充实我们先天的善。

孟子特别指出舜“取诸人以为善”，向他人学习善，反过来又促使他人积极行善，这样人与人之间便会相互激励，共同追求善，这就是“与人为善”。

3.9 孟子曰：“伯夷，非其君不事，非其友不友。不立于恶人之朝，不与恶人言。立于恶人之朝，与恶人言，如以朝衣朝冠坐于涂炭[1]。推恶恶之心，思与乡人立，其冠不正，望望然去之[2]，若将浼焉[3]。是故诸侯虽有善其辞命而至者，不受也。不受也者，是亦不屑就已[4]。柳下惠不羞污君[5]，不卑小官；进不隐贤，必以其道；遗佚而不怨[6]，厄穷而不悯[7]。故曰：‘尔为尔，我为我，虽袒裼裸裎于我侧[8]，尔焉能浼我哉？’故由由然与之偕[9]，而不自失焉，援而止之而止。援而止之而止者，是亦不屑去已[10]。”

非中道，君子不处。

孟子曰：“伯夷隘，柳下惠不恭。隘与不恭，君子不由也。”

[注释]

[1] 以上三句意为，到坏人的朝廷做官，与坏人交谈，就好像穿戴朝服、朝冠坐在污泥黑炭上一样。涂炭：泥淖和炭灰。喻污浊之地。 [2] 望望然：扫兴貌。 [3] 以上五句意为，推广这种

厌恶坏人的心，他会感到与一个乡下人在一起，如果那人帽子没有戴正，自己也会不高兴地走开，好像会被玷污似的。浼（měi）：玷污。 [4] 以上四句意为，因此，虽然有诸侯用好言好语来聘请他，他却不接受。不接受，也就是不屑于同流合污。 [5] 柳下惠：春秋时鲁国大夫，姓展，名获，字禽。因封邑在柳下（地名），谥号“惠”，故称为柳下惠。不羞污君：不以侍奉暴君为羞耻。 [6] 遗佚：亦作“遗逸”。遗弃不用。 [7] 以上两句意为，遭到遗弃而不怨恨，身处穷困也不忧愁。悯：忧伤；忧愁。 [8] 袒裼（tǎn xí）：肉体袒露。裸裎（chéng）：露身。 [9] 由由然：高兴貌。《韩诗外传》卷三引作“愉愉”。 [10] 以上四句意为，所以悠然自得地与他人同处而不失自己的节操，要他留下就留下。要他留下就留下，这也是（因为他自以为能做到洁身自好而）不屑于离去。

[点评]

本章以伯夷、柳下惠为例，论进退出处之道。伯夷、柳下惠均为历史上卓尔不群的人物，他们立身处世都有难能可贵之处，但伯夷偏颇狭隘，柳下惠玩世不恭，不是君子学习的榜样。儒家强调的是中道，这才是孟子认可的处世之道和人格理想。

公孙丑下

4.1 孟子曰："天时不如地利，地利不如人和。三里之城[1]，七里之郭[2]，环而攻之而不胜[3]。夫环而攻之，必有得天时者矣，然而不胜者，是天时不如地利也。城非不高也，池非不深也[4]，兵革非不坚利也，米粟非不多也，委而去之[5]，是地利不如人和也。故曰：域民不以封疆之界[6]，固国不以山谿之险，威天下不以兵革之利。得道者多助，失道者寡助。寡助之至，亲戚畔之[7]；多助之至，天下顺之。以天下之所顺，攻亲戚之所畔，故君子有不战[8]，战必胜矣。"

尹焞："言得天下者，凡以得民心而已。"（《集注》引）

[注释]

[1] 城：指内城。 [2] 郭：外城。 [3] 环：包围。 [4] 池：护城河。 [5] 委：弃。 [6] 域：划定范围；限制。 [7] 畔：叛。 [8] 有：用同“或”。或许。

[点评]

本章论“得道者多助，失道者寡助”。孟子通过对天时、地利、人和三个条件的比较，说明决定战争胜败的关键是民心的向背，故得民心者得天下，故仁者无敌，故只有实行仁政，才能战无不胜。本章文字精美，形象生动，气势磅礴，文中运用了层递、对比、排比等句式，使文章错综多变，朗朗上口，富有美感，成为脍炙人口的名篇。

4.2 孟子将朝王，王使人来曰：“寡人如就见者也[1]，有寒疾，不可以风[2]。朝将视朝，不识可使寡人得见乎[3]？”

对曰：“不幸而有疾，不能造朝[4]。”

明日，出吊于东郭氏[5]。公孙丑曰：“昔者辞以病[6]，今日吊，或者不可乎？”

曰：“昔者疾，今日愈，如之何不吊？”

王使人问疾，医来。孟仲子对曰[7]：“昔者有王命，有采薪之忧[8]，不能造朝。今病小愈，

范祖禹：“孟子之于齐，处宾师之位，非当仕有官职者，故其言如此。”（《集注》引）

趋造于朝[9]，我不识能至否乎？”

使数人要于路[10]，曰：“请必无归，而造于朝！”

不得已而之景丑氏宿焉[11]。

[**注释**]

[1] 如：应当。就：前往。 [2] 以上三句意为，我本该来看望您，但着了风寒，不能吹风。 [3] 以上两句意为，明早我将临朝听政，不知道您能否到朝廷来，让我与您相见呢？ [4] 造朝（cháo）：上朝。造：上；到。 [5] 吊：吊丧。东郭氏：齐大夫。 [6] 昔：从前。这里指昨天。 [7] 孟仲子：孟子的堂弟，跟随孟子学习。 [8] 采薪之忧：本意是说有病不能去打柴，引申为生病的代称。薪：柴草。 [9] 趋：疾行；奔跑。 [10] 要（yāo）：拦截。 [11] 景丑氏：齐国大夫景丑。

景子曰：“内则父子，外则君臣，人之大伦也。父子主恩，君臣主敬[12]。丑见王之敬子也，未见所以敬王也。”

曰：“恶！是何言也！齐人无以仁义与王言者，岂以仁义为不美也？其心曰，‘是何足与言仁义也’云尔，则不敬莫大乎是。我非尧舜之道，不敢以陈于王前，故齐人莫如我敬王也。”

景子曰："否，非此之谓也。礼曰：父召，无诺[13]；君命召，不俟驾[14]。固将朝也，闻王命而遂不果[15]，宜与夫礼若不相似然[16]。"

曰："岂谓是与？曾子曰：'晋楚之富，不可及也。彼以其富，我以吾仁；彼以其爵，我以吾义，吾何慊乎哉[17]？'夫岂不义而曾子言之？是或一道也[18]。天下有达尊三[19]：爵一，齿一，德一。朝廷莫如爵，乡党莫如齿，辅世长民莫如德。恶得有其一以慢其二哉？故将大有为之君，必有所不召之臣，欲有谋焉，则就之。其尊德乐道，不如是，不足以有为也。故汤之于伊尹，学焉而后臣之，故不劳而王；桓公之于管仲，学焉而后臣之，故不劳而霸。今天下地丑德齐[20]，莫能相尚[21]，无他，好臣其所教，而不好臣其所受教[22]。汤之于伊尹，桓公之于管仲，则不敢召。管仲且犹不可召，而况不为管仲者乎[23]？"

景子以世俗之见，责孟子违君臣之大伦，知君不知师也。

邓秉元："孟子以三达尊为言，为君、亲、师三者划界。盖朝廷莫如爵者，君也；乡党莫如齿者，亲也；辅世长民莫如德者，师也。此分别与当时之社会结构相应。"（《孟子章句讲疏》）

邓秉元："君亲师既如此划界，其为师者出仕之前提当即'学然后臣之'，故虽为其臣，而道柄在握。此唯大有为之君能之，因其舍己而从人也。"（《孟子章句讲疏》）

[注释]

[12] 以上五句意为，在家有父子，在外有君臣，这是人间最重要的伦理。父子之间以恩情为主，君臣之间以尊敬为

主。 [13] 父召，无诺：听到父亲叫，不等说“诺”就起身。《礼记·曲礼》：“父召，无诺。先生召，无诺，唯而起。”“唯”和“诺”都是表示应答，急时用“唯”，缓时用“诺”。 [14] 君命召，不俟驾：君王召见，不等到车马备好就起身。 [15] 而遂：乃。而、遂二字同义连文，皆“乃”之意。 [16] 以上三句意为，您本来准备去朝见，听到齐王的召令却不去了，这恐怕不符合礼吧。宜：义同“殆”。大概；恐怕。 [17] 以上五句意为，他有他的财富，我有我的仁；他有他的爵位，我有我的义。我有什么不如他呢？慊（qiàn）：不足；缺少。 [18] 以上两句意为，难道曾子的话没有道理吗？应该是有一定道理的。 [19] 达尊：谓众所共尊。达：共同；普遍。 [20] 醜：同；相近。 [21] 以上两句意为，如今天下各国土地相当，国君的德行相似，没有哪个能超出他人。尚：超过。 [22] 以上两句意为，他们喜欢任用自己可以教导的人为臣，而不喜欢任用能够教导自己的人为臣。 [23] 以上两句意为，管仲尚且不可以被召唤，更何况不屑于做管仲的人呢？不为管仲者：据朱熹注，是孟子自谓。

［点评］

本章记孟子立身处世之道。孟子准备拜访齐王，却因齐王礼貌不周，便推说有病，拒绝朝见。这在常人看来，是清高自傲，目无君长。其实，孟子的“狂傲”体现了其对君臣关系的独特理解，以及对独立人格的维护。本章提出“天下有达尊三”的著名观点，认为天下的价值标准有“爵”“齿”“德”三种。在庙堂之上，以权力的大小和爵位的高低为标准；在社会和家庭生活中，以年龄的大小和辈分的高低为标准；在理国治民上，则以德行的高下为标准。孟子的“天下有达尊三”与其“天爵”“人爵”（见11.16）说一样，都表达了德高于势、以德抗势的思想。在孟子看来，士人与君主在人格上是平等的，君主不能只看重“爵”而慢待“德”和“齿”；士人对君主的尊重，也主要不是表现在趋奉应命上，而在于敢于直言进谏和陈说仁义上。自己对于齐王，非仁义之言不敢言，这才是对君主最大的尊重。子思曾称“恒称其君之恶者，可谓忠臣”（郭店竹简《鲁穆公问子思》），孟子与其思想是一脉相承的。

本章前半部分描写孟子拜会齐王的曲折过程，情节形象生动，读来耐人寻味，孟子的精神风貌、性格气质跃然纸上。后半部分记孟子与景子的辩论，语言生动，富有气势，反映了孟子坚持仁义、蔑视权贵的大丈夫气概。

4.3 陈臻问曰[1]：“前日于齐，王馈兼金一百而不受[2]；于宋，馈七十镒而受[3]；于薛[4]，馈五十镒而受。前日之不受是，则今日之受非也；今日之受是，则前日之不受非也。夫子必居一于此矣。”

孟子曰：“皆是也。当在宋也，予将有远行，行者必以赆[5]，辞曰：‘馈赆。’予何为不受[6]？当在薛也，予有戒心[7]，辞曰：‘闻戒，故为兵取与不取，以义为当。义者，宜也。

馈之。'予何为不受[8]？若于齐，则未有处也[9]。无处而馈之，是货之也[10]。焉有君子而可以货取乎？"

[注释]

[1] 陈臻：孟子弟子。 [2] 兼金：好金。因价格是普通金的两倍，故称"兼金"。上古所说的金，多是指黄铜。 [3] 镒（yì）：古代重量单位，二十两为一镒。 [4] 薛：齐国靖郭君田婴的封地，在今山东滕州东南。 [5] 赆（jìn）：送行时赠送的财物。 [6] 以上五句意为，当在宋国时，我准备远行，对远行的人理应送些盘费，所以宋君说："送上一些盘费。"我为什么不接受呢？ [7] 戒心：戒备之心。 [8] 以上五句意为，当在薛时，我有戒备之心，薛君说："听说有所戒备，送点买兵器的钱。"我为什么不接受呢？ [9] 未有处：没有出处，引申为没有理由。 [10] 以上四句意为，至于在齐国，就没有理由。没有理由而送给我钱，这是收买我。货：动词。收买；贿赂。

[点评]

本章论士人接受馈赠的原则，为孟子离开齐国后，与弟子陈臻之间的对话。孟子以前在宋国、薛国时曾接受过馈赠，离开齐国时却拒绝了宣王的馈赠，故陈臻认为，孟子的行为前后矛盾，必有一错。而孟子认为，在宋国、薛国接受馈赠，有接受馈赠的道理；在齐国不接受，也有不接受的道理。在他看来，道义的选择不是形式逻辑的简单推理，而要根据具体的境况做出取舍，根本上必须合乎道义，维护自己的人格。《礼记·中庸》讲“义者，宜也”，做到了适宜、合理，才符合道义。

4.4 孟子之平陆[1]，谓其大夫曰：“子之持戟之士，一日而三失伍[2]，则去之否乎[3]？”

曰：“不待三。”

“然则子之失伍也，亦多矣。凶年饥岁，子之民，老羸转于沟壑[4]，壮者散而之四方者，几千人矣。”

曰：“此非距心之所得为也[5]。”

曰：“今有受人之牛羊而为之牧之者，则必为之求牧与刍矣[6]。求牧与刍而不得，则反诸其人乎？抑亦立而视其死与[7]？”

曰：“此则距心之罪也。”

他日，见于王曰：“王之为都者[8]，臣知五人焉。知其罪者，惟孔距心。”为王诵之[9]。

王曰：“此则寡人之罪也。”

王亦受天之命，管理下民者，若失伍当去之。

［注释］

[1] 平陆：齐国边境的邑，在今山东汶上县北。 [2] 失伍：掉队。 [3] 去：开除。 [4] 老羸（léi）：老弱。羸：瘦弱。转：抛尸。 [5] 距心：孔距心。平陆地方长官。 [6] 牧：牧场；放牧

的地方。[7]抑亦：还是。[8]为都者：指封邑的长官。[9]诵：复述。

［点评］

本章论为政者的职责，为孟子早期在平陆时与大夫孔距心的对话。孟子运用了类推的方法，用一个战士一天三次掉队之例，类推孔距心不行仁政使百姓“转于沟壑”“散而之四方”，同样是失职；当孔距心试图为自己辩解时，孟子又用替人放牧应该悉心照料，类推受人之命管理百姓也应该尽心尽职，最终迫使孔距心承认了自己的过错。孟子的思想很明确，大夫不过是受人之命的管理者，若不能保民、爱民，便不再具有管理百姓的资格。不仅大夫如此，诸侯亦如此，故当孟子后来将此事告诉齐王时，齐王也不得不承认自己的过错。

4.5 孟子谓蚳鼃曰[1]：“子之辞灵丘而请士师[2]，似也，为其可以言也。今既数月矣，未可以言与[3]？”

蚳鼃谏于王而不用，致为臣而去[4]。

齐人曰：“所以为蚳鼃，则善矣；所以自为，则吾不知也[5]。”

公都子以告[6]。

曰：“吾闻之也：有官守者，不得其职则去；

有言责者，不得其言则去。我无官守，我无言责也，则吾进退，岂不绰绰然有余裕哉[7]？”

朱熹：“孟子居宾师之位，未尝受禄。故其进退之际，宽裕如此。”（《集注》）

[注释]

[1] 蚳鼃（chí wā）：齐国大夫。 [2] 灵丘：齐国邑名。此指灵丘的长官。士师：古代执掌禁令刑狱的官名。 [3] 以上五句意为，你辞去灵丘长官，而请求担任治狱官，似乎是有道理的，因为可以向齐王进言了。现在已经几个月了，还不能进言吗？ [4] 致为臣：辞官。致：归还。为臣：担任官职。 [5] 以上四句意为，孟子对蚳鼃的建议是不错，至于他如何为自己打算的，就不知道了。 [6] 公都子：孟子弟子。 [7] 以上八句意为，有官职的人，不能尽职就离去；有进言之责的，不能进言就离去。我既没有官职，又没有进言之责，那么我的进退，难道不是宽宽绰绰有很大的回旋余地吗？绰绰然：宽裕貌。

[点评]

本章论士人出处进退之道。蚳鼃做了几个月的治狱官，却没有向齐王进言，在孟子的劝说下，蚳鼃向齐王进谏，齐王不听，便辞官而去。齐国人对孟子的做法颇有微词。孟子则认为，作为一个官员，有自己的职责范围，若尽不到自己的责任，就应该辞官而去。至于自己，在齐国只是“客卿”，没有官职，也没有言责，所以出处进退就很自由了。孟子的主张，实际源自孔子的“不在其位，不谋其政”（《论语·泰伯》）。孔、孟虽主张相同，但为何二人又一生悻悻惶惶，周游列国，不断试图对君主进言，对政治发表批评、议论呢？盖孔、孟是“谋道”，而非“谋政”。“谋道”是无条件的，用孔子的话说，是“笃信好学，守死善道”（同上）；而“谋政”则是有条件的，不在其位，便不谋其政。

4.6 孟子为卿于齐，出吊于滕，王使盖大夫王驩为辅行[1]。王驩朝暮见，反齐滕之路，未尝与之言行事也[2]。

时孟子已居卿位。

公孙丑曰：“齐卿之位，不为小矣；齐滕之路，不为近矣，反之而未尝与言行事，何也？”

不屑与之言。

曰：“夫既或治之[3]，予何言哉[4]？”

[注释]

[1] 盖（gě）：齐国邑名，在今山东沂水县西北。王驩（huān）：盖邑的地方长官，因善于逢迎，成为齐王的宠臣。辅行：副使。 [2] 以上三句意为，孟子与王驩朝夕相处，但在往返齐滕的路上，孟子却从未和他讨论过公事。反：同“返”。 [3] 或：语助词。无义。 [4] 以上两句意为，他既然独断专行，我还说什么呢？

[点评]

本章记孟子出吊滕文公事。孟子曾为滕文公师，助其推行仁政。现滕文公去世，齐国派孟子前去吊唁，同时让大夫王驩做他的副手。但王驩仗着自己是齐王的宠臣，事事独断专行，不向孟子请示。故孟子在来往的路上不与其讨论，以这种方式表达自己对这位齐王宠臣的不满和抗议。

《孟子》一书有关孟子与滕文公交往的记载，被分别编入《梁惠王下》《公孙丑下》以及《滕文公上》等篇中，按时间顺序，应为5.1、5.2、5.3、2.13、2.14、2.15、4.6。

4.7　孟子自齐葬于鲁，反于齐，止于嬴[1]。

充虞请曰[2]："前日不知虞之不肖，使虞敦匠事[3]，严[4]，虞不敢请。今愿窃有请也：木若以美然[5]。"

曰："古者棺椁无度，中古棺七寸，椁称之，自天子达于庶人。非直为观美也，然后尽于人心[6]。不得，不可以为悦[7]；无财，不可以为悦。得之为有财[8]，古之人皆用之，吾何为独不然？且比化者，无使土亲肤[9]，于人心独无恔乎[10]？吾闻之，君子不以天下俭其亲[11]。"

若礼制、财力允许，棺椁之用，当以尽心为上。

［注释］

[1] 嬴：齐国邑名，在今山东莱芜西北。　[2] 充虞：孟子弟子。　[3] 敦（duī）：治理；管理。　[4] 严：急；忙。　[5] 以上六句意为，前些日子您不嫌弃我无能，派我监理棺椁的制造，时间紧迫，我不敢来请教。现在想冒昧地问一下：棺椁似乎太华美

了吧？以：通“已”。太；甚。 [6] 以上六句意为，上古时棺椁的厚度没有一定的规定，中古时棺厚七寸，椁厚与之相当，从天子到平民都是这样。不只是为了美观，而是这样才能尽孝心。 [7] 以上两句意为，为礼制所限不能用好棺椁，就不会称心。不得：指为礼制所不允许。 [8] 此句意为，在礼制与财力允许的情况下。为：这里是“与”的意思。 [9] 比：通“庇”。意为覆蔽；保护。化者：死者。人死后尸体发生变化，故称。 [10] 以上三句意为，况且，（用厚棺椁）还可以保护尸体，不让泥土挨着肌肤，这对于孝子难道不是很称心吗？恔（xiào）：快慰；满足。 [11] 君子不以天下俭其亲：君子不会为天下爱惜财物而在父母身上节省。

［点评］

本章记孟子葬母，重点讨论“后丧（母丧）逾前丧（父丧）”的问题。孟子在齐国时，母亲去世，孟子回到鲁国办理母亲的丧事，用了较好的棺椁，超过了以前去世的父亲。这在当时是一种违礼的行为，故弟子充虞对此提出疑问。孟子虽然为自己辩解，但主要还是强调，在礼制与财力允许的情况下，人们都愿意用好棺椁，最后一句“君子不以天下俭其亲”，更是表达了孟子对于丧葬父母的看法。孟子生活的时代，礼制进一步废弛，故孟子更强调内在的情感表达，而不看重外在的礼制规定，其“后丧逾前丧”正是这种思想的体现和反映。

4.8　沈同以其私问曰[1]：“燕可伐与？”

孟子曰：“可。子哙不得与人燕[2]，子之不得受燕于子哙[3]。有仕于此[4]，而子悦之，不告于王而私与之吾子之禄爵；夫士也，亦无王命而私受之于子，则可乎？何以异于是？”

齐人伐燕。

或问曰：“劝齐伐燕，有诸？”

曰：“未也。沈同问‘燕可伐与？’吾应之曰‘可’。彼然而伐之也。彼如曰，‘孰可以伐之？’则将应之曰，‘为天吏，则可以伐之’。今有杀人者，或问之曰，‘人可杀与？’则将应之曰，‘可’。彼如曰，‘孰可以杀之？’则将应之曰，‘为士师，则可以杀之’。今以燕伐燕[5]，何为劝之哉？”

顺天应人、行仁义者方可伐之。

齐不行仁义，与燕无异，安可伐之？

［注释］

[1] 此句意为，沈同以个人身份问道。沈同：齐国大臣。 [2] 子哙：燕王哙。燕易王之子。公元前 315 年，让国于相子之，引起燕国内乱，齐宣王趁机攻破燕国，燕王哙死于战乱。 [3] 子之：燕王哙相。后接受燕王哙让国，成为燕国的君主。齐人攻破燕国后，子之逃亡，被齐人抓住砍成肉酱。 [4] 仕：同“士”。 [5] 此句意为，如今一个与燕国一样无道的国家去讨伐燕国。以燕伐燕：指齐国无道，与燕国无异，无资格讨伐燕国。

［点评］

本章论“燕可伐与”，是孟子民本思想的精髓。燕王哙欲学古代尧舜，让国于相子之，结果引起燕国的内乱。沈同受宣王的委托，私下问孟子对伐燕的态度。孟子认为可以讨伐。理由是，“子哙不得与人燕，子之不得受燕于子哙”。其潜台词是，燕国非燕王个人的私有物，其转让需经过燕国民众的同意与认可。燕王哙让国没有经过民众的认可，让国后又引起内乱，“构难数月，死者数万，众人恫恐，百姓离志”（《史记·燕召公世家》），给燕国民众带来一场灾难，因此燕国是可以讨伐的。但齐军占领燕国，不是救民于水火，反而烧杀抢掠，引起燕国民众的反叛。当有人质问孟子“劝齐伐燕”时，孟子予以否认，理由是“为天吏，则可以伐之”。其潜台词是，只有替天行道的仁义之师才有资格伐燕。如今齐国“以燕伐燕”，完全失去了伐燕的资格。可见，不论是同意还是反对伐燕，孟子都以燕国民众的意见和利益为出发点，民本成为孟子处理伐燕事件的最高原则。

齐国伐燕，是战国中期的一件大事，因孟子参与其中，故《孟子》多有记载，但编者没有按照事件的先后次序编排。若按时间顺序，应为：4.8（沈同问伐燕）、2.10（齐人伐燕，胜之）、2.11（齐人伐燕，取之）、4.9（燕人畔）。

4.9 燕人畔。王曰：“吾甚惭于孟子。”

陈贾曰[1]：“王无患焉。王自以为与周公孰仁且智？”

王曰："恶！是何言也！"

曰："周公使管叔监殷，管叔以殷畔[2]。知而使之，是不仁也；不知而使之，是不智也。仁智，周公未之尽也，而况于王乎？贾请见而解之。"

见孟子，问曰："周公何人也？"

曰："古圣人也。"

曰："使管叔监殷，管叔以殷畔也，有诸？"

曰："然。"

曰："周公知其将畔而使之与？"

曰："不知也。"

"然则圣人且有过与？"

曰："周公，弟也；管叔，兄也。周公之过，不亦宜乎？且古之君子，过则改之；今之君子，过则顺之[3]。古之君子，其过也，如日月之食，民皆见之；及其更也，民皆仰之[4]。今之君子，岂徒顺之，又从为之辞[5]。"

赵岐："圣人亲亲，不文其过；小人顺非，以谄其上也。"（《章句》）

[注释]

[1] 陈贾（jiǎ）：齐国大夫。 [2] 管叔以殷畔：周武王灭商后，封纣王之子武庚于商旧都，派其弟管叔、蔡叔、霍叔去监

视殷的遗民。武王死后，成王幼，周公执政，管叔等和武庚反叛，周公出兵平定了这次叛乱。 [3] 以上四句意为，况且，古代的君子，有了过错就改正，现在的君子，有了过错却一味错下去。顺：放任。 [4] 以上六句意为，古代的君子，他的过错就像日食月食一样，百姓都看得见；等他改正了，百姓都仰望他。更：改。 [5] 以上三句意为，现在的君子，非但一味错下去，还要为错误来辩护。辞：辩解。

[点评]

本章记孟子批驳齐大夫陈贾事。齐国占领燕国后，孟子曾向宣王建议，为燕国选立一位君主然后撤兵。宣王没有听从，结果遭到燕人的反抗，赵国等诸侯国趁机出兵，迫使齐军大败而还。宣王对此感到很惭愧，但陈贾不是引导宣王检讨错误，反而玩起语言游戏，以“圣人也有过失”的遁词为宣王辩解。故孟子以“古之君子”有错即改为对比，对“今之君子”有错不仅不改，还一味抵赖的丑恶行径进行了驳斥，言辞犀利，直指陈贾和宣王。

经伐燕事，孟子知宣王无行道之意，故辞官而去。

4.10 孟子致为臣而归[1]。王就见孟子[2]，曰：“前日愿见而不可得，得侍同朝，甚喜；今又弃寡人而归，不识可以继此而得见乎[3]？”

对曰：“不敢请耳，固所愿也。”

他日，王谓时子曰[4]：“我欲中国而授孟子室[5]，养弟子以万钟[6]，使诸大夫国人皆有所矜式[7]。子盍为我言之[8]？”

时子因陈子而以告孟子[9]，陈子以时子之言告孟子。

孟子曰：“然[10]，夫时子恶知其不可也？如使予欲富[11]，辞十万而受万[12]，是为欲富乎？季孙曰[13]：‘异哉子叔疑[14]！使己为政，不用，则亦已矣，又使其子弟为卿。人亦孰不欲富贵？而独于富贵之中有私龙断焉[15]。’古之为市也，以其所有易其所无者，有司者治之耳。有贱丈夫焉[16]，必求龙断而登之，以左右望，而罔市利。人皆以为贱，故从而征之。征商自此贱丈夫始矣[17]。”

若不辞官而去，则似子叔疑，为贪求财富矣。

［注释］

[1] 致为臣：指孟子辞去齐卿之职。归：返回家乡。 [2] 就：去；前往。 [3] 继此：从此以后。 [4] 时子：齐国大夫。 [5] 中国：国都中，指临淄城。室：房子。 [6] 钟：古代容量单位，一钟合古代的六石四斗。 [7] 矜式：敬重和效法。赵岐注：“矜，敬也；式，法也。欲使诸大夫、国人皆敬法其道。” [8] 以上四句意为，我想在都城中送给孟子一栋房子，用万钟粟米供养他的弟子，让各位大夫和国人都有个效法的榜样。你何不替我去说说

呢？盍（hé）：何不。 [9] 陈子：即陈臻，孟子弟子。 [10] 然：应答之词。不训为是。 [11] 如使：假使；倘若。 [12] 十万：有学者认为十万是孟子多年俸禄总和，而非一年的俸禄。孟子意为，我辞去了齐王十万的俸禄，怎么能接受齐王一万的馈赠呢？ [13] 季孙：赵岐认为是孟子弟子，朱熹则说“不知何时人”。 [14] 子叔疑：人名，生平无考。 [15] 以上七句意为，子叔疑这个人真奇怪！自己想做官，不被任用也就罢了，却又叫他的儿子、兄弟去做卿。哪个人不想追求富贵？而他却想把富贵垄断起来。龙断：垄断。龙：通“垄”。本指独立的高地。引申为独占其利。 [16] 丈夫：对成年男子的通称。 [17] 以上七句意为，有个卑贱的男子，一定要找块高地登上去，左边望望，右边望望，恨不得把所有交易的好处都捞了去。人们都觉得他卑贱，于是开始对他征税。对商人征税就是从这个卑贱的男子开始的。征商：对商人征税。

[点评]

本章记孟子辞官去齐事。孟子来到齐国后，对齐宣王循循善诱，但宣王始终不愿实施孟子提出的“仁政”方案，特别是经过“伐燕”“取燕”事件后，孟子对宣王已完全失去信心，所以准备辞职归家。为了挽留孟子，宣王提出在国都中送给孟子一栋房子和万钟的粟米，孟子断然予以拒绝。孟子曾说，“乃所愿，则学孔子也”（3.2）。孔子主张“士志于道”（《论语·里仁》），又说“不义而富且贵，于我如浮云”（《论语·述而》）。孟子的行止取舍，与孔子的人生理想是一脉相承的。

孟子反对靠出仕谋取富贵，更瞧不起那些利用官位为亲朋好友捞好处的人，故本章的末尾，用“贱丈夫”“罔市利”来讥讽这些人，可以说刻画得入木三分。

4.11 孟子去齐，宿于昼[1]。有欲为王留行者，坐而言。不应，隐几而卧[2]。

客不悦曰：“弟子齐宿而后敢言[3]，夫子卧而不听，请勿复敢见矣。”

曰：“坐，我明语子。昔者鲁缪公无人乎子思之侧，则不能安子思[4]；泄柳、申详无人乎缪公之侧，则不能安其身[5]。子为长者虑，而不及子思，子绝长者乎？长者绝子乎[6]？”

赵岐：“惟贤能安贤，智能知微，以愚喻智，道之所以乖也。”（《章句》）

［注释］

[1] 昼：齐国邑名，在今山东临淄附近。 [2] 以上四句意为，有个想为齐王挽留孟子的人，坐着与孟子交谈。孟子不加理会，靠着几案休息。隐（yìn）：凭；靠。 [3] 齐宿：提前一天斋戒。齐：同“斋”。斋戒。古人有重大事情，提前沐浴更衣，不饮酒，不吃荤，不入内寝，以示诚敬。 [4] 以上两句意为，从前鲁缪公要是不派人在子思身边侍奉，就不能使子思安心。鲁缪公：战国时鲁国国君，名显，公元前 409 年至前 377 年在位。子思：姓孔名伋，孔子之孙。 [5] 以上两句意为，泄柳、申详要是没有人在鲁缪公身边进谏，就不能使自己安心。泄柳、申详：鲁缪公时贤人。 [6] 以上四句意为，你为我这个长辈考虑，却连鲁缪公如何对待子思也赶不上，是你跟我这个长辈绝交呢，还是我这个

长辈跟你绝交呢?

[点评]

本章记孟子去齐宿昼事。孟子离开齐国，仍有说客替宣王挽留孟子。孟子不予理睬，并以鲁缪公尊重子思为例，对其进行了驳斥。孟子的意思很明白，与其替齐王留住自己，不如去劝说齐王。自己来到齐国是为了推行王道、仁政，宣王既然不愿意实行，那么，我只能“归去来兮”，再多说已经无益。

4.12 孟子去齐。尹士语人曰[1]：“不识王之不可以为汤武，则是不明也；识其不可然且至，则是干泽也[2]。千里而见王，不遇故去，三宿而后出昼，是何濡滞也[3]？士则兹不悦[4]。”

高子以告[5]。

曰：“夫尹士恶知予哉？千里而见王，是予所欲也；不遇故去，岂予所欲哉？予不得已也[6]。予三宿而出昼，于予心犹以为速，王庶几改之，王如改诸，则必反予[7]。夫出昼，而王不予追也，予然后浩然有归志。予虽然，岂舍王哉？王由足用为善[8]。王如用予，则岂徒齐民安，天下之民举安。王庶几改之！予日望之！予岂若是小丈夫

三宿出昼，非为己，为天下之民也。

然哉？谏于其君而不受，则怒，悻悻然见于其面，去则穷日之力而后宿哉[9]！”

尹士闻之，曰：“士诚小人也。”

[注释]

[1] 尹士：赵岐注：“齐人也。” [2] 以上四句意为，不知道齐王不可能成为商汤、周武，那是不明智；知道齐王不可能然而还要来，那就是为了求取富贵。干泽：求禄。赵岐注：“干，求也。泽，禄也。” [3] 濡滞：迟延，迟滞。 [4] 以上四句意为，不远千里来见齐王，不相投和就离去，在昼住了三夜才走，为什么这样迟缓呢？我对此很不满。兹不悦：即“不悦兹”。兹：此。 [5] 高子：赵岐注：“亦齐人，孟子弟子。” [6] 以上六句意为，尹士哪能理解我呢？不远千里来见齐王，那是我愿意来；不相投合而离开，难道是我愿意走吗？我是不得已啊。 [7] 以上五句意为，在昼住了三夜才离开，我心里还觉得太快了，心想齐王或许会改变主意，齐王如果改变主意，一定会召回我。 [8] 以上六句意为，等离开了昼，齐王没有来追我，然后我才毅然有了回乡的决心。我虽然这么做了，难道肯舍弃齐王吗？齐王还是可以行善的啊。由：同“犹”。足用：足以。 [9] 以上五句意为，我难道是那种气量狭小的人吗？向君主进谏不被接受，就怒气冲冲，脸上露出不满的神色，离开时非要走得筋疲力尽然后才肯休息！

[点评]

本章记孟子“三宿出昼”。孟子离开齐都后，没有马上离去，而是在昼这个地方停留了三个晚上，孟子的行为遭到一些人的误解。孟子“三宿出昼”，是希望宣王能回心转意，接受自己的主张，行王道、仁政，济民于水火，是以天下为己任，而不是对个人利禄患得患失。其实，历史上误解孟子的大有人在。南宋初年的郑厚就认为，孟子“三宿出昼”是有意与齐王讨价还价。诚如后来朱熹所说：“诋孟子，未有若此言之丑者！虽欲自绝，而于日月何伤乎？有不必辨矣！”（《晦庵集》卷七十三）

4.13　孟子去齐，充虞路问曰[1]：“夫子若有不豫色然[2]。前日虞闻诸夫子曰：‘君子不怨天，不尤人[3]。’”

曰：“彼一时，此一时也。五百年必有王者兴，其间必有名世者[4]。由周而来，七百有余岁矣。以其数，则过矣；以其时考之，则可矣[5]。夫天未欲平治天下也，如欲平治天下，当今之世，舍我其谁也[6]？吾何为不豫哉？”

赵岐：“圣贤兴作，与时消息，天非人不因，人非天不成，是故知命者不忧不惧也。”（《章句》）

[注释]

[1] 充虞：孟子弟子。 [2] 此句意为，老师好像有些不愉快的样子。豫：愉快。 [3] 不怨天，不尤人：此句见《论语·宪问》，为孔子之语。尤：怪罪。 [4] 以上两句意为，五百年必定有圣王兴起，其间必定有闻名于世的贤人出现。名世者：名显于世的人。 [5] 以上六句意为，从周朝以来，已经七百多年了。从年数上说，已经超过了；从时势而论，也该有圣贤出现了。 [6] 以

上四句意为，老天大概还不想使天下得到平治，如果想使天下得到平治，当今之世，除了我还会有谁呢?

［点评］

本章论“当今之世，舍我其谁”，是孟子告别战国政治舞台的宣言。孟子与先秦大多数儒者一样，既有治国平天下之志，也对平治天下充满自信，故是理想主义者；但孟子又与多数儒者一样，相信王道的实现是一个漫长的过程，是需要一定的客观条件与历史机缘的，真正的圣王五百年才一出现，天下的平治与否最终取决于天命，而不是个人的努力，这是现实主义，但不是宿命主义。孟子生活的时代，从时间、时势看，已经到了圣王应该出现的时候，但孟子一生周游列国，宣讲仁义，倡导仁政、王道，何以劳其一生而无结果呢？这只能说平治天下的条件还不具备，老天还不想让天下得到平治，“如欲平治天下，当今之世，舍我其谁也？”孟子就是怀着这样一种坚定的自信退出政治舞台。孟子的自信并非某种精神自慰，而是来自这样一种信念：得民心者得天下，历史的发展必将是以民心、民意的实现为目的，故政治必须符合人性。只有符合人性、维护人的尊严的政治，才是最有前途的政治。这就决定了王道必定战胜霸道，仁义必定战胜强权。人类政治最终必定回到仁政、王道上来，我的时代尚未到来，若到来，必定是仁政、王道的时代。

孟子讲“五百年必有王者兴”，似将圣王看作社会治乱的决定因素，是一种英雄史观。但孟子的圣王是顺应民心、民意者，故也承认民众在历史发展中的作用。

4.14 孟子去齐，居休[1]。公孙丑问曰："仕而不受禄，古之道乎？"

曰："非也。于崇[2]，吾得见王，退而有去志，不欲变，故不受也。继而有师命[3]，不可以请。久于齐，非我志也[4]。"

欲去齐，故不受禄。

[注释]

[1]休：古地名，在今山东滕州北，距孟子家约百里。 [2]崇：古地名，不可考。 [3]师命：战事之命。 [4]以上几句意为，在崇邑，我见到了齐王，退朝后就有了离开齐国的想法，并且不想改变，所以就不受俸禄。不久齐国有战事，不便申请离开。长时间待在齐国，不是我的意愿。

[点评]

本章记孟子不受齐禄事。孟子多次劝说齐王不果，早有去齐之意，但因齐燕战事起，不便离去，又拖了一些时日。这时孟子既然已无意出仕，便不再接受俸禄。子思称"事君三违而不出竟，则利禄也。人虽曰不要，吾弗信也"(《礼记·表记》)。孟子与子思在精神上是一脉相承的。

滕文公上

5.1　滕文公为世子[1]，将之楚，过宋而见孟子。孟子道性善，言必称尧舜。

世子自楚反，复见孟子。孟子曰："世子疑吾言乎？夫道一而已矣。成覸谓齐景公曰[2]：'彼，丈夫也；我，丈夫也，吾何畏彼哉？'颜渊曰：'舜，何人也？予，何人也？有为者亦若是。'公明仪曰[3]：'文王，我师也。周公岂欺我哉？'今滕，绝长补短，将五十里也，犹可以为善国[4]。《书》曰：'若药不瞑眩[5]，厥疾不瘳[6]。'"

朱熹："孟子之言性善，始见于此，而详具于《告子》之篇。然默识而旁通之，则七篇之中，无非此理。"（《集注》）

[注释]

[1] 世子：太子。 [2] 成覸（jiàn）：齐国勇士。 [3] 公明仪：当时的贤者，或说为鲁国人。 [4] 以上四句意为，现在的滕国，长短折算下来，方圆将近五十里，能够治理成一个好国家。 [5] 瞑（mián）眩：用药后头晕目眩的强烈反应。扬雄《方言》："凡饮药、傅药而毒……东齐、海岱之间谓之眠，或谓之眩。" [6] 以上两句意为，如果药力不使人头晕目眩，病就不能够痊愈。比喻治国不采取有力的措施，就达不到好的结果。瘳（chōu）：病愈。

[点评]

本章记孟子与滕文公在宋相遇事。公元前 327 年（宋君偃后元二年），因听说宋君偃欲推行王政，孟子从齐国（时齐威王执政）来到宋国。孟子在宋国时，还是太子的滕文公出使楚国，往返两次经过宋国国都，与孟子相会。孟子"道性善，言必称尧舜"，深深打动了年轻的滕文公。后滕文公即位，派人将孟子接到滕国，使孟子得以在滕国推行仁政。

本章首次提到性善，但还没有充分展开论述。性善论是孟子思想的核心，是王道、仁政的哲学基础，内涵较为丰富。从本章的内容看，孟子主要强调的是人格的尊严和平等，其中"舜，何人也？予，何人也？有为者亦若是"，大气磅礴，充分体现了孟子"人皆可以为尧舜"的人格平等思想，这既是对儒学思想的发展，也构成孟子性善论的一个重要内容。

5.2 滕定公薨[1]，世子谓然友曰[2]：“昔者孟子尝与我言于宋，于心终不忘。今也不幸至于大故[3]，吾欲使子问于孟子，然后行事[4]。”

然友之邹问于孟子。

孟子曰：“不亦善乎！亲丧，固所自尽也[5]。曾子曰[6]：‘生，事之以礼；死，葬之以礼，祭之以礼，可谓孝矣。’诸侯之礼，吾未之学也。虽然，吾尝闻之矣。三年之丧，齐疏之服[7]，飦粥之食[8]，自天子达于庶人，三代共之[9]。”

劝文公行三年之丧，盖为国之政，始于亲亲。

然友反命，定为三年之丧。父兄百官皆不欲也，故曰：“吾宗国鲁先君莫之行[10]，吾先君亦莫之行也。至于子之身而反之，不可。且《志》曰[11]：‘丧祭从先祖。’曰‘吾有所受之也[12]’。”

谓然友曰：“吾他日未尝学问，好驰马试剑。今也父兄百官不我足也[13]，恐其不能尽于大事[14]，子为我问孟子。”

然友复之邹问孟子。

孟子曰：“然，不可以他求者也。孔子曰：‘君薨，听于冢宰[15]，歠粥[16]，面深墨[17]，即位而哭，百官有司莫敢不哀，先之也。’上有好者，下必有甚焉者矣。'君子之德，风也；小人之德，草也。草尚之风，必偃[18]。'是在世子。"

然友反命。世子曰："然，是诚在我。"

五月居庐[19]，未有命戒[20]。百官族人可，谓曰知[21]。及至葬，四方来观之。颜色之戚，哭泣之哀，吊者大悦[22]。

[注释]

[1] 滕定公：滕文公的父亲。薨（hōng）：死。《礼记·曲礼下》："天子死曰崩，诸侯曰薨，大夫曰卒，士曰不禄，庶人曰死。" [2] 然友：滕文公的老师。赵岐注："世子之傅也。" [3] 大故：指父母去世。赵岐注："大丧也。" [4] 行事：指办理丧事。 [5] 以上三句意为，不是很好吗！父母的丧事，本来就应该用心尽力。自尽：尽自己的心力。 [6] 曾子曰：以下几句在《论语·为政》中为孔子对樊迟语。 [7] 齐（zī）疏之服：用粗布做的缝边的丧服。齐疏：即齐衰。古代丧服叫作衰（cuī），不缝衣边的叫斩衰，缝衣边的叫齐衰。疏：指粗布。 [8] 饩（zhān）粥：饩：同"饘（zhān）"，稠粥。粥：稀粥。这里是偏义复词，指稀粥。 [9] 以上五句意为，三年的丧期，穿粗布缝边的孝服，喝稀粥。从天子到百姓，夏、商、周三代都是这样。 [10] 宗国：鲁、滕等国的始封祖都是周文王的儿子，而周公封鲁，于行辈较长，故其余姬姓国都以鲁为宗国。 [11]《志》：记事的古书。 [12] 以上三句意为，况且《志》书上说："丧礼、祭祖一律依照祖先的规矩。"意思是说，"我们是有根据的"。 [13] 不我足：不足我。足：满意。 [14] 以上两句意为，现在宗室百官都不满意我，恐怕他

们不能在丧事上尽力了。 [15] 冢宰：辅佐天子的官，相当于后世的宰相。 [16] 歠（chuò）：饮；喝。 [17] 面深墨：面色深黑。墨：黑。 [18] 以上几句出自《论语·颜渊》，为孔子的话。尚：同“上”。偃：倒下。 [19] 庐：古人于父母或老师死后，为其服丧时在墓旁搭盖的小屋。 [20] 命戒：命令与禁令。 [21] 以上四句意为，于是太子在丧庐中住了五个月，没有下过命令、指示。百官和同族的人表示认可，认为太子知礼。知：指滕文公知礼。 [22] 以上五句意为，到了下葬那天，四面八方的人都来观看。太子面容悲戚，哭声哀痛，吊丧的人都非常满意。

[点评]

本章记孟子在滕国推行三年之丧事。由于宋君偃不是真心地推行仁政，孟子在宋国待了一段时间后，便回到了邹国。这时，滕定公去世，滕文公即位。由于之前与孟子两次会面并深受影响，滕文公便派人到邹国，征求孟子对滕定公丧礼的意见。孟子建议实行三年之丧，并认为能否实行的关键，取决于滕文公本人。后滕文公果真实行了三年之丧，据说效果还不错，受到文武百官的拥护。

“三年之丧”，按照儒家的说法，是指子女为父母、妻妾为夫、臣为国君、诸侯为天子的守丧期，向来为儒家学者所重视。孟子把“三年之丧”追溯得很早，认为在夏、商、周三代已经实行。但也有学者认为，“三年之丧”在周代或有实行，但并不普遍，只是由于孔子、孟子、荀子等儒家学者的反复强调、宣传，才逐渐流行起来的（参见杨志刚《中国礼仪制度研究》，华东师范大学出版社 2001 年版）。儒家重视“三年之丧”，是将其看作移风易俗、推行教化的重要手段，认为它满足了子女报答父母养育之恩的情感需要。推行这种习俗，有利于协调家庭关系。推而广之，有利于形成良好的社会风气，安定社会秩序。

5.3　滕文公问为国。

孟子曰：“民事不可缓也。《诗》云[1]：‘昼尔于茅[2]，宵尔索绹[3]；亟其乘屋[4]，其始播百谷[5]。’民之为道也，有恒产者有恒心，无恒产者无恒心[6]。苟无恒心，放辟邪侈，无不为已。及陷乎罪，然后从而刑之，是罔民也[7]。焉有仁人在位，罔民而可为也？是故贤君必恭俭礼下，取于民有制。阳虎曰[8]：‘为富不仁矣，为仁不富矣。’

论贡、助、彻法。

“夏后氏五十而贡[9]，殷人七十而助[10]，周人百亩而彻[11]，其实皆什一也[12]。彻者，彻也[13]；助者，藉也[14]。龙子曰[15]：‘治地莫善于助，莫不善于贡[16]。’贡者，挍数岁之中以为常[17]。乐岁，粒米狼戾[18]，多取之而不为虐，则寡取之；凶年，粪其田而不足，则必取盈焉[19]。

为民父母，使民盻盻然[20]，将终岁勤动，不得以养其父母，又称贷而益之[21]，使老稚转乎沟壑，恶在其为民父母也？夫世禄，滕固行之矣。《诗》云[22]：‘雨我公田，遂及我私。’惟助为有公田。由此观之，虽周亦助也。

“设为庠、序、学、校以教之[23]。庠者，养也[24]；校者，教也；序者，射也[25]。夏曰校，殷曰序，周曰庠，学则三代共之，皆所以明人伦也。人伦明于上，小民亲于下。有王者起，必来取法，是为王者师也。《诗》云[26]：‘周虽旧邦，其命惟新。’文王之谓也。子力行之，亦以新子之国。”

论庠序之教。

[注释]

[1]《诗》云：以下四句出自《诗·豳风·七月》。 [2] 于：往；去。茅：用作动词，取茅草。 [3] 索绹（táo）：绞制绳索。索：绞合使紧。绹：绳索。 [4] 乘屋：修盖房屋。乘：治。 [5] 以上四句意为，白天去割茅草，晚上把绳搓好；赶紧上房修屋，就要播种百谷。 [6] 以上三句意为，老百姓的特点是，有固定的产业就有固定的志向，没有固定的产业就没有固定的志向。 [7] 罔民：陷害百姓。罔：同“网”。用作动词。 [8] 阳虎：又作阳货，春秋末鲁国大夫季氏的家臣。 [9] 五十而贡：据赵岐注，指民耕种土地五十亩，将其中五亩的收成作为赋税上交。贡：夏代的税

法。 [10] 七十而助：据赵岐注，指民耕种土地七十亩，其中七亩为公田，其收成作为赋税上交。助：商代的税法。 [11] 百亩而彻：据赵岐注，指民耕种土地百亩，抽取其中十亩的收成作为赋税上交。彻：周代的税法。 [12] 以上四句意为，夏朝以五十亩为单位采用贡法，商朝以七十亩为单位采用助法，周朝以一百亩为单位采用彻法，其税率都是十分之一。 [13] 彻者，彻也：前一个“彻”是指彻法，后一个“彻”是抽取的意思，是说彻是抽取一定土地的收成作为赋税。 [14] 助者，藉也：助是一种劳役税，是借助民力来耕种公田。藉：借。 [15] 龙子：赵岐注：“古贤人也。” [16] 以上两句意为，管理土地没有比助法更好的，没有比贡法更差的。孟子认为，助法是民出力耕种公田，无论丰收、歉收，统治者只取公田之收成，于百姓负担较轻；贡法是统治者根据若干年的平均收成确定收税标准，丰年不多收，歉年不少收，就会造成百姓负担加重。 [17] 以上两句意为，贡法是比较若干年的收成，取平均数作为常数。挍：同“校”，比较。 [18] 狼戾：谓散乱堆积。 [19] 以上七句意为，丰年，粮食堆得满地，多征些粮食不算暴虐，却征收得少；荒年，即使给田里施了肥料，收的粮食也不够吃，却一定要按常数征收。 [20] 盻（xì）盻然：勤劳辛苦貌。 [21] 又称贷而益之：还得靠借贷来补足赋税。称贷：借贷。 [22]《诗》云：以下两句见《诗·小雅·大田》。 [23] 庠、序、学、校：均为古代学校名。 [24] 庠者，养也：据学者研究，古代的学校往往也是敬老、养老的场所。见杨宽《我国古代大学的特点及其起源》（载《古史新探》，中华书局 1965 年版）。 [25] 序者，射也：杨宽认为古代学校也是贵族演习射箭的场所。 [26]《诗》云：以下两句引自《诗·大雅·文王》。

使毕战问井地[27]。

孟子曰："子之君将行仁政，选择而使子，子必勉之！夫仁政，必自经界始[28]。经界不正，井地不钧[29]，谷禄不平，是故暴君污吏必慢其经界[30]。经界既正，分田制禄可坐而定也。

"夫滕，壤地褊小，将为君子焉，将为野人焉[31]。无君子，莫治野人；无野人，莫养君子。请野，九一而助；国中，什一使自赋[32]。卿以下必有圭田[33]，圭田五十亩，余夫二十五亩[34]。死徙无出乡，乡田同井，出入相友，守望相助[35]，疾病相扶持，则百姓亲睦。方里而井，井九百亩，其中为公田。八家皆私百亩，同养公田。公事毕，然后敢治私事，所以别野人也。此其大略也，若夫润泽之，则在君与子矣。"

论井田。

[注释]

[27] 毕战：赵岐注："滕臣也。"井地：即井田，相传为古代的一种土地制度。孟子在下文对其有详细论述。一般认为，孟子对井田的描述，有理想化的成分，与历史上的井田并不完全相同。 [28] 经界：土地、疆域的分界。一说划分疆界。 [29] 钧：同"均"。 [30] 以上六句意为，仁政一定要从划分田界开始。田界划分不正确，井田的面积就不平均，所收的谷物就不公平，因此暴君和贪官污吏必定要搞乱田界。慢：通"漫"。浸坏；败

坏。 [31] 以上四句意为，况且滕国，虽然地方狭小，一样要有君子，要有农夫。为：有。君子：指劳心者，即从事管理和教育的人。野人：与君子相对，泛指劳力者，即从事生产、耕作的人。 [32] 以上四句意为，建议在郊野实行九分抽一的助法，在都城让耕种者自行缴纳十分之一的赋税。西周时期有国、野的划分和对立，作为征服者的周人主要居于国中，被征服者则主要聚居于郊野。孟子主张对国、野实行不同的税率及税法。 [33] 圭田：据赵岐注，指从卿以下到士所受土地，一般为五十亩，供祭祀之用。 [34] 余夫：据赵岐注，指一家之中，除一位成年劳动力外，其余老少尚可以从事劳动的人。他们也可以受有一定的土地，一般为二十五亩，为圭田的一半。 [35] 守望：看守瞭望。朱熹《集注》："防寇盗也。"

[点评]

本章讨论治国和井田。三年之丧后，滕文公正式即位，派人问孟子治国的方法。孟子认为老百姓的特点是"有恒产者有恒心"，所以治理国家，使百姓有固定的产业是十分重要的。同时，他比较了夏、商、周三代的赋税制度——贡法、助法和彻法，主张实行助法，按十一的比例征收劳役地租。孟子还提出设立学校，明人伦，行教化。后来滕文公又派毕战询问井田，孟子介绍了井田的情况，借机把这种古代制度大大美化一番。据学者研究，古代历史上曾实行过井田制度，但孟子描绘的井田与古代的井田并不完全是一回事，而是带有理想的成分。按孟子的说法，井田制的主要内容是把土地划成方块，井田之中有"公田"也有"私田"，分得私田的"野人”，要无偿地耕种公田，以养活从事管理工作的“君子”。孟子将井田看作其仁政思想的一个主要内容，认为“仁政必自经界始”，施行仁政必须要有一定的物质基础。孟子的仁政思想得到进一步发展。

附：井田示意图

私田	私田	私田
私田	**公田**	私田
私田	私田	私田

5.4　有为神农之言者许行[1]，自楚之滕，踵门而告文公曰[2]：“远方之人闻君行仁政，愿受一廛而为氓[3]。”

文公与之处。其徒数十人，皆衣褐，捆屦织席以为食[4]。

陈良之徒陈相与其弟辛[5]，负耒耜而自宋之滕[6]，曰：“闻君行圣人之政，是亦圣人也，愿为圣人氓。”

陈相见许行而大悦，尽弃其学而学焉。

陈相见孟子，道许行之言曰：“滕君则诚贤

朱熹："言当自炊爨以为食，而兼治民事也。"(《集注》)

君也，虽然，未闻道也。贤者与民并耕而食，饔飧而治[7]。今也，滕有仓廪府库，则是厉民而以自养也[8]，恶得贤？"

孟子曰："许子必种粟而后食乎？"

曰："然。"

"许子必织布而后衣乎？"

曰："否，许子衣褐。"

"许子冠乎？"

曰："冠。"

曰："奚冠？"

曰："冠素。"

曰："自织之与？"

曰："否，以粟易之。"

曰："许子奚为不自织？"

曰："害于耕。"

曰："许子以釜甑爨[9]，以铁耕乎？"

曰："然。"

"自为之与？"

曰："否，以粟易之。"

"以粟易械器者，不为厉陶冶[10]；陶冶亦以其械器易粟者，岂为厉农夫哉？且许子何不为陶冶，舍皆取诸其宫中而用之[11]？何为纷纷然与百工交易[12]？何许子之不惮烦？”

曰：“百工之事，固不可耕且为也。”

“然则治天下独可耕且为与？有大人之事，有小人之事。且一人之身，而百工之所为备，如必自为而后用之，是率天下而路也[13]。故曰：或劳心，或劳力。劳心者治人，劳力者治于人；治于人者食人，治人者食于人[14]。天下之通义也。

朱熹：“治天下者，岂必耕且为哉？”（《集注》）

［注释］

[1] 神农：上古传说中的人物，相传他制造农具，教导人民种田。战国时诸子百家多托古圣贤之名而标榜自己的学说，“农家”就假托为“神农之言”。许行：战国时农家学派的代表人物，从“自楚之滕”以及孟子称其为“南蛮鴃舌之人”来看，许行应为楚国人。 [2] 踵（zhǒng）：至；到。 [3] 廛：住房。 [4] 屦（jù）：草鞋。 [5] 陈良：楚国的儒者。 [6] 耒耜（lěi sì）：古代一种像犁的农具，木柄叫“耒”，犁头叫“耜”。 [7] 以上两句意为，贤君应该与百姓一起耕种养活自己，一面烧火做饭，一面治理国家。饔飧（yōng sūn）：早饭叫“饔”，晚饭叫“飧”，这里用作动词，指做饭。 [8] 以上三句意为，现在，滕国有储藏粮食、财货的仓库，这是损害百姓来奉养自己。厉：害。 [9] 甑（zèng）：

古代做饭用的一种陶器。爨（cuàn）：烧火做饭。 [10] 以上两句意为，农夫用粮食换取锅甑铁器，不算是损害陶工冶匠。陶冶：陶工和铸工。 [11] 舍：相当于方言“啥”，什么东西、一切东西的意思。宫中：家中。古代住宅不分贵贱都可以叫“宫”，秦汉以后才专指帝王居所为宫。 [12] 以上三句意为，而且许子为什么不烧窑打铁，样样东西都从自己家里取来用呢？为什么要一件件和各种工匠交换呢？纷纷然：繁忙貌。 [13] 以上四句意为，况且，一个人身上所需，要靠各种工匠的制作才能完备，如果一定要自己制作然后才使用，那就是率领天下的人疲于奔命。路：用作动词，指奔走于道路。 [14] 以上四句意为，劳心的人治理人，劳力的人被人治理；被人治理的人养活人，治理人的人靠人养活。食（sì）人：养活人。食（sì）于人：被人养活。

“当尧之时，天下犹未平，洪水横流，泛滥于天下，草木畅茂，禽兽繁殖，五谷不登，禽兽逼人，兽蹄鸟迹之道交于中国。尧独忧之，举舜而敷治焉[15]。舜使益掌火[16]，益烈山泽而焚之，禽兽逃匿。禹疏九河，瀹济、漯而注诸海[17]；决汝、汉，排淮、泗，而注之江。然后中国可得而食也。当是时也，禹八年于外，三过其门而不入，虽欲耕，得乎？

“后稷教民稼穑[18]，树艺五谷；五谷熟而民人育。人之有道也，饱食煖衣，逸居而无教，则近于禽兽[19]。圣人有忧之，使契为司徒[20]，教以人伦：父子有亲，君臣有义，夫妇有别，长幼有叙，朋友有信。放勋曰[21]：‘劳之来之[22]，匡之直之，辅之翼之，使自得之，又从而振德之[23]。’圣人之忧民如此，而暇耕乎？

“尧以不得舜为己忧，舜以不得禹、皋陶为己忧[24]。夫以百亩之不易为己忧者[25]，农夫也。分人以财谓之惠，教人以善谓之忠，为天下得人者谓之仁。是故以天下与人易，为天下得人难。孔子曰：‘大哉，尧之为君！惟天为大，惟尧则之。荡荡乎，民无能名焉！君哉，舜也！巍巍乎，有天下而不与焉[26]！’尧、舜之治天下，岂无所用其心哉？亦不用于耕耳[27]。

朱熹：“尧舜之忧民，非事事而忧之也，急先务而已。所以忧民者其大如此，则不惟不暇耕，而亦不必耕矣。”（《集注》）

“吾闻用夏变夷者[28]，未闻变于夷者也。陈良，楚产也，悦周公、仲尼之道，北学于中国，北方之学者，未能或之先也，彼所谓豪杰之士也。子之兄弟事之数十年，师死而遂倍之[29]。昔者，孔子没，三年之外，门人治任将归[30]，入揖于子贡，相向而哭，皆失声，然后归。子贡反，筑室于场，独居三年，然后归。他日，子夏、子张、子游以有若似圣人，欲以所事孔子事之，强曾子。曾子曰：‘不可。江、汉以濯之[31]，秋阳以暴之[32]，皜皜乎不可尚已[33]！’今也，南蛮鴃舌之人[34]，非先王之道，子倍子之师而学之，亦异于曾子矣！吾闻‘出于幽谷，迁于乔木’者，未闻下乔木而入于幽谷者[35]。《鲁颂》曰[36]：‘戎狄是膺，荆舒是惩[37]。’周公方且膺之，子是之学[38]，亦为不善变矣。”

责陈相用夷变夏。

“从许子之道，则市贾不贰[39]，国中无伪；虽使五尺之童适市[40]，莫之或欺。布帛长短同，则贾相若；麻缕丝絮轻重同，则贾相若；五谷多寡同，则贾相若；屦大小同，则贾相若。”

曰：“夫物之不齐，物之情也。或相倍蓰[41]，或相什百，或相千万。子比而同之，是乱天下也。巨屦小屦同贾，人岂为之哉？从许子之道，相率而为伪者也，恶能治国家？”

[注释]

[15] 以上两句意为，尧为此非常担忧，提拔舜来进行全面治理。敷：遍。 [16] 益：即伯益，舜的臣子。舜禅位于禹后，曾佐禹平治水土。禹临终时，将天下授予益。禹死后，益让位于

禹之子启。 [17] 以上两句意为，大禹疏通多条河道，治理济水、漯水，导入大海。瀹（yuè）：疏导。济、漯（tà）：济水和漯水。 [18] 后稷：周的始祖，名弃。善于稼穑，曾在尧、舜时代做农官，教民耕种。 [19] 以上四句意为，人有自己的特点，吃饱穿暖，安居而没有教养，便与禽兽差不多。 [20] 契（xiè）：传说中商的始祖，舜时佐禹治水有功，任为司徒，掌管教化。 [21] 放勋：尧的称号。 [22] 劳（lào）：慰劳。来（lài）：通“徕”。劝勉。 [23] 以上五句意为，慰劳他们，纠正他们，帮助他们，使他们各得其所，再进一步提高他们的品德。 [24] 皋陶（gāo yáo）：人名，相传为虞舜时的司法官。 [25] 易：治。 [26] 以上几句意为，尧作为君主真是伟大啊！唯有天是伟大的，唯有尧能效法它。浩荡无边啊，民众无法用言语来形容！真是个好君主啊，帝舜！多么崇高啊！拥有天下却不据为私有！不与（yù）：不私有。杨伯峻说：“‘与’即‘参与’之‘与’，这里含有‘私有’、‘享受’的意思。”（《孟子译注》，第133页） [27] 以上三句意为，尧舜治理天下，难道是无所用心吗？只不过不用在耕田种地上罢了。亦：只是。 [28] 用夏变夷：用中原华夏民族的先进文化去改变周边少数民族的落后文化。夏：指中原地区民族的文化。夷：古代对东部各族的统称，这里泛指中原地区以外部族的文化。 [29] 倍：同“背”。背叛。 [30] 治任：准备行李。治：整治。任：担子；行李。 [31] 濯（zhuó）：洗涤。 [32] 秋阳：周历七八月相当于夏历五六月，故秋阳实际相当于今天的夏阳。暴：同“曝”。晒。 [33] 以上三句意为，如同江汉之水洗涤过，好似六月骄阳曝晒过，（老师的人品）高尚洁白无人比得上！皜（hào）皜：同“皓皓”。光明洁白的样子。 [34] 鴃（jué）舌：比喻语言难懂。鴃：伯劳鸟。喜弄舌啼聒。 [35] 以上两句意为，我只听说“飞出幽暗的山谷，迁到高大的树木上”的，没听说离开高大的树木，飞进幽暗的山谷的。[36]《鲁颂》曰：以下两句引自《诗·鲁颂·閟宫》。[37]以上两句意为，讨伐戎狄，惩罚荆舒。戎狄是膺，即膺戎狄。是：无实意，起宾语前置的作用。膺：打击。荆舒是惩，即惩荆舒。荆舒：南方少数民族。惩：惩罚。[38]是之学：即“学是”。之：助词。用在宾语和动词之间，起着把宾语前提的作用。是：这些；这个。[39]市贾：市场价格。贾：通“价”。[40]五尺之童：古代尺寸短，五尺约相当于现在三尺多一点。[41]倍蓰（xǐ）：一倍、五倍。后文的什、百、千、万都是指倍数。

［点评］

本章批驳农家“贤者与民并耕而食”，阐述“劳心者治人”“劳力者治于人”的政治主张。滕文公在孟子的帮助下推行仁政，一时在社会上产生很大反响，不少人闻风而至。农家学派的许行从楚国来到滕国后，属于儒家学派的陈相也从宋国来到这里。陈相见到许行后，被许行的学说所吸引，于是放弃了儒家学说，成为许行的门徒。陈相站在农家的立场与孟子进行了一场辩论，辩论的核心是如何看待国君的地位和作用，尤其是其特殊待遇问题。

许行、陈相主张，贤明的君主应当与民众共同耕作，其本意是反对权力异化，反对统治者脱离民众，但却存在着否定社会分工的不足。对于陈相的观点，孟子没有从正面直接反驳，而是通过列举生活中大量存在的社会分工的事实，层层设问，步步紧逼，巧设机关，引君入彀。当陈相最后不得不承认，百工之事与耕田种地不能由一人同时承担，必须实行分工时，孟子马上反问，难道治理天下与耕田种地可以由一人同时承担吗？进而指出，社会分工不同，有劳心者，有劳力者，劳心者从事管理工作，被人养活；劳力者从事耕作，被人管理，这是“天下之通义”，没有什么不合理的。孟子还用铺陈的文字描写了尧舜禹治理天下、公而忘私的事迹，进一步说明许行主张君主与人民共同耕作，否定社会分工，是根本不合理的。孟子从“劳心”与“劳力”的角度对许行的观点进行批驳，有合理的地方。但他将“劳心”“劳力”与“治人”“治于人”等同起来，将社会分工与政治学意义上的社会等级混同在一起，用前者论证后者的合理性，则可能引起一定的争议。按照这样的规定，“治人”或政治管理就成了少数“劳心者”的特权，而广大的“劳力者”则只能“治于人”，而不能积极地去“治人”，不能参与到社会的管理决策中去。而现代民主政治的基本原则之一，便是肯定每一个合乎法定要求的社会成员都具有参与社会治理的权利，它的前提，是承认每一个社会成员在社会政治结构中具有平等的地位。孟子的思想显然与其是有所不同的。

本章的最后，孟子又以用夏变夷论批评了陈相背弃儒家而信奉农家，从产品质量存在差别批驳了农家“市贾不贰”的主张。

5.5 墨者夷之因徐辟而求见孟子[1]。孟子曰：“吾固愿见，今吾尚病，病愈，我且往见，夷子不来。”

他日，又求见孟子。孟子曰：“吾今则可以见矣。不直[2]，则道不见，我且直之。吾闻夷子墨者，墨之治丧也，以薄为其道也。夷子思以易天下，岂以为非是而不贵也[3]？然而夷子葬其亲厚，则是以所贱事亲也。”

徐子以告夷子。

夷之言“儒家之道”，非墨家主张，实则融合儒、墨两家之说也。

夷子曰：“儒者之道，古之人‘若保赤子[4]’，此言何谓也？之则以为爱无差等[5]，施由亲始[6]。”

徐子以告孟子。

孟子曰：“夫夷子信以为人之亲其兄之子，为若亲其邻之赤子乎？彼有取尔也，赤子匍匐将入井，非赤子之罪也[7]。且天之生物也，使之一本，而夷子二本故也[8]。盖上世尝有不葬其亲者，其亲死，则举而委之于壑。他日过之，狐狸食之，蝇蚋姑嘬之[9]。其颡有泚[10]，睨而不视[11]。夫泚也，非为人泚，中心达于面目[12]，盖归反蔂梩而掩之[13]。掩之诚是也，则孝子仁人之掩其亲，亦必有道矣[14]。”

徐子以告夷子。夷子怃然为间[15]，曰：“命之矣[16]。”

［注释］

[1] 此句意为，墨者夷之通过徐辟请求来拜见孟子。墨者：指墨翟的门徒。墨家主张“兼爱”“尚贤”“尚同”等，提倡“节用”“节葬”，反对“厚葬”。夷之：姓夷名之。徐辟：孟子弟子。 [2] 直：指说话直率。 [3] 以上四句意为，墨家办理丧事，以薄葬为原则。夷子想用薄葬来改变天下，难道是认为不这样就不难能可贵吗？ [4] 若保赤子：语见《尚书·康诰》：“若保赤子，惟民其康乂。”赤子：婴儿。因身体发红，故称赤子。 [5] 之：夷之自称。 [6] 以上五句意为，按照儒家的说法，古人爱民“就像爱护婴儿”，这句话是什么意思呢？我认为是说，爱不分差等，从自己的父母开始施行。 [7] 以上五句意为，夷子真的以为人们爱自己兄弟的孩子，与爱邻人的婴儿是一样的吗？他只不过是看到这一点，婴儿爬着将要掉进井里，这不是婴儿的过错。（所以每个人都会有怵惕恻隐之心，于是他就认为爱是不分差等的。） [8] 以上三句意为，况且天生万物，使他们有一个依据，（而夷子既依据墨家的教义，主张爱无差等，又依据自己的内心，厚葬自己父母，）这是因为他有两个依据的缘故啊。本：依据；根据。 [9] 以上六句意为，大概古时候曾有不安葬父母的事，父母死了，就抬着扔到山沟里。几天后从那里经过，看见狐狸在啃食，苍蝇、蚊虫在叮咬。蚋（ruì）：蚊类害虫。姑嘬（zuō）：用嘴吸吮。姑：通“盬（gǔ）”。吸饮。 [10] 颡（sǎng）：额头。泚（cǐ）：冒汗。 [11] 以上两句意为，额头不由冒出汗，斜着眼不敢正视。睨（nì）：斜视。 [12] 以上三句意为，冒出的汗，不是给别人

看的，而是内心在面貌上的表现。达：表露；表达。 [13] 反：同“返”。虆（léi）：藤制的筐子，作盛土用。梩（lí）：古代锹、臿一类的农具。 [14] 以上三句意为，掩埋是正确的，那么，孝子仁人掩埋他们的父母，也必有一定的方式。道：道理；或说方式。 [15] 为间：有间；一会儿。为：通“有”。 [16] 命之：教导我了。命：教。之：夷之自称。

［点评］

本章记载孟子与墨家学者夷之关于薄葬的辩论，涉及“爱有差等”“爱无差等”的问题。由于本章个别地方用语过于简略，甚至有跳跃、脱漏的地方，致使一些文句及概念不好理解，不过经学者的研究，本章内容还是可以大致读懂的。墨家主张薄葬，而孟子认为“君子不以天下俭其亲”（4.7），二者的观点是对立的。但孟子没有就孰是孰非展开辩论，而是以子之矛攻子之盾，指出夷之曾厚葬自己的父母，与自己的主张并不一致，陷其于矛盾之中。于是夷之又引《尚书》“若保赤子”，将“儒家之道”解释为“爱无差等，施由亲始”，认为爱是无差别的，但在具体实行时，又可以有亲疏远近的差别，先施之父母亲人，再推及他人。表面上夷之是讲墨家的主张，实际则是他对儒家思想的发挥，是对墨家和儒家思想的融合。其中，“爱无差等”来自墨家，是对墨家兼爱思想的继承，“施由亲始”则来自儒家，是对“亲亲为大”的强调。这样夷之的主张便涉及亲亲之爱与普遍之爱这一重要伦理问题，这一问题实际也为儒家所关注。孔子倡导的仁既包含亲亲之爱，也承认普遍之爱，如“樊迟问仁。子曰：‘爱人’”(《论语·颜渊》)，“爱人”就是一种普遍之爱。但在具体实践中又强调从孝悌、亲亲之爱出发，“入则孝，出则弟，谨而信，泛爱众，而亲仁”(《论语·学而》)。到了孟子，则提出“亲亲而仁民，仁民而爱物”(13.45)。认为从亲亲到仁民、爱物，有一个扩充的过程。不过夷之与孔孟虽然都肯定亲亲之爱和普遍之爱，但二者所强调又有所不同。夷之突出的是“爱无差等”，而孔孟强调的是亲亲、孝悌，认为爱人的普遍情感，首先要从亲亲之情开始，逐渐扩大到整个社会。之所以有这种差别，主要是因为儒家重视血缘宗法关系，担心对普遍之爱的强调会冲击、弱化亲亲之爱。孟子提出，假如我们看到婴儿要掉到井里，每个人都会产生怵惕恻隐之心，这是一种普遍的情感，孟子在别处也是以此来论证人有善性的。但孟子认为，“赤子将入于井”只是一种极端的情景，它能使我们反省到善性的存在，但不能据此认为人与人之间是没有亲疏远近的，不能认为人们爱自己的侄儿与爱邻人之子是没有差别的。只有既尊重亲亲之爱，也肯定普遍之爱，才是最为合理的。最后，孟子讲了古代丧葬之礼的起源，说明古代的孝子掩埋父母的尸体，是根源于父母与子女之间的深厚血缘情感，这种深厚情感必定要有一定的表达形式，而这种形式是薄葬所不能承担的。

本章的“一本”“二本”，学者多有讨论，分歧较大。赵岐、朱熹认为，所谓一本是指以自己父母为本，而二本则是以自己与他人父母为本，因为墨家主张兼爱，“以他人之亲与己亲等，是为二本，故欲同其爱也”(赵岐《章句》)，“则是视其父母本无异于路人”(朱熹《集注》)。按照这种理解，所谓一本、二本实际是说，天生万物，使它们有一个本源，人的本源是父母。然而夷之主张爱不分差等，对待别人的父母如同对待自己的父母一样，这就等于承认有两个本源。这种解释显然不合理，夷之即使提倡兼爱，也不会将别人的父母当作自己的本源，这样理解孟子对夷之的指责是不恰当的。从本章内容来看，“本”应是依据、根据之意，夷之一方面依据墨家的教义，主张“爱无差等”，另一方面又根据自己的内心，厚葬父母，这样就是“二本”。而孟子主张“一本”，即以自己的内心为本，其“上世尝有不葬其亲者”一段，就是要说明“孝子仁人之掩其亲”实际是本心的表现和流露。

滕文公下

6.1　陈代曰[1]："不见诸侯，宜若小然[2]。今一见之[3]，大则以王，小则以霸。且《志》曰，'枉尺而直寻[4]'，宜若可为也[5]。"

孟子曰："昔齐景公田[6]，招虞人以旌[7]，不至，将杀之。'志士不忘在沟壑，勇士不忘丧其元[8]。'孔子奚取焉？取非其招不往也[9]。如不待其招而往，何哉？且夫枉尺而直寻者，以利言也。如以利，则枉寻直尺而利，亦可为与[10]？昔者赵简子使王良与嬖奚乘[11]，终日而不获一禽。嬖奚反命曰[12]：'天下之贱工也。'或以告王良。良曰：'请复之[13]。'强而后可，一朝而获十禽[14]。嬖奚反命曰：'天下之良工也。'简子曰：'我使掌与女乘[15]。'谓王良。良不可，曰：'吾为之范我驰驱[16]，终日不获一；为之诡遇[17]，一朝而获十。《诗》云[18]："不失其驰，舍矢如破[19]。"我不贯与小人乘[20]，请辞。'御者且羞与射者比[21]；比而得禽兽，虽若丘陵，弗为也。如枉道而从彼，何也？且子过矣，枉己者，未有能直人者也。"

不以正道出仕，亦不能正人矣。

［注释］

[1] 陈代：孟子弟子。　[2] 以上两句意为，不去拜见诸侯，似乎太拘泥小节了吧。宜若：似乎；好像。　[3] 今：犹"若"。　[4] 枉：屈。直：申。寻：八尺为一寻。　[5] 以上几句意为，如果一去拜见诸侯，大则可以称王天下，小则可以称霸于世。况且《志》书上说："弯曲一尺而伸长八尺。"似乎可以去拜见一下的。　[6] 田：打猎。　[7] 招虞人以旌：古代君王有所召唤，一定要有相应的标志，旌旗是召唤大夫的，弓是召唤士的，若是召唤虞人，只能用皮冠。所以这个虞人对齐景公的召唤不予理睬。虞人：守猎场的小官。　[8] 以上两句意为，（孔子得知后说：）"志士不怕弃尸山沟，勇士不怕丢掉脑袋。"元：脑袋。　[9] 以上两句意为，孔子赞赏小吏的哪一点呢？是赞赏他因召唤不当就不去的精神。《左传·昭公二十年》曾记载齐景公招虞人事，并称"仲尼曰：'守道不如守官。'君子韪（wěi）之"。取：择取。引申为赞赏，赞同。　[10] 以上五句意为，况且所谓弯曲一尺而伸长八

尺，是从利上说的。要说到利，弯曲八尺而伸长一尺也算是利，也可以去做吗？ [11] 赵简子：晋国大夫，名赵鞅。王良：春秋末年著名的驾车能手。嬖奚：一个名叫奚的受宠的小臣。 [12] 反命：复命。反：同“返”。 [13] 以上几句意为，从前赵简子派王良为他宠幸的小臣奚驾车，一整天打不到一只猎物。奚回来报告说：“王良是天下最差的车手。”有人把这话告诉了王良。王良说：“请让我再驾一次。”复：重复；再来一遍。 [14] 以上两句意为，奚勉强同意，结果一个早晨就打了十只猎物。 [15] 此句意为，我就派他专门为你驾车。掌：掌管；负责。与：替。女：同“汝”。 [16] 此句意为，我按规矩为他驾车。范我驰驱：使我的驱驰规范。范：在这里作动词，使……规范。 [17] 诡遇：不依法驾驭。 [18]《诗》云：以下两句引自《诗·小雅·车攻》。 [19] 以上两句意为，不违规矩驾车去，箭一出手便中的。 [20] 我不贯与小人乘：我不习惯为小人驾车。贯：《尔雅·释诂》：“习也。”即今“惯”字。 [21] 御者且羞与射者比：车手尚且羞于与不合规矩的射手合作。比：合作。

[点评]

本章论“不见诸侯”，涉及出仕之道，为《孟子》书中的重要内容。孟子一生积极游说诸侯，推行王道，但若没有得到礼聘，便不肯主动拜见。弟子对此不理解，劝孟子不妨“枉尺而直寻”，委曲求全，以换取“大则以王，小则以霸”的结果。孟子认为，干任何事情都有一定的原则，所以不管是看护园子的小吏，还是为人驾车的车手，都有他们不肯违背的规则，拜见诸侯也是如此。士人拜见诸侯是为了行道，而不是谋取利益。如果不珍惜自己的人格，轻易屈就，怎么能得到诸侯的尊重呢？又怎么能让诸侯听从自己的主张？况且“枉尺而直寻”是就利益上说的，并不适合行道。行道首先要端正自己，然后才能影响到别人，而“枉己”是不能“直人”的。这方面的部分内容还见于10.7，可参看。

6.2 景春曰[1]：“公孙衍、张仪[2]，岂不诚大丈夫哉？一怒而诸侯惧，安居而天下熄[3]。”

孟子曰：“是焉得为大丈夫乎？子未学礼乎？丈夫之冠也[4]，父命之；女子之嫁也，母命之，往送之门，戒之曰：‘往之女家，必敬必戒，无违夫子[5]！’以顺为正者，妾妇之道也。居天下之广居，立天下之正位，行天下之大道。得志，与民由之[6]；不得志，独行其道[7]。富贵不能淫，贫贱不能移，威武不能屈，此之谓大丈夫。”

朱熹：“广居，仁也。正位，礼也。大道，义也。”（《集注》）

[注释]

[1] 景春：据赵岐注，为当时宣传纵横之术的人。 [2] 公孙衍：魏国人，号犀首，当时著名的说客。张仪：魏国人，与苏秦同为纵横家的主要代表，主张连横，为秦扩张势力，与苏秦“合纵”相对。 [3] 以上四句意为，公孙衍、张仪难道不是真正的大丈夫吗？他们一发怒，诸侯都会害怕；他们平静下来，天下就

太平无事。熄：指战火熄灭，天下太平。 [4] 冠：古时男子年二十行加冠礼，表示成年。 [5] 以上三句意为，到了你丈夫家，一定要恭敬、谨慎，不要违背你的丈夫！夫子：丈夫。 [6] 由：践行。 [7] 以上四句意为，能实现志向，就与百姓一起实行；不能实现志向，就独自行道。

[点评]

本章论大丈夫，是《孟子》书中脍炙人口的篇章。公孙衍、张仪是孟子时代的风云人物，他们“一怒而诸侯惧，安居而天下熄”，好不威风、气派，故被视为“大丈夫”。所谓“大丈夫”，就是大人物，是值得人们效仿、崇拜的偶像。但在孟子看来，公孙衍、张仪之类的纵横家，没有是非原则，一味迎合诸侯，摇唇鼓舌，唯利是图，只能算是小媳妇。在孟子眼里，只有以“仁”为“广居”、以“礼”为“正位”、以“义”为正路的人，才能称得上是大丈夫。他们站得直，行得正，坚定不移，“富贵不能淫，贫贱不能移，威武不能屈”，具有崇高的精神境界。所以真正的大丈夫，在于他们能够居仁由义，浑身充满浩然之气，具有舍生取义的担当精神。孟子对大丈夫的理解，深刻影响了中国古代知识分子，成为他们努力追求的人生理想，同时也成为中华民族一份宝贵的精神财富。

6.3 周霄问曰[1]：“古之君子仕乎？”

孟子曰：“仕。《传》曰：‘孔子三月无君，则皇皇如也[2]，出疆必载质[3]。’公明仪曰：‘古之人三月无君，则吊[4]。’”

“三月无君则吊，不以急乎[5]？”

曰：“士之失位也，犹诸侯之失国家也。《礼》曰：‘诸侯耕助[6]，以供粢盛[7]；夫人蚕缫[8]，以为衣服。牺牲不成[9]，粢盛不洁，衣服不备，不敢以祭。惟士无田，则亦不祭。’牲杀、器皿、衣服不备，不敢以祭，则不敢以宴，亦不足吊乎[10]？”

“出疆必载质，何也？”

仕者事也。士既无田，学而优则仕，与农夫耕田相似。

曰：“士之仕也，犹农夫之耕也，农夫岂为出疆舍其耒耜哉？”

曰：“晋国亦仕国也，未尝闻仕如此其急。仕如此其急也，君子之难仕[11]，何也？”

曰：“丈夫生而愿为之有室，女子生而愿为之有家，父母之心，人皆有之。不待父母之命、媒妁之言，钻穴隙相窥，逾墙相从，则父母国人皆贱之。古之人未尝不欲仕也，又恶不由其道。不由其道而往者，与钻穴隙之类也[12]。”

士人虽欲出仕，但应由其道，不由其道而仕，为人所不齿。

[注释]

[1]周霄：魏国人。 [2]皇皇：彷徨不安貌。皇：通“惶”。 [3]以上三句意为，孔子要是三个月没有侍奉的君主，就会惶惶不安；离开国境时，一定要带上拜见国君的礼物。出疆：离开国境，前往他国。质：通“贽”。初次见人时所执的礼物。 [4]吊：慰问。 [5]以：通“已”。太。 [6]耕助：即“耕藉”。藉：藉田。古时每年春耕前，天子、诸侯举行仪式，亲耕藉田，种植供祭祀用的谷物，并以示劝农。 [7]粢盛（zī chéng）：指盛在祭器内以供祭祀的谷物。谷物称粢，盛在祭器内的谷物称盛。 [8]缫（sāo）：煮茧出丝。 [9]牺牲：祭祀时用的牲畜，一般为纯色。不成：不够肥壮。 [10]以上四句意为，牺牲、祭器、祭服都不齐备，不敢用来祭祀，也就不敢举行宴会，这样还不应该去安慰他吗？ [11]以上两句意为，出仕这样急迫，君子又迟迟不肯出仕。难仕：以出仕为难，指不急于进仕。 [12]与：为。或说语助词，无义。

[点评]

本章论出仕之道。孟子认为，出仕是士人的职业，士人出仕好比农人种田、青年男女要成家，是非常正常合理的，态度自然应该急迫。但士人出仕又必须有一定的原则，通过不正当的途径出仕，就好比男女钻洞扒缝互相偷看、翻过墙头私自幽会，是士人不屑的。孟子与孔子一样，都是一方面积极寻找出仕的机会，另一方面又以道义为上，绝不为出仕放弃原则，在这样一种信念中做出艰难选择。

6.4 彭更问曰[1]："后车数十乘，从者数百人，以传食于诸侯[2]，不以泰乎[3]？"

孟子曰："非其道，则一箪食不可受于人；如其道，则舜受尧之天下，不以为泰。子以为泰乎？"

曰："否。士无事而食，不可也。"

曰："子不通功易事[4]，以羡补不足[5]，则农有余粟，女有余布；子如通之，则梓匠轮舆，皆得食于子[6]。于此有人焉，入则孝，出则悌，守先王之道，以待后之学者[7]，而不得食于子，子何尊梓匠轮舆，而轻为仁义者哉？"

曰："梓匠轮舆，其志将以求食也[8]。君子之为道也，其志亦将以求食与？"

君子忧道不忧贫——尚其志，非不与其食。

曰："子何以其志为哉？其有功于子，可食而食之矣。且子食志乎？食功乎[9]？"

曰："食志。"

曰："有人于此，毁瓦画墁[10]，其志将以求食也，则子食之乎[11]？"

百工食力，以禄养贤，皆据其功。

曰："否。"

曰："然则子非食志也，食功也。"

[注释]

[1] 彭更：孟子弟子。 [2] 传（zhuǎn）食：辗转受人供养。 [3] 以上四句意为，跟随的车子几十辆，随从的人员几百人，由这一国招待吃喝到那一国，这样不是太过分了吗？ [4] 通功易事：交流成果；交换物资。 [5] 羡：余；多余。 [6] 以上七句意为，如果你不让各行业的产品互通交换，用多余的弥补不足的，那么农夫就会有余粮，织女就会有余布；如果可以互通交换，那么木匠、车工就能在你这里得到饭吃。梓匠轮舆：梓人、匠人、轮人、舆人。前二者为木工，后二者为车工。 [7] 待：同“持”。扶持。 [8] 志：动机；志向。 [9] 以上五句意为，你为什么要论他们的动机呢？他们有功于你，应该给吃的就给他们饭吃。况且你是根据动机给饭吃呢？还是根据功效给饭吃呢？ [10] 墁（màn）：墙壁上的涂饰。 [11] 以上四句意为，假如有一个人在这里，打碎了屋瓦又乱画墙壁，他的动机就是找口饭吃，那么你给他饭吃吗？

[点评]

本章论士的待遇及作用，批驳了“士无事而食”的观点。孟子弟子彭更看到老师“后车数十乘，从者数百人”，“传食”于诸侯之间，觉得有些过分，故提出疑问。孟子认为，过不过分关键在于是否符合道。孟子这里所说的道，既是指仁义的价值原则，也是指按功施赏的计酬原则。对于彭更“士无事而食”的质疑，孟子重申社会分工的必要，认为士人以行道服务于社会，他们入孝出悌，坚守先王之道，其“得食”与农民种地、妇女织布、工匠制器而“得食”一样是合理的，只不过存在劳心与劳力的分工罢了。士人以精神产品来“取食”，精神产品与物质产品之间同样存在着互通交换的问题，如果看不到这一点，就会导致重视木工、车工，而轻视奉行仁义的君子的错误认识。彭更又提出“志”“功”也就是动机、效果的问题。儒家主张“士志于道”“君子谋道不谋食”，孟子也讲“无恒产而有恒心者，惟士为能”(1.7)，故彭更认为，君子与一般百姓不同，他们的动机不在于求食而在于行道。孟子指出，君子的动机固然是在于行道，但社会在付给人们报酬时，却不能根据其动机，而只能根据他们对社会的贡献或功效，否则便会得出十分荒谬的结论。所以，孟子一方面要求士人“无恒产而有恒心”，超越个人的私利去关注国家、民众的普遍利益，不能因为“取食”于他人，便改变自己的主张，为人所“御用”，另一方面又主张社会要根据个人的实际贡献进行分配，士人的贡献就是明教化、兴孝悌、传播文化，他们得到相应的报酬是完全应该的。孟子所说的“无恒产”也不是指没有财产，而是指没有固定的财产。士人游说诸侯，没有固定的财产来源，但每一位任用士人的诸侯都应给予其相应的财产和报酬。

小国可行王政乎？王政，仁政也。

6.5　万章问曰[1]：“宋，小国也；今将行王政，齐、楚恶而伐之，则如之何？”

孟子曰：“汤居亳[2]，与葛为邻。葛伯放而不祀[3]。汤使人问之曰：‘何为不祀？’曰：‘无以供牺牲也。’汤使遗之牛羊。葛伯食之，又不以祀。汤又使人问之曰：‘何为不祀？’曰：‘无以供粢盛也。’汤使亳众往为之耕，老弱馈食。葛伯率其民，要其有酒食黍稻者夺之[4]，不授者杀之。有童子以黍肉饷[5]，杀而夺之。《书》曰：‘葛伯仇饷[6]。’此之谓也。为其杀是童子而征之，四海之内皆曰：‘非富天下也，为匹夫匹妇复雠也[7]。’‘汤始征，自葛载[8]。’十一征而无敌于天下。东面而征，西夷怨；南面而征，北狄怨，曰：‘奚为后我？’民之望之，若大旱之望雨也。归市者弗止，芸者不变，诛其君，吊其民，如时雨降，民大悦。《书》曰：‘徯我后，后来其无罚[9]。’‘有攸不惟臣[10]，东征，绥厥士女[11]。匪厥玄黄[12]，绍我周王见休[13]，惟臣附于大邑周[14]。’其君子实玄黄于匪，以迎其君子；其小人箪食壶浆，以迎其小人。救民于水火之中，取其残而已矣。《太誓》曰[15]：‘我武惟扬，侵于之疆[16]，则取于残，杀伐用张[17]，于汤有光[18]。’不行王政云尔。苟行王政，四海之内皆举首而望之，欲以为君。齐、楚虽大，何畏焉？”

汤以小国行仁政而称王天下。

武王以小国行仁政而称王天下。

当今之世，若行仁政亦可称王天下。

[注释]

[1] 万章：孟子弟子。 [2] 亳（bó）：邑名，在今河南商丘境内。 [3] 以上三句意为，从前汤居住在亳，与葛国为邻。葛伯放纵无道而不祭祀。 [4] 以上两句意为，葛伯却率领自己的手下，去拦截抢夺送酒肉饭食的人。要：拦截。 [5] 有童子以黍肉饷：有个孩子去送饭与肉。饷：动词。馈食于人。 [6] 葛伯仇饷：葛伯仇视送饭的人。饷：名词。指馈食之人。 [7] 以上两句意为，不是想贪图天下的财富，而是为普通百姓报仇。非富天下：非以天下为富。复雠：报仇。雠：同“仇”。 [8] 载：开始。 [9] 以上两句意为，等待我们君王，君王来了不受罚。徯：等待。后：王；君主。 [10] 有攸：攸国。有：词头。用法如有夏、有殷。惟：为。以下所引，为武王伐攸国事。 [11] 绥：安抚。厥：其。士女：男女。 [12] 匪：通“篚（fěi）”。盛物的竹器。这里用作动词。玄黄：指彩色的丝织物。 [13] 绍我周王见休：按现在的语序应为：绍见我周王休。绍：介绍。休：美。 [14] 以上六句意为，攸国不臣服，武王向东征讨，安抚那里的男男女女。他们用竹筐装着黑色、黄色的绢帛，请求介绍能和周王相见，得到荣光，称臣归顺伟大的周国。 [15]《太誓》：即《泰誓》，《尚书》篇名。今本《尚书》中的《泰誓》篇为后人的伪作。 [16] 于：陈梦家认为通“邘”，古国名。下文“则取于残”之“于”同。见《尚书通论》。 [17] 用张：因此得以伸张。用：因而；因此。张：伸张。 [18] 以上五句意为，我军的威武要发扬，攻到邘国疆土上，杀掉残暴的君王，攻伐因此得伸张，比那成汤更荣光。

[点评]

本章论宋行仁政，为孟子在宋国时的言论。孟子第一次到齐国时，没有得到齐威王的召见。这时听说宋王偃想推行仁政，于是来到宋国。宋王偃，又称宋君偃、宋康公。《史记·宋微子世家》说：“君偃十一年，自立为王。”据钱穆等学者考证，宋王偃称王是在周显王四十一年，即公元前328年。宋王偃宣布推行仁政以及孟子来到宋国，应该在此之后。

在本章中，孟子弟子万章根据当时的政治形势，担心宋国行仁政，反而会引起齐、楚等强国的猜忌，给自己带来危险。其实孟子何尝不知道，在当时弱肉强食的环境下，以小国而行王道，王天下，非常困难。但他认为不能因此就否定仁义的原则，抛弃仁政的理想。况且商汤、周武曾经都是以小国、弱国行仁政，而王天下的。所以在孟子看来，以小国、弱国行仁政，也是可能实现的。这不仅有历史根据，更重要的是来自孟子“仁者无敌”的信念，认为“苟行王政，四海之内皆举首而望之”。不过“仁者无敌”只是一个理想、信念，其实现是需要一定的条件的，若条件不具备，未必能真正实现。孟子主要突出仁政、王道的理想，但对其得以实现的条件讨论、关注不够，故往往给人以迂腐的感觉。但孟子之所以被后人尊奉为亚圣，恰恰在于他坚守了仁政、王道的理想。这种理想虽然在一定的历史时期无法实现，却成为人们不断追求的目标和方向，并成为推动历史发展的重要力量。

6.6　孟子谓戴不胜曰[1]：“子欲子之王之善与？我明告子。有楚大夫于此，欲其子之齐语也，则使齐人傅诸？使楚人傅诸[2]？”

曰：“使齐人傅之。”

曰：“一齐人傅之，众楚人咻之[3]，虽日挞而求其齐也，不可得矣[4]。引而置之庄岳之间数年[5]，虽日挞而求其楚，亦不可得矣[6]。子谓薛居州[7]，善士也，使之居于王所。在于王所者，长幼卑尊，皆薛居州也，王谁与为不善[8]？在王所者，长幼卑尊，皆非薛居州也，王谁与为善？一薛居州，独如宋王何[9]？”

赵岐：“自非圣人，在所变化，故谚曰：‘白沙在涅，不染自黑；蓬生麻中，不扶自直。’言辅之者众也。”（《章句》）

［注释］

[1] 戴不胜：宋国大夫。 [2] 以上四句意为，假如有一位楚国的大夫，想让他的儿子学齐国话，那么是请齐国人教他呢，还是请楚国人教他呢？傅诸：教导他。傅：辅佐；教导。诸：之。 [3] 咻（xiū）：喧嚷；扰乱。 [4] 以上四句意为，一个齐国人教他，许多楚国人干扰他，即使每天用鞭子抽打，逼他学齐国话，也不可能学好的。 [5] 庄岳：庄：街名。岳：里名。都在齐都城临淄城内（见顾炎武《日知录》）。这里代指齐都中的闹市区。 [6] 以上三句意为，带他到齐国都城的闹市上住上几年，即使每天用鞭子抽打，逼他学楚国话，也不可能学好的。 [7] 薛居州：宋大夫。 [8] 以上三句意为，如果在王宫中的人，不论年龄大小、地位高低，都是薛居州那样的人，宋王还能同谁一起去做坏事呢？ [9] 独：犹“将”。一说单独。

[点评]

本章论如何引导君王为善，为孟子与宋大夫戴不胜的对话。孟子以学习语言为例，说明周围人的影响十分重要，进而提出要大量选拔善士，居于宋王周围，对其施加影响，这样宋国的仁政才有可能实现。但宋国只有一位善士薛居州，对宋王的影响十分有限，要想实行仁政恐怕很难。

6.7 公孙丑问曰："不见诸侯何义？"

孟子曰："古者不为臣不见。段干木逾垣而辟之[1]，泄柳闭门而不内[2]，是皆已甚。迫，斯可以见矣[3]。阳货欲见孔子，而恶无礼[4]。大夫有赐于士，不得受于其家，则往拜其门[5]。阳货瞰孔子之亡也[6]，而馈孔子蒸豚；孔子亦瞰其亡也，而往拜之。当是时，阳货先，岂得不见？曾子曰：'胁肩谄笑，病于夏畦[7]。'子路曰：'未同而言，观其色赧赧然[8]，非由之所知也[9]。'由是观之，则君子之所养，可知已矣[10]。"

朱熹："此章言圣人礼义之中正，过之者伤于迫切而不洪（注：大。宏大），不及者沦于污贱而可耻。"（《集注》）

[注释]

[1] 段干木：晋国人，清高而不屑为官。魏文侯去拜访他，他却翻墙逃走不见。垣：墙。辟：同"避"。 [2] 泄柳：鲁穆公时的贤者。内：同"纳"。 [3] 以上五句意为，段干木翻墙躲避魏文

侯，泄柳关门不接待鲁穆公，这么做都太过分了。如果诸侯执意要见，还是可以去见的。 [4] 以上两句意为，阳货希望孔子来拜见他，但又怕别人说他失礼。阳货欲见孔子：事见《论语·阳货》。见：这里作使动用法，意为阳货想让孔子来拜见他。 [5] 以上三句意为，（当时礼节规定，）大夫给士赠送礼物，士未能在家接受，就应到大夫家登门拜谢。 [6] 瞰（kàn）：窥视。亡：外出；出门。 [7] 以上两句意为，耸起肩膀，装出讨好的笑脸，真比夏天在地里干活还难受。畦（qí）：本指田畦，五十亩为畦。这里用作动词，指在田地里劳动。 [8] 赧（nǎn）赧然：惭愧脸红貌。 [9] 以上三句意为，志向不同而要去交谈，看他脸色羞愧的样子，不是我所能理解的。由：仲由，子路的名。 [10] 以上三句意为，由此看来，君子平日如何修养自己，（从他与权贵的交往中）就可以知道了。

［点评］

本章论“不见诸侯”。孟子认为士人如果不愿出仕就不必去拜见，这是为了保持士人的人格尊严和独立。但如果诸侯、大夫先来拜访，出于礼貌，是应该相见的。像段干木翻墙而逃躲避魏文侯、泄柳关门不接待鲁穆公，未免偏激过分。相比较而言，还是孔子的做法得当。本章的最后，孟子又引曾子、子路的话，讥讽了那些一味逢迎权贵的人。

6.8　戴盈之曰[1]：“什一，去关市之征，今兹未能[2]，请轻之，以待来年，然后已[3]，何如？”

孟子曰："今有人日攘其邻之鸡者[4]，或告之曰：'是非君子之道。'曰：'请损之，月攘一鸡，以待来年，然后已。'如知其非义，斯速已矣[5]，何待来年？"

赵岐："从善改非，坐而待旦；知而为之，罪重于故。"（《章句》）

朱熹："知义理之不可而不能速改，与月攘一鸡何以异哉？"（《集注》）

［注释］

[1] 戴盈之：宋国大夫。 [2] 兹：年。 [3] 以上六句意为，实行十分抽一的田税，免除关卡和市场的征税，今年还办不到，请先减轻一些，等到明年再彻底停止多征税。已：停止。 [4] 攘：偷取。 [5] 以上两句意为，如果知道这件事不符合道义，就应该尽快停止。斯：犹"则"；"乃"。

［点评］

本章批评宋国不行仁政。由于宋王缺乏诚意，对孟子提出的实行什一税和免除关卡、市场征税的建议百般推脱，认为暂时办不到，只能逐步实行。孟子认为如果知道一项政策不符合道义，就应该尽快废除，而不应该找借口推脱，否则便与好找借口的偷鸡贼无异。不久他就离开了宋国。

6.9　公都子曰[1]："外人皆称夫子好辩，敢问何也？"

孟子曰："予岂好辩哉？予不得已也！天下之生久矣，一治一乱。当尧之时，水逆行，氾滥于中国[2]，蛇龙居之，民无所定；下者为巢，上者为营窟[3]。《书》曰[4]：‘洚水警余[5]。’洚水者，洪水也。使禹治之。禹掘地而注之海，驱蛇龙而放之菹[6]，水由地中行，江、淮、河、汉是也。险阻既远，鸟兽之害人者消，然后人得平土而居之。

“尧舜既没，圣人之道衰，暴君代作[7]。坏宫室以为污池，民无所安息；弃田以为园囿，使民不得衣食。邪说暴行又作，园囿、污池、沛泽多而禽兽至。及纣之身，天下又大乱。周公相武王诛纣，伐奄[8]，三年讨其君，驱飞廉于海隅而戮之[9]。灭国者五十。驱虎、豹、犀、象而远之，天下大悦。《书》曰[10]：‘丕显哉[11]，文王谟[12]！丕承者[13]，武王烈[14]！佑启我后人，咸以正无缺[15]。’

“世衰道微，邪说暴行有作[16]，臣弑其君者有之，子弑其父者有之。孔子惧，作《春秋》。《春秋》，天子之事也。是故孔子曰：‘知我者，其惟《春秋》乎！罪我者，其惟《春秋》乎！’

“圣王不作，诸侯放恣，处士横议[17]，杨朱、墨翟之言盈天下[18]。天下之言，不归杨则归墨。杨氏为我，是无君也；墨氏兼爱，是无父也。无父无君，是禽兽也。公明仪曰：‘庖有肥肉，厩有肥马，民有饥色，野有饿莩，此率兽而食人也！’杨墨之道不息，孔子之道不著，是邪说诬民[19]，充塞仁义也[20]。仁义充塞，则率兽食人，人将相食。吾为此惧，闲先圣之道[21]，距杨墨，放淫辞[22]，邪说者不得作。作于其心，害于其事；作于其事，害于其政。圣人复起，不易吾言矣。

邓秉元：“禹抑洪水而天下平，本天地生生之仁也；周公诛暴君、兼夷狄、驱猛兽，乃民贵君轻、用夏变夷之大义；孔子成《春秋》而乱臣贼子惧，欲以定君臣父子之礼耳。”(《孟子章句讲疏》)

“昔者禹抑洪水而天下平，周公兼夷狄[23]、驱猛兽而百姓宁，孔子成《春秋》而乱臣贼子惧。《诗》云[24]：‘戎狄是膺，荆舒是惩，则莫我敢承[25]。’无父无君，是周公所膺也。我亦欲正人心，息邪说，距诐行[26]，放淫辞，以承三圣者，岂好辩哉？予不得已也。能言距杨墨者，圣人之徒也。”

予非好口实之辩，欲承三圣，距杨墨，息邪说，为天下兴利除弊，不得已而辩。

[**注释**]

[1] 公都子：孟子弟子。公都子又见 8.30、11.5、11.6、11.15、13.43。 [2] 以上五句意为，人类社会诞生已经很久了，时而太平，时而动乱。当尧的时候，洪水横流，在中原泛

滥。氾：同“泛”。 [3] 营窟：掘地或垒土而成的住所。一说是相连的洞穴。 [4]《书》曰：引文不见于今本《尚书》，当为《尚书》逸篇。 [5] 洚（jiàng）水警余：大水警诫我们。洚水：洪水；大水泛滥。 [6] 菹（jù）：水草丛生的沼泽。 [7] 代作：更替而作。 [8] 伐奄：周公伐奄是周成王时事，非武王时事。奄：古国名，原附属商，其地在今山东曲阜附近。 [9] 驱飞廉于海隅而戮之：《史记·秦本纪》所记飞廉事与孟子所言有所不同，可参看。飞廉：商纣王的宠臣。 [10]《书》曰：以下各句见伪《古文尚书·君牙》。 [11] 丕显：犹“英明”。丕：大。 [12] 谟：谋略。 [13] 丕承：很好地继承。 [14] 烈：功业。 [15] 以上六句意为，多么英明啊，文王的谋略！后继有人啊，武王的功业！扶助、启迪我们后人，都正确完美没有缺陷。 [16] 有：通“又”。 [17] 处士：居家而隐居不仕的人。 [18] 杨朱：战国早期道家人物，魏国人，又称杨子、阳子或阳生。他主张“为我”“全性葆真”，不拔一毛以利天下。事迹见于《孟子》《庄子》《韩非子》《吕氏春秋》等，《列子》有《杨朱篇》，有学者认为不一定可靠。墨翟：墨家创始人，鲁国人，一说宋人，生活在孟子之前。提倡“兼爱”“非攻”，主张“天志”“明鬼”。 [19] 是：则。 [20] 以上四句意为，杨朱、墨翟的学说不破除，孔子的学说不发扬，那么荒谬的学说就会欺骗人民，堵塞仁义。充塞（sè）：堵塞。 [21] 闲：捍卫；保卫。 [22] 放：驱逐；排斥。 [23] 兼：兼并。 [24]《诗》云：以下三句引自《诗·鲁颂·閟宫》。 [25] 以上三句意为，打击戎狄，严惩荆舒，没有谁敢抗拒我。承：抵御。一说通“乘”，欺凌之意。 [26] 距诐行：反对偏颇的行为。诐（bì）行：邪行。

[点评]

本章论“距杨墨”，解释“予岂好辩”。孟子有“好辩”之名，从逻辑推论、语言技巧、判断能力、应变策略诸方面看，孟子都称得上是辩论高手。相信读过孟子书的人，都可以领略到孟子滔滔的辩才。不过孟子认为自己“好辩”，乃是不得已，是出于批判杨朱、墨翟错误思想的需要。并将自己“距杨墨”，与大禹平治洪水、周公兼并夷狄、孔子作《春秋》相提并论，看作是关涉历史发展的大事。

孟子为何如此看重对杨、墨的批判呢？这就涉及他的历史观。在孟子看来，人类历史的发展是“一治一乱”，每一次乱世出现时，都会有圣人挺身而出，兴利除弊，带领人民从乱世走向治世，大禹、周公、孔子正是这些圣人中的代表。孟子认为，自己的时代正是这样一种乱世，诸侯的暴虐无道、攻伐掠夺造成政治的混乱和无序，而杨朱、墨翟异端邪说的流行堵塞仁义、扰乱人心，给社会造成极大的危害。故孟子是抱着“五百年必有王者兴”（4.13）的信念，欲效法古代圣人，一方面在政治上倡王道、行仁政，另一方面在思想上则“距杨墨”“息邪说”。

从今天的眼光看，孟子斥杨、墨为异端，视其为社会动乱的根源，有不尽合情理之处，存在思想独断、不宽容的嫌疑。但从当时的情况看，儒家要为社会确立一种指导思想，就不得不对影响甚大且与自己存在尖锐分歧的杨、墨思想展开批判。杨朱属于道家，主张“贵生”“重己”“为我”，是一位个人主义者。杨朱讲“为我”，反对别人侵夺自己，也反对侵夺别人，反映了“明哲保身”、维护个人权益的思想，有其合理因素。但杨朱的“我”只有“小我”，而不是“大我”，只讲“全性葆真”，而不讲社会责任，从这种“我”无法发展出社会关系、人伦秩序，尤其使“君”的地位受到冲击，所以孟子说这是“无君”。墨翟是墨家的创始人，主张“兼爱”“非攻”，“摩顶放踵利天下为之”，是一位集体主义者。墨子讲“兼爱”，要求人们“兼相爱，交相利”，反映了下层民众团结互助的思想，有其积极意义。但墨子的“爱”是“无差等”之爱，爱没有亲疏远近之分。这样就泯灭了人与人之间的亲疏之别，将人父等同于己父，就等于没有己父，所以孟子说这是“无父”。儒家主张人应生活在社会中，一个人既否定了父子关系，又否定了君臣关系，故在孟子看来，就等于是“禽兽”了。

6.10 匡章曰[1]：“陈仲子岂不诚廉士哉[2]？居於陵[3]，三日不食，耳无闻，目无见也。井上有李，螬食实者过半矣[4]，匍匐往，将食之[5]，三咽，然后耳有闻、目有见。”

孟子曰：“于齐国之士，吾必以仲子为巨擘焉[6]。虽然，仲子恶能廉？充仲子之操，则蚓而后可者也[7]。夫蚓，上食槁壤，下饮黄泉。仲子所居之室，伯夷之所筑与[8]？抑亦盗跖之所筑与[9]？所食之粟，伯夷之所树与？抑亦盗跖之所树与？是未可知也。”

《淮南子·氾论训》：“陈仲子立节抗行，不入洿（注：污）君之朝，不食乱世之食，遂饿而死。”

曰：“是何伤哉？彼身织屦，妻辟𬙋[10]，以易之也。”

曰：“仲子，齐之世家也。兄戴，盖禄万钟[11]。以兄之禄为不义之禄而不食也，以兄之室为不义之室而不居也，辟兄离母，处于於陵。他日归，则有馈其兄生鹅者，己频顣曰[12]：‘恶用是鶃鶃者为哉[13]？’他日，其母杀是鹅也，与之食之。其兄自外至，曰：‘是鶃鶃之肉也。’出而哇之[14]。以母则不食，以妻则食之；以兄之室则弗居，以於陵则居之，是尚为能充其类也乎[15]？若仲子者，蚓而后充其操者也。”

范祖禹：“天之所生，地之所养，惟人为大。人之所以为大者，以其有人伦也。仲子避兄离母，无亲戚君臣上下，是无人伦也。岂有无人伦而可以为廉哉？”（《集注》引）

［注释］

[1] 匡章：齐国名将。曾在齐威王、宣王时为官。其言行见于《战国策·齐策》《燕策》和《吕氏春秋·不屈》《爱类》等。 [2] 陈仲子：齐国人，世称陈仲、田仲，又称於陵子仲，以“廉”名于世。 [3] 於（wū）陵：齐国地名，在今山东长山南。 [4] 螬（cáo）：即蛴螬，俗称“地蚕”“大蚕”，是金龟子的幼虫。 [5] 将：拿；取。 [6] 巨擘（bò）：大拇指。比喻杰出的人物。 [7] 以上三句意为，仲子又怎能称得上是廉洁呢？要推广仲子的操守，那只有变成蚯蚓才能做得到。充：扩充；推广。 [8] 伯夷：见《公孙丑上》3.2 注 [46]。这里以伯夷代表廉洁的人。 [9] 盗跖（zhí）：春秋时有名的大盗，柳下惠的兄弟。这里以盗跖代表恶人。 [10] 辟

纑（bì lú）：绩麻和练麻。绩麻（搓麻为线）为辟，练麻（把麻煮熟，使柔软洁白）为纑。　[11] 盖（gě）：齐国地名，是陈仲子哥哥陈戴的食邑。　[12] 己：指仲子。频颇（cù）：亦作“顰蹙”。皱眉。　[13] 鶃（yì）鶃：鹅鸣声。　[14] 哇：吐。　[15] 以上五句意为，母亲的东西便不吃，妻子的东西却吃；哥哥的房子便不住，於陵的房子却住，这种行为能够在人类中推广吗？

［点评］

本章论齐国廉士陈仲子，为孟子与齐国大将军匡章的对话。

陈仲子出身于战国齐国贵族世家，他视社会为浊世，视政治为污流，一味地标榜个人廉洁，较之伯夷、叔齐表现得更为愤世嫉俗。孟子虽推崇仲子为齐国的巨擘，但认为他的做法并不可取。人总是要生活在社会中，社会的不完美，需要人们去改造、完善，而不是逃避。孔子曾批评隐者“欲洁其身，而乱大伦”（《论语·微子》），这个评价同样适用于陈仲子。陈仲子为追求个人精神的纯洁，而逃避社会责任，其行为只能算是独善其身，而不能做到兼济天下。故孟子认为，陈仲子的操守不仅难以实现，也不值得提倡。关于匡章，又见 8.30。

离娄上

7.1　孟子曰："离娄之明[1]，公输子之巧[2]，不以规矩，不能成方圆；师旷之聪[3]，不以六律[4]，不能正五音[5]；尧舜之道，不以仁政，不能平治天下。今有仁心仁闻而民不被其泽[6]，不可法于后世者，不行先王之道也[7]。故曰，徒善不足以为政，徒法不能以自行。《诗》云[8]：'不愆不忘，率由旧章[9]。'遵先王之法而过者，未之有也。圣人既竭目力焉，继之以规矩准绳，以为方员平直[10]，不可胜用也；既竭耳力焉，继之以六律正五音，不可胜用也；既竭心思焉，继之以不忍人之政，而仁覆天下矣。故曰，为高必

仁心仁闻，善也；先王之道，法也。善、法合，然后天下治。

因丘陵，为下必因川泽；为政不因先王之道，可谓智乎？

仁者居高位，则法可行。

“是以惟仁者宜在高位。不仁而在高位，是播其恶于众也。上无道揆也[11]，下无法守也，朝不信道，工不信度，君子犯义，小人犯刑，国之所存者，幸也[12]。故曰，城郭不完[13]，兵甲不多，非国之灾也；田野不辟[14]，货财不聚，非国之害也。上无礼，下无学，贼民兴，丧无日矣。《诗》曰[15]：‘天之方蹶[16]，无然泄泄[17]。’泄泄犹沓沓也。事君无义，进退无礼，言则非先王之道者，犹沓沓也[18]。故曰，责难于君谓之恭，陈善闭邪谓之敬，吾君不能谓之贼[19]。”

上下无法，则国必亡。

［注释］

[1] 离娄：一名离朱，相传为黄帝时人，目力极强，能于百步之外望见秋毫之末。　[2] 公输子：即公输班（或作公输般、公输盘），春秋末年鲁国人，故又称鲁班，是古代著名的建筑工匠。　[3] 师旷：春秋时晋平公的乐师，为当时著名的音乐家。　[4] 六律：中国古代将音律分为阴吕、阳律两部分，各有六种音，六律即阳律六音，分别是太簇、姑洗、蕤宾、夷则、无射、黄钟。另有阴律六音叫六吕，分别是大吕、应钟、南吕、林钟、仲吕、夹钟，合称律吕或十二律。相传黄帝时乐师伶伦截竹为筒，以筒的长短区别声音的清浊高下，乐器之音以此为标准。

这里的六律代指十二律。 [5] 五音：中国古代音乐所定的五个音阶：宫、商、角、徵、羽。相当于简谱中的 1、2、3、5、6 五音。 [6] 闻：名声。 [7] 以上三句意为，假如君主有仁爱的心思和仁爱的名声，百姓却没有得到恩泽，也不足为后世所效法，这是因为没有实行先王的法度。 [8]《诗》云：以下两句引自《诗・大雅・假乐》。 [9] 以上两句意为，不偏差不遗忘，一切按照旧规章。愆（qiān）：过失。率：全部；都。由：遵从。 [10] 员：同“圆”。 [11] 道揆（kuí）：准则；法度。 [12] 以上几句意为，上面没有规矩可循，下面没有法度可守，朝廷不信道义，工匠不信尺度，君子违反理义，小人触犯刑律，国家如果还能生存下去，那只能是侥幸。 [13] 城郭不完：城墙不坚固。完：牢固。 [14] 田野不辟：农田没开垦。辟：开辟；开垦。 [15]《诗》曰：以下两句引自《诗・大雅・板》。 [16] 蹶（guì）：动。这里指扰乱。 [17] 以上两句意为，上天正在降灾祸，不要多嘴又多舌。泄（yì）泄：多嘴多舌。泄：通“呭”。一说弛缓、懈怠。 [18] 以上五句意为，多嘴多舌就是拖沓啰唆。侍奉国君不讲义，行动进退不合礼，开口便诋毁先王的制度，这就是拖沓啰唆。 [19] 以上三句意为，严格要求君主叫作恭，进善言、去邪念叫作敬，说什么“我们君主做不到”叫作贼。

［点评］

本章论治国当“善”“法”并重，尤强调“先王之道”的重要性。孟子认为，再高明的工匠，如果没有一个尺度、标准，也难以做出好的产品。同样，治理国家，即使有好的心愿，如果没有一套法律、制度，也难以达到好的效果。由此得出结论：“徒善不足以为政，徒法不能以自行。”强调要“善”“法”并重，二者不可偏废。孟子所说的“善”是指行善的“心思”，也就是不忍人之心，“法”是指法律制度。不过孟子强调，法应以“先王之法”为标准，而“先王之法”主要是关于“仁政”的法律措施和制度安排。孟子在本章使用了“先王之道”“先王之法”“尧舜之道”等概念，从字面上看，“先王之道”应比“先王之法”含义宽泛，它既可以指内在的“善”，也可以指外在的“法”，但在本章中，孟子似乎更多是在“先王之法”的意义上使用“先王之道”的。至于“尧舜之道”，则主要是指内在“善”（孟子也有用“尧舜之道”指外在制度的情况，见 12.10），而“尧舜之道，不以仁政”的“仁政”，则是指外在的制度安排。

本章第二部分，孟子提出“仁者宜在高位”，但又强调要有规矩法度，依然遵循“善”“法”并重的思想。最后则提出臣子辅佐君主“恭”“敬”“贼”的三种情况。本章的内容尤其是对于“善”“法”的理解，学者多有争论，故做详细点评。

7.2 孟子曰：“规矩，方员之至也；圣人，人伦之至也。欲为君，尽君道；欲为臣，尽臣道。二者皆法尧舜而已矣。不以舜之所以事尧事君，不敬其君者也；不以尧之所以治民治民，贼其民者也。孔子曰：‘道二[1]，仁与不仁而已矣。’暴其民甚[2]，则身弑国亡；不甚，则身危国削，名

不言“舜之事尧”，而言“舜之所以事尧”，法事君之道也。下“治民”同。事君、治民之道，仁也。

之曰'幽''厉'[3]，虽孝子慈孙，百世不能改也。《诗》云[4]：'殷鉴不远[5]，在夏后之世[6]。'此之谓也。"

朱熹："法尧舜，则尽君臣之道而仁矣；不法尧舜，则慢君贼民而不仁矣。二端之外，更无他道。出乎此，则入乎彼矣，可不谨哉？"（《集注》）

［注释］

[1] 道：这里的道是原则、方法的意思，不同于"朝闻道，夕死可也"的"道"。 [2] 暴：欺凌；凌辱。 [3] 以上五句意为，欺凌百姓太过分，就会身死国亡；不过分，也会身危国削，死后加上"幽""厉"的谥号。幽、厉：皆恶谥名。《逸周书·谥法解》说："动祭乱常曰幽，杀戮无辜曰厉。" [4]《诗》云：以下两句引自《诗·大雅·荡》。 [5] 鉴：铜镜。引申为借鉴。 [6] 以上两句意为，殷商的借鉴并不远，就在夏朝统治时。

［点评］

本章论仁与不仁，强调要效法尧舜。圣人是人伦的极致，为君、为臣、治民都要以尧舜为榜样。治理国家的方法有两种：仁与不仁。仁是尧舜的方法，不仁则是幽王、厉王的方法。

7.3　孟子曰："三代之得天下也以仁，其失天下也以不仁。国之所以废兴存亡者亦然。天子不仁，不保四海；诸侯不仁，不保社稷；卿大夫不仁，不保宗庙；士庶人不仁，不保四体[1]。今恶死亡而乐不仁，是犹恶醉而强酒[2]。"

仁得天下，不仁失天下。

［注释］

[1] 以上几句意为，天子不仁，不能保有天下；诸侯不仁，不能保住国家；卿大夫不仁，不能保住宗庙；士和百姓不仁，不能保全生命。四体：四肢。 [2] 以上两句意为，如果憎恶死亡而又乐意不仁，这就像害怕醉酒却又强迫自己喝酒一样。

［点评］

本章紧承上章，继续论仁与不仁。认为夏、商、周三代之得天下是由于仁，其失天下则是由于不仁。从天子到百姓，如不实行仁，就会失去天下、国家、土地，甚至连生命也难以保存。

反求诸己则身正，身正则天下归之。

7.4 孟子曰："爱人不亲，反其仁；治人不治，反其智；礼人不答，反其敬[1]。行有不得者，皆反求诸己。其身正，而天下归之。《诗》云[2]：'永言配命，自求多福[3]。'"

［注释］

[1] 以上六句意为，爱人却不能使人来亲近，就要反省自己的仁；管理人却没有管理好，就要反省自己的智；礼貌待人却得不到回应，就要反省自己的敬。 [2]《诗》云：以下两句引自《诗·大雅·文王》。 [3] 以上两句意为，永远配合天命，自己求来多福。

［点评］

本章论"反求诸己"。"反求诸己"是儒家一个十分重要的修养原则，孟子对此有很多论述，如“祸福无不自己求之者”（3.4），“不怨胜己者，反求诸己而已矣”（3.7），“君子必自反也”（8.28），“反身而诚”（13.4）等等。本章则提出，一切行为如果没有好的结果，都要反求诸己。

7.5　孟子曰：“人有恒言，皆曰‘天下国家’。天下之本在国，国之本在家，家之本在身。”

［点评］

本章论身、家、国、天下的递进关系，强调“身”在道德实践中的优先地位，是儒家的基本主张。上一章强调“反求诸己”，《大学》讲“自天子以至于庶民，壹是皆以修身为本”，都与这一认识有关。

7.6　孟子曰：“为政不难，不得罪于巨室[1]。巨室之所慕，一国慕之；一国之所慕，天下慕之。故沛然德教溢乎四海[2]。”

巨室慕仁，一国慕仁；一国慕仁，天下慕仁。

［注释］

[1] 巨室：有名望、势力的世家大族。　[2] 以上五句意为，世家大族所仰慕的，一国之人都会仰慕；一国之人所仰慕的，天下人都会仰慕。因此，（只要世家大族也向往仁，）德教就会汹涌澎湃，充溢于天下。

[点评]

本章论“不得罪于巨室”。孟子是理想主义者，也是现实主义者。孟子倡导王道、仁政，反对以力服人，是理想主义者；但在具体推行王道、仁政时，孟子也不乏现实的考虑。孟子主张“不得罪于巨室”，主要是因为孟子生活的时代，世家大族仍有很大的影响力，国君想要推行德教、仁政，就必须要借助他们的力量，得到他们的支持。如果这些“巨室”也能向往仁，天下的风气就会为之一变。

天下有道，以德役使。

天下无道，以力强迫。

王天下必以仁。

7.7　孟子曰：“天下有道，小德役大德，小贤役大贤；天下无道，小役大，弱役强[1]。斯二者，天也。顺天者存，逆天者亡。齐景公曰：‘既不能令，又不受命，是绝物也[2]。’涕出而女于吴[3]。今也小国师大国而耻受命焉，是犹弟子而耻受命于先师也。如耻之，莫若师文王。师文王，大国五年，小国七年，必为政于天下矣。《诗》云[4]：‘商之孙子，其丽不亿[5]。上帝既命，侯于周服[6]。侯服于周，天命靡常。殷士肤敏[7]，裸将于京[8]。’孔子曰：‘仁不可为众也[9]。夫国君好仁，天下无敌。’今也欲无敌于天下而不以仁，是犹执热而不以濯也[10]。《诗》云[11]：‘谁能执热，逝不以濯[12]？’”

[注释]

[1] 以上六句意为，天下有道，小德被大德役使，小贤被大贤役使；天下无道，小的被大的役使，弱的被强的役使。役：役于；被役。 [2] 以上三句意为，既然不能命令别人，如果又不愿听从别人的命令，那就是绝路一条。《说苑·权谋》：“（齐景）公曰：余有齐国之固，不能以令诸侯，又不能听，是生乱也。寡人闻之，不能令，则莫若从。”孟子所引，或是由此而来。 [3] 涕出而女于吴：据《说苑·权谋》，齐景公惧怕吴王阖庐伐齐，不得已把女儿嫁给阖庐。送别女儿时，哭着说：“余死不汝见矣。”女：动词。嫁女。 [4]《诗》云：以下八句引自《诗·大雅·文王》。 [5] 丽：数。亿：古代以十万为亿。 [6] 侯于周服：为“侯服于周”的倒文。侯：乃；于是。服：臣服。 [7] 肤敏：美丽而敏捷。肤：美。敏：疾速。 [8] 以上八句意为，商朝的子孙，人数何止十万。上帝既有命令，都向周室臣服。都向周室臣服，可见天命不常。殷朝臣子美而敏，前往周都来助祭。祼（guàn）将：为将祼的倒文。将：助。祼：宗庙祭祀的一种仪式，把郁鬯（chàng）酒浇在地上以迎接鬼神。 [9] 仁不可为众也：仁不在于人多。为众：犹言“以众”，谓以众寡计算。为：以。 [10] 执热：手拿热物。濯（zhuó）：用冷水冲洗。 [11]《诗》云：以下两句引自《诗·大雅·桑柔》。 [12] 以上两句意为，谁能手拿热物，而不先用冷水冲手？逝：发语词。

[点评]

本章论仁者无敌。天下有道，以德服人，故小德被大德役使，小贤被大贤役使；天下无道，以力服人，故小的被大的役使，弱的被强的役使。在天下无道的今天，小国如果不愿服从大国，就应效法文王，倡王道，行仁政，因为仁者无敌，仁者必能统一天下。

不仁者私欲固蔽、是非颠倒，人不可告以忠言，故卒至于败亡。

7.8 孟子曰："不仁者可与言哉？安其危而利其菑[1]，乐其所以亡者。不仁而可与言，则何亡国败家之有[2]？有孺子歌曰：'沧浪之水清兮[3]，可以濯我缨[4]；沧浪之水浊兮，可以濯我足。'孔子曰：'小子听之！清斯濯缨，浊斯濯足矣。自取之也[5]。'夫人必自侮，然后人侮之；家必自毁，而后人毁之；国必自伐[6]，而后人伐之。《太甲》曰[7]：'天作孽，犹可违；自作孽，不可活。'此之谓也。"

赵岐："人之安危，皆由于己，先自毁伐，人乃攻讨。"（《章句》）

［注释］

[1] 此句意为，把危险当作安全，把灾祸当作有利。菑：同"灾"。 [2] 以上两句意为，不仁的人如果可以与他讨论，哪还会有国破家亡的事呢？ [3] 沧浪：水名，汉水支流。一说指水的颜色。 [4] 缨：系帽子的丝带。 [5] 以上三句意为，水清人们就用来洗帽带，水浊人们就用来洗双脚。（别人如何对待你，）都是由你本身的状况决定的。斯：则。 [6] 自伐：自招讨伐。 [7]《太甲》曰一段：参见《公孙丑上》3.4 注 [11][12][13]。

［点评］

本章论“自作孽，不可活”，强调仁的重要性。个人、家庭、国家的失败是自己造成的，具体讲就是由于不仁造成的。一个人执意不仁，只能自取灭亡。

7.9 孟子曰：“桀、纣之失天下也，失其民也；失其民者，失其心也。得天下有道：得其民，斯得天下矣。得其民有道：得其心，斯得民矣。得其心有道：所欲与之聚之，所恶勿施尔也[1]。民之归仁也，犹水之就下、兽之走圹也[2]。故为渊驱鱼者，獭也；为丛驱爵者[3]，鹯也[4]；为汤、武驱民者，桀与纣也。今天下之君有好仁者，则诸侯皆为之驱矣。虽欲无王，不可得已。今之欲王者，犹七年之病求三年之艾也[5]，苟为不畜[6]，终身不得。苟不志于仁，终身忧辱，以陷于死亡。《诗》云[7]：‘其何能淑，载胥及溺[8]。’此之谓也。”

得民心者得天下。

顺民意者得民心。

［注释］

[1] 以上三句意为，赢得民心有办法，他们想要的，为他们积聚起来；他们厌恶的，不强加给他们罢了。尔：而已。 [2] 以上三句意为，人民归附仁，就像水往低处流、野兽向旷野跑。圹：

同“旷”。旷野。 [3] 爵：同“雀”。 [4] 以上四句意为，为深水赶来游鱼的是水獭，为树丛赶来鸟雀的是鹞鹰。鹯（zhān）：鹞鹰一类的猛禽。 [5] 艾：草药名，叶片晒干制成艾绒，可用于灸疗。存放时间越久，疗效越好。 [6] 畜：积蓄；积储。 [7]《诗》云：以下两句引自《诗·大雅·桑柔》。 [8] 以上两句意为，他们怎能做得好，只能一起溺入水。载：句首语助词，无义。胥：相互。溺：落水。

［点评］

本章论得民心者得天下。民“无恒产，因无恒心”（1.7），关注的是生活的基本需要，所以得民心首先要顺民意，“所欲与之聚之，所恶勿施尔也”。想要得民心，还要长期的努力和准备，就像久病之人要用陈年的艾草，如果平时没有储存，那就永远也得不到。

所谓民心与孟子在其他地方讲的本心、良心不同，它不是道德本心，而主要是一种经验心，但不是个体之心，而是民众心的集合，是民众物质利益、生活需求的总和。

7.10 孟子曰：“自暴者[1]，不可与有言也；自弃者，不可与有为也。言非礼义[2]，谓之自暴也；吾身不能居仁由义，谓之自弃也[3]。仁，人之安宅也；义，人之正路也。旷安宅而弗居[4]，舍正路而不由[5]，哀哉！”

赵岐：“旷仁舍义，自暴弃之道也。”（《章句》）

[注释]

[1] 暴：损害；糟蹋。 [2] 非：诋毁。 [3] 以上八句意为，糟蹋自己的人，同他没有什么好说的；放弃自己的人，同他没有什么好做的。言谈诋毁礼义，叫作糟蹋自己；自认为不能守仁行义，叫作放弃自己。 [4] 旷安宅而弗居：空着安稳的住宅不住。旷：空缺。 [5] 舍正路而不由：舍弃正确的道路不行。由：遵从。

[点评]

本章论居仁由义，批评自暴自弃。仁义是"我固有之"的内在善性，"求则得之，舍则失之"（11.6），行不行仁义、礼义完全取决于自己，认为自己做不到，便是十足的自暴自弃。仁，是人的"广居"；义，是人的"大道"（6.2），放着"安宅"不住，舍弃"正路"不行，只能让人感到悲哀。

7.11　孟子曰："道在迩而求诸远[1]，事在易而求诸难。人人亲其亲[2]、长其长，而天下平。"

赵岐："道在近而患人求之远也，事在易而患人求之难也，谓不亲其亲，不事其长，故其事远而难也。"（《章句》）

[注释]

[1] 道在迩而求诸远：道在身边却向远处寻找。迩：近。 [2] 亲其亲：前一个"亲"作动词，指亲爱，后一个"亲"作名词，指父母。下"长其长"与此相同。

[点评]

本章论仁道的特点。儒家的道是既高远又平凡，既高明又朴实，不过是要求人们从孝顺父母、尊敬长辈做起，进而扩展至天下而已。可是人们却往往不知这个道理，舍近求远。实际上道就在我们身边，“尧舜之道，孝弟而已矣”（12.2）。

《礼记·中庸》：“在下位不获乎上，民不可得而治矣。获乎上有道：不信乎朋友，不获乎上矣。信乎朋友有道：不顺乎亲，不信乎朋友矣。顺乎亲有道：反诸身不诚，不顺乎亲矣。诚身有道：不明乎善，不诚乎身矣。诚者，天之道也。诚之者，人之道也。诚者，不勉而中，不思而得，从容中道，圣人也。诚之者，择善而固执之者也。”

7.12 孟子曰：“居下位而不获于上，民不可得而治也。获于上有道，不信于友，弗获于上矣。信于友有道，事亲弗悦，弗信于友矣。悦亲有道，反身不诚，不悦于亲矣。诚身有道，不明乎善，不诚其身矣[1]。是故诚者，天之道也；思诚者，人之道也[2]。至诚而不动者，未之有也；不诚，未有能动者也[3]。”

[注释]

[1] 以上几句意为，身居下位而不能得到上级的信任，就不可能治理好百姓。得到上级的信任有方法，不能得到朋友的信任，就不能获得上级的信任。得到朋友的信任有办法，侍奉父母不能使父母高兴，就不能得到朋友的信任。让父母高兴有方法，自己不真诚，就不能使父母高兴。使自己真诚有方法，不明白什么是善，就不能使自己真诚。 [2] 以上四句又见《中庸》：“诚者，天之道也；诚之者，人之道也。”意为，所以，诚是天的原则，追求诚是人的原则。 [3] 以上四句意为，极端真诚而不能感动人，是从来没有的；不真诚，是绝对不能感动人的。

［点评］

本章讨论“诚”。“诚”是子思在《中庸》中提出的重要概念，本章与《中庸》第二十章中的一段文字基本相同，仅有个别字句略有差别，说明此段文字受到子思《中庸》的影响，或者就是直接抄自《中庸》的。不过在《中庸》中，诚是一个核心概念，而在《孟子》中，诚却不具有这样的地位，孟子主要使用的是仁（“仁，人心也”）这一概念。

本章提出“诚者，天之道也；思诚者，人之道也”，说明诚已不只是个伦理的概念，同时还是一个哲学的概念，诚成为宇宙的最高原则，成为“天之道”。由于“天之道”是诚，而人性由天所出——《中庸》“天命之谓性”，那么，人也就具有了诚。不过人虽然具有了内在的诚，但还需要将其表现出来，所以说“思诚者，人之道”。“思诚者”就是反省、反求内在的诚，《中庸》这句做“诚之者”，意思是一样的，都是指经过努力而使诚显现出来。那么，如何使自己达到诚呢？本章提出要“明乎善”，就是要学习、了解各种善言、善事、善行，由这些善来发明内在的诚，并提出一套由内而外的实践程序。这一程序可描述为：思诚→明乎善→诚身→悦于亲→信于友→获于上→治民。这一实践程序与孟子以身为本、反求诸己的思想是一致的。

7.13　孟子曰：“伯夷辟纣，居北海之滨[1]，闻文王作，兴曰[2]：‘盍归乎来[3]！吾闻西伯善

赵岐：“养老尊贤，国之上务，文王勤之，二老远至。父来子从，天之顺道。七年为政，以勉诸侯，欲使庶几于行善也。”（《章句》）

养老者[4]。’太公辟纣[5]，居东海之滨[6]，闻文王作，兴曰：‘盍归乎来！吾闻西伯善养老者。’二老者，天下之大老也，而归之，是天下之父归之也[7]。天下之父归之，其子焉往？诸侯有行文王之政者，七年之内，必为政于天下矣[8]。”

[注释]

[1] 北海之滨：指今濒临渤海的河北昌黎一带。 [2] 兴：起身；起来。 [3] 盍：副词。表示反诘。犹“何不”。归：归附。乎来：语气助词。用于句末，表疑问和感叹。 [4] 以上六句意为，伯夷躲避商纣，居住在北海之滨，听说文王兴起，起身说：“何不去归附呢！我听说西伯善于奉养老人。”西伯：即周文王。 [5] 太公：即姜太公。姜姓，吕氏，名尚，字子牙，号太公望。曾辅佐文王、武王灭商建立周朝。 [6] 东海之滨：指在今山东莒县东部一带。 [7] 以上四句意为，这两位老人，是天下最有声望的老人，他们归附了西伯，等于天下的父亲都归附了西伯。 [8] 以上三句意为，诸侯中如果有能行文王之政的，七年之内，必定能执掌天下。

[点评]

本章论得人心者得天下。厚待伯夷、姜太公这样的“大老”，得到他们的支持，便会影响天下人心所向，最终拥有天下。

7.14　孟子曰：“求也为季氏宰[1]，无能改于其德，而赋粟倍他日。孔子曰：‘求非我徒也，小子鸣鼓而攻之可也。’由此观之，君不行仁政而富之，皆弃于孔子者也，况于为之强战[2]？争地以战，杀人盈野；争城以战，杀人盈城。此所谓率土地而食人肉[3]，罪不容于死。故善战者服上刑[4]，连诸侯者次之[5]，辟草莱、任土地者次之[6]。”

（孔子）曰："百姓足，君孰与不足？百姓不足，君孰与足？"（《论语·颜渊》）

[注释]

[1] 求：冉求，孔子弟子。季氏：指季康子，鲁国卿。宰：卿大夫家的总管。 [2] 以上三句意为，君主不行仁政，却要帮着他致富的人，都是孔子所唾弃的，更何况为他卖命打仗呢？强战：努力作战。 [3] 率土地而食人肉：孟子有“率兽食人”的说法（6.9），率为率领，一说驱赶。“率土地”应是比喻的说法，好比率领土地吃人肉。 [4] 善战者：善于用兵的人，如孙膑、吴起等。上刑：重刑。 [5] 连诸侯者：使诸侯连者。指宣传合纵连横的人，如苏秦、张仪等。 [6] 以上三句意为，所以好战的人应受到最重的刑罚，唆使诸侯合纵连横的人罪减一等，开垦荒地、扰乱田制的人再次一等。辟：开垦。辟草莱、任土地者：指提倡开垦荒地、尽地力之教的法家人物，如李悝、商鞅等。其虽非亲自为战，但目的是为战争做准备，故再次之。

[点评]

本章记孟子对时政的批评。矛头直指攻城略地、杀人如麻的诸侯，宣扬“合纵连横”的纵横家，以及变乱田制、提倡耕战的法家人物。其核心是要求实行仁政，凡不实行仁政，而一味替统治者聚敛财富的人，都在孟子的批评之列。

赵岐：“目为神候，精之所在，存而察之，善恶不隐，知人之道，斯为审矣。”（《章句》）

7.15 孟子曰：“存乎人者[1]，莫良于眸子，眸子不能掩其恶[2]。胸中正，则眸子瞭焉[3]；胸中不正，则眸子眊焉[4]。听其言也，观其眸子，人焉廋哉[5]？”

[注释]

[1] 存：察。 [2] 以上三句意为，观察一个人，没有比观察他的眼睛更好的了。眼睛不能掩盖他心中的邪恶。 [3] 瞭（liǎo）：眼珠明亮。 [4] 以上四句意为，内心正直，眼睛就明亮；内心不正，眼睛就混浊。眊（mào）：眼睛混浊。 [5] 以上三句意为，听他的言论，观察他的眼睛，这个人的善恶哪里还能隐藏呢？廋（sōu）：隐藏。

[点评]

本章论“观其眸子”。孟子虽有大体（指心）、小体（指目、口、耳、鼻、身体五官）之说（见11.15），但并不将身、心分为两截，不将身、心看作是异质的，而是以心摄身，心身一如。故在孟子那里，心的活动可以在人的形体上显现征兆，使形体化为精神流贯的区域。所以，“大体”心的活动往往会在“小体”五官尤其是眼睛上反映出来，内心正直，眼神自然坦荡明亮；内心不正，眼神便会混浊不明。俗话说，眼睛是心灵的窗户，也是这个意思。

7.16 孟子曰："恭者不侮人，俭者不夺人[1]。侮夺人之君，惟恐不顺焉，恶得为恭俭？恭俭岂可以声音笑貌为哉[2]？"

诚于中，方可形于外。

[注释]

[1] 以上两句意为，恭敬的人不欺侮人，克制的人不掠夺人。俭：自制；克制。一说节俭。 [2] 以上四句意为，有些君主一味欺侮、掠夺人，唯恐别人不顺从自己，这样怎么能做到恭敬和克制呢？恭敬、克制难道可以靠声音、笑脸装出来吗？

[点评]

本章论恭、俭。孟子认为恭敬、克制的本质是对他人的尊重，实际也就是仁的体现。如果内心没有对他人的尊重，仅靠表面的伪装，是做不到恭敬、克制的。

7.17 淳于髡曰[1]："男女授受不亲[2]，礼与？"

孟子曰："礼也。"

曰："嫂溺，则援之以手乎[3]？"

曰："嫂溺不援，是豺狼也。男女授受不亲，礼也；嫂溺，援之以手者，权也[4]。"

柳宗元："经也者，常也。权也者，达经者也……经非权则泥，权非经则悖。"（《断刑论》）

曰："今天下溺矣，夫子之不援，何也？"

曰："天下溺，援之以道；嫂溺，援之以手。子欲手援天下乎[5]？"

[注释]

[1] 淳于髡（kūn）：姓淳于，名髡，齐国著名的辩士。曾于齐威王、齐宣王时游于齐国稷下。事迹见于《战国策·齐策》《史记·孟子荀卿列传》《史记·滑稽列传》等。 [2] 授受不亲：即"不亲授受"，不亲自传递东西。授：给。受：取。亲：亲自。 [3] 以上两句意为，如果嫂子掉到水里，能用手去救她吗？援：救助。 [4] 以上几句意为，嫂子掉到水里而不去援救，就是豺狼。男女之间不亲自传递东西，这是礼的规定；嫂子掉到水里去援救，这是权变。权：权变。 [5] 以上五句意为，天下掉进水里，用道去援救；嫂子掉到水里，用手去援救。你难道想用手去援救天下吗？

[点评]

本章论"男女授受不亲"，涉及经权关系。淳于髡是齐国著名的辩士，他身"长不满七尺"，生性"滑稽多辩"（《史记·滑稽列传》），"博闻强记，学无所主"（《史记·孟子荀卿列传》）。淳于髡与孟子都列于齐国的"稷下学宫"，二人较为熟悉。孟子不满齐宣王伐燕，欲辞职离开齐国时，淳于髡曾来挽留，二人有过辩论（见12.6）。这段对话可能也在此时不久。“这段辩难之辞，通常被认为是淳于髡对儒家之礼的责难，其实并非如此。淳于髡并没有否认‘男女授受不亲’为‘礼’，他所反对、批评的是把‘礼’变成脱离社会实际，而加以拘守不变的死规定。对比孟子讲到‘权’，回答得很好；髡不加反驳，说明他是同意的。在他看来，礼之大者，莫过于援天下之溺；孟子既然知礼，何不援天下之溺呢？孟子又回答得好：‘天下溺，援之以道。’他正是以道援天下的。这场辩论双方都得到启示。”（刘蔚华、苗润田《稷下学史》，中国广播电视出版社1992年版，第70页）

7.18 公孙丑曰：“君子之不教子，何也？”

孟子曰：“势不行也。教者必以正；以正不行，继之以怒。继之以怒，则反夷矣[1]。‘夫子教我以正，夫子未出于正也[2]。’则是父子相夷也。父子相夷，则恶矣。古者易子而教之，父子之间不责善。责善则离，离则不祥莫大焉[3]。”

王夫之：“责字重。君子未尝不迪子以善，但不责耳。责则有危言相惊，甚则加以夏楚。子之于父，亦极言而无婉词。”（《四书笺解》）

[注释]

[1] 以上五句意为，教育的人一定要讲正道，正道讲不通，就会发怒，一发怒就会伤了感情。夷：伤害。 [2] 以上两句意为，（儿子会说：）“您用正道教育我，自己却没有做到。”夫子：此指父亲。 [3] 以上四句意为，古时候人们相互交换儿子进行教育，

父子之间不求全责备。求全责备会使父子疏远，父子疏远，没有比这更不好的了。

［点评］

本章论“易子而教”。孟子从“父子之间不责善”出发，肯定“易子而教”的合理性，认为可以避免求全责备，伤害父子间的感情。所谓“责善”即相责以善的意思，主要指对父子一方偏离善的言行做出纠正，故“父子之间不责善”，既包括“子不责父善”的孝道问题，又涉及“父不责子善”的子女教育问题。从前一个问题来看，早期儒家学者往往主张对父母的过错要进行劝谏，但又要注意劝谏的方式。如孔子说：“事父母几谏，见志不从，又敬不违，劳而不怨。”（《论语·里仁》）曾子称：“父母之行，若中道则从，若不中道则谏。”（《大戴礼记·曾子事父母》）“君子之孝也，以正致谏。”（《大戴礼记·曾子本孝》）《孝经》也说：“父有争（注：通‘诤’）子，则身不陷于不义。故当不义，则子不可不争于父。”（《谏诤章》）荀子更是明确主张：“父有争（注：通‘诤’）子，不行无礼；士有争友，不为不义。”“从道不从君，从义不从父。”（《荀子·子道》）孟子的“子不责父善”，虽然不完全排除向父母进谏，而是包含有不求全责备的用意，但的确是弱化、偏离了早期儒学“以正致谏”的传统。我们在《孟子》一书中基本看不到关于谏诤的论述，正是这种情况的反映。就后一问题而言，“父不责子善”也只能从教育方式去理解，而不能否认父母对子女教育的义务和责任。所谓“古者易子而教之”恐怕也非常态，更多是孟子的假托，以表达其“父子之间不责善”的理念。

关于“父子之间不责善”，8.30 有讨论，主要涉及“子不责父善”，可参看。

7.19　孟子曰：“事，孰为大？事亲为大；守，孰为大？守身为大[1]。不失其身而能事其亲者，吾闻之矣；失其身而能事其亲者，吾未之闻也。孰不为事？事亲，事之本也；孰不为守？守身，守之本也。曾子养曾皙[2]，必有酒肉。将彻[3]，必请所与；问有余，必曰‘有[4]’。曾皙死，曾元养曾子[5]，必有酒肉。将彻，不请所与；问有余，曰‘亡矣’，将以复进也[6]。此所谓养口体者也。若曾子，则可谓养志也。事亲若曾子者，可也。”

“子曰：今之孝者，是谓能养。至于犬马，皆能有养；不敬，何以别乎！”（《论语·为政》）

［注释］

[1] 以上六句意为，侍奉，谁最重要？侍奉父母最为重要；守护，什么最重要？守护自身最重要。　[2] 曾子：即曾参，春秋时鲁国人，孔子弟子。曾皙，名点，曾子之父，同为孔子的弟子。　[3] 彻：撤除；撤去。　[4] 以上四句意为，撤除食物时，一定要请示将剩余的食物给谁；父亲问有没有剩余，一定说“有”。　[5] 曾元：曾参之子。　[6] 以上五句意为，撤除食物时，

不再请示将剩余的食物给谁；父亲问有没有剩余，回答说“没有”，准备留到下顿给父亲吃。

[点评]

本章论孝道，提出“守身”和“养志”的观念。儒家论孝，除“事亲”外还指“守身”，这在曾子及其弟子乐正子春的思想中表现得尤为明显。据《大戴礼记·曾子大孝》《礼记·祭义》及《吕氏春秋·孝行篇》记载，乐正子春下堂伤足，伤好之后，仍有忧郁之色，数月不出门，认为损伤了身体是对父母最大的不孝。《曾子大孝》称：“身者，亲之遗体也。行亲之遗体，敢不敬乎？”认为“父母全而生之，子全而归之，可谓孝矣；不亏其体，可谓全矣。故君子顷步之不敢忘也”。《孝经·开宗明义章》说：“身体发肤，受之父母，不敢毁伤，孝之始也。”据学者考证，《曾子大孝》《孝经》均与乐正子春一派有关，反映了他们的思想。乐正子春一派的“身”有生物学和伦理学两方面的含义。从生物学讲，他们认为“身”不仅仅是个人生命之形躯，同时还是父母之“遗体”，即父母遗留下的身体。所以我们的身体不仅是自己的，也是父母的，是父母生命在我们身体上的延续，故需要恭敬谨慎，毫发不敢损伤；从伦理学讲，他们也认为一个人如果不注意“守身”，不注意自己的行为，使自己陷于不义之中，便会使父母受累乃至受辱，这是极大的不孝。孟子将“事亲”和“守身”并举，认为“守身，守之本也”，可能与下面的 7.27、7.28 两章一样，都是受到乐正子春一派的影响，是孟子早期思想的反映（参见梁涛《郭店竹简与思孟学派》第八章第三节《仁与孝——思孟学派的一个诠释向度》，第468—508页）。

本章还以曾参、曾元为例，说明侍奉父母不能仅仅满足于“口体”之养，更重要的还在于“养志”，尊重父母的意志、意愿。曾参既满足父母的口腹，又尊重父母的意见，这是“养志”；曾元只满足父母的口腹，却不尊重父母的意见，甚至欺骗父母，这只能算是“养口腹”。故侍奉父母，应当以曾参为榜样。

7.20 孟子曰：“人不足与适也[1]，政不足与间也[2]。唯大人为能格君心之非[3]。君仁，莫不仁；君义，莫不义；君正，莫不正。一正君而国定矣。”

《荀子·大略》：“孟子三见宣王不言事。门人曰：‘曷为三遇齐王而不言事？’孟子曰：‘我先攻其邪心。’”

君心正则国定。

［注释］

[1] 人：指国君所任用之人。据赵岐注，指当时国君身边多为小人，对于他们不必过于苛责。与：给予。适：繁体字作“適”，同“谪”。谴责；指责。 [2] 间：非议。 [3] 以上三句意为，国君用人，不值得多加指责；施政也不值得加以非议，（最重要的是国君的心。）而只有德性完备的人才能纠正国君心中的不善。大人：有德有位之人。格：正。

［点评］

本章论“格君心之非”。孟子认为君心的好坏是政治成败的关键，只有德性完备的“大人”才能纠正国君思想的错误。孟子所说的“大人”是指德性完备、有较高的威望、与君主关系密切且得到君主信任的人，只有这些人能够影响国君，纠正国君的过错。孟子论政，既有讨论“政道”——国家的价值主体、权力的来源等内容，也有讨论“治道”——现实政治如何具体操作的内容，本章属于后者。

吕氏：“毁誉之言，未必皆实。修己者不可以是遽为忧喜，观人者不可以是轻为进退。”（《集注》引）

7.21　孟子曰：“有不虞之誉，有求全之毁[1]。”

［注释］

[1] 以上两句意为，有出乎意料的赞誉，也有过于苛求的诋毁。虞：预料。

［点评］

本章论毁誉。赞誉和诋毁不一定完全符合事实，需正确对待。

赵岐：“言出于身，驷不及舌，不惟（注：有）其责，则易之矣。”（《章句》）

7.22　孟子曰：“人之易其言也[1]，无责耳矣[2]。”

［注释］

[1] 易：轻易；轻率。　[2] 以上两句意为，一个人轻易发表言论，是没有责任心的缘故。

［点评］

本章论“慎言”。孔子讲“多闻阙疑，慎言其余，则寡尤”(《论语·为政》)，“君子欲讷于言而敏于行”(《论语·里仁》)。孔子反对轻言，是因为轻言容易导致过错，孟子则认为轻言是没有责任心的表现，对孔子是一个补充。

7.23 孟子曰：“人之患，在好为人师。”

王勉：“若好为人师，则自足而不复有进矣，此人之大患也。”(《集注》引)

［点评］

本章论“好为人师”。儒家重视学，主张以他人为师。若只好为人师，则自满而不复进取，此做人之大患也。

7.24 乐正子从于子敖之齐[1]。

乐正子见孟子。孟子曰：“子亦来见我乎？”

曰：“先生何为出此言也？”

曰：“子来几日矣？”

曰：“昔者。”

曰：“昔者，则我出此言也，不亦宜乎？”

曰：“舍馆未定[2]。”

曰：“子闻之也，舍馆定，然后求见长者乎？”

赵岐：“尊师重道，敬贤事长，人之大纲。乐正子好善，故孟子讥之，责贤者备也。”(《章句》)

曰："克有罪。"

[注释]

[1] 乐正子：孟子弟子乐正克。子敖：即齐国权臣王驩。参见《公孙丑下》4.6 注 [1]。 [2] 舍馆：住所；客舍。

[点评]

本章记孟子批评弟子乐正克。孟子的弟子乐正克随齐王的宠臣王驩来到齐国，这时孟子也在齐国，乐正克不是马上来拜谒孟子，而是过了一天才来，故孟子批评他不重师道。孟子特立独行，蔑视权贵，对善于逢迎的小人更是不屑一顾。王驩本是盖地大夫，地位并不高，但因阿谀逢迎，得到齐王的宠信，成为齐国炙手可热的人物。滕文公去世时，齐王派孟子为正使、王驩为副使去滕国吊唁，王驩却独断专行，事事自作主张，使孟子十分不快（见 4.6）。后王驩升为右师，更加自以为是，在齐国大夫公行子儿子的葬礼上，人们争着上前与王驩交谈，唯独孟子对其不理不睬，两人又发生争执（见 8.27）。乐正克与这样的人为伍，难怪孟子对他要提出批评了。

7.25 孟子谓乐正子曰："子之从于子敖来，徒餔啜也[1]。我不意子学古之道，而以餔啜也[2]。"

责乐正子忘为学之旨。

［注释］

[1] 馎啜（bū chuò）：吃喝。 [2] 以上三句意为，你这次跟随王驩来，只是为了吃喝。我没有想到你学习古人的道理，竟然是为了吃喝。

［点评］

本章紧承上一章，批评乐正克与王驩一起吃吃喝喝，违背了“古之道”。

7.26 孟子曰：“不孝有三，无后为大[1]。舜不告而娶[2]，为无后也，君子以为犹告也[3]。”

赵岐：“阿意曲从，陷亲不义，一不孝也。家穷亲老，不为禄仕，二不孝也。不娶无子，绝先祖祀，三不孝也。三者之中，无后为大。”（《章句》）

［注释］

[1] 以上两句意为，不孝的事有三种，以没有后代为最严重。 [2] 不告而娶：指舜不告父母而娶妻。详见《万章上》9.2。 [3] 以上三句意为，舜没有禀告父母就娶妻，是因为担心没有后代，所以君子认为如同禀告了一样。

［点评］

本章论“舜不告而娶”，涉及经权关系。传说舜娶尧的两个女儿时，没有向父母禀告。因为若禀告，就无法娶妻生子，这样就会“无后”，成为最大的“不孝”。故孟子认为，舜的做法是合理的，因为他用灵活的权变保全了孝道。关于舜“不告而娶”，《万章》篇有专门讨论，可参看（见 9.2）。

仁、义、智、礼、乐，其实皆事亲、从兄也。

7.27 孟子曰：“仁之实，事亲是也；义之实，从兄是也；智之实，知斯二者弗去是也[1]；礼之实，节文斯二者是也[2]；乐之实，乐斯二者，乐则生矣[3]。生则恶可已也，恶可已，则不知足之蹈之、手之舞之[4]。”

[注释]

[1] 以上六句意为，仁的实质，是侍奉父母；义的实质，是顺从兄长；智的实质，是明白这二者的道理而执着地坚持下去。二者：指“仁之实”与“义之实”。 [2] 以上两句意为，礼的实质，就是调节、修饰这二者。 [3] 以上三句意为，乐的实质，就是对这二者感到快乐，快乐由此而生。前一个“乐”读 yuè，指音乐。后两个“乐”读 lè，感到快乐。 [4] 以上三句意为，快乐一产生就不可遏止了。快乐不可遏止，就会情不自禁地手舞足蹈起来。

[点评]

本章论仁、义、礼、智、乐的内容及其相互关系。值得注意的是，孟子将仁、义的实质分别看作是孝与悌，并认为智、礼、乐三者是围绕着孝、悌而展开的。与别处“恻隐之心，仁也”“羞恶之心，义也”（11.6）以及“仁者，人心也”（11.11）的主张不同，这或许是语境的差别，或许是孟子前后思想发展的反映。有学者指出，儒学内部存在“重仁派”与“重孝派”的差别，孟子曾受到“重孝派”的影响，后来又回到“重仁派”。本章几节论孝的文字，可能是孟子受“重孝派”影响时的言论（参见上引梁涛《郭店竹简与思孟学派》第八章第三节《仁与孝——思孟学派的一个诠释向度》）。

7·28 孟子曰：“天下大悦而将归己，视天下悦而归己，犹草芥也，惟舜为然[1]。不得乎亲，不可以为人；不顺乎亲，不可以为子。舜尽事亲之道而瞽瞍厎豫[2]，瞽瞍厎豫而天下化，瞽瞍厎豫而天下之为父子者定[3]。此之谓大孝。”

《大学》：“身修而后家齐，家齐而后国治，国治而后天下平。”

［注释］

[1] 以上四句意为，天下人都十分高兴，要来归附自己；把天下人高兴并归附自己，看得像草芥一样的，只有舜能够做到。 [2] 瞽瞍（gǔ sǒu）：舜的父亲，性情愚顽，多次想谋杀舜。其事可参《万章上》9.2、9.4。厎（zhǐ）豫：得以快乐。厎：致。豫：快乐。 [3] 以上三句意为，舜尽心竭力侍奉父母，终于使瞽瞍变得高兴了；瞽瞍一高兴，天下的人都受到感化；瞽瞍一高兴，天下做父子的就有了榜样。

［点评］

本章论舜之孝。孟子说孝，常以舜为榜样。舜把孝顺父母、使父母开心看得比平治天下更重要。虽然父亲瞽瞍多次想谋害自己，但舜仍尽心竭力地侍奉父母，最终感动了瞽瞍，为天下人树立了榜样。这就是以孝化民成俗的作用，也就是以孝治天下。

离娄下

8.1　孟子曰："舜生于诸冯，迁于负夏，卒于鸣条[1]，东夷之人也。文王生于岐周[2]，卒于毕郢[3]，西夷之人也。地之相去也，千有余里，世之相后也，千有余岁，得志行乎中国，若合符节[4]。先圣后圣，其揆一也[5]。"

陆九渊："东海有圣人出焉，此心同也，此理同也。西海有圣人出焉，此心同也，此理同也。南海、北海有圣人出焉，此心同也，此理同也。千百世之上有圣人出焉，此心同也，此理同也；千百世之下有圣人出焉，此心同也，此理同也。"（《陆九渊集·谥议·象山先生行状》）

［注释］

[1] 诸冯、负夏、鸣条：皆古地名，地点不详。 [2] 岐周：岐山下周代的旧邑。地在今陕西岐山县境，因周建国于此，故称。 [3] 毕郢：在今陕西咸阳东部。 [4] 以上两句意为，他们得志时在中国的所作所为，几乎一模一样。符节：古代朝廷用作凭证的信物，用金、玉、竹、铜、木等制成，上刻文字，分为两半，使用时以两半相合为验。 [5] 以上两句意为，古代

的圣人与后代的圣人，他们的法则是一样的。揆（kuí）：尺度；准则。

［点评］

本章论“先圣后圣，其揆一也”。圣人虽有地域、时代的不同，但他们的行为处事原则却是一致的。这个原则就是仁义，其举措则是仁政、王道。

治国以仁政，不以小惠。

8.2 子产听郑国之政[1]，以其乘舆济人于溱洧[2]。孟子曰：“惠而不知为政。岁十一月，徒杠成[3]；十二月，舆梁成[4]，民未病涉也[5]。君子平其政，行辟人可也[6]，焉得人人而济之？故为政者，每人而悦之，日亦不足矣。”

［注释］

[1] 子产：春秋时郑国的贤相，姓公孙，名侨，字子产。颇得孔子赞许。 [2] 以上两句意为，子产主持郑国的政治，用自己的车子帮人渡过溱水和洧水。溱洧（zhēn wěi）：郑国的两条河流。 [3] 徒杠：供人徒步行走的独木桥。 [4] 舆梁：能通车马的大桥。 [5] 以上五句意为，要是十一月修成行人的小桥，十二月修成行车的大桥，百姓就不会为渡河发愁了。 [6] 以上两句意为，做官的如果处理好政治，外出时让路人回避也是可以的。行辟人：即行使人辟。辟：同“避”。

[点评]

本章论为政的根本。子产与其用车帮人渡河，不如修建桥梁。同理，为政与其施小恩小惠，不如抓住根本，实行仁政。

8.3 孟子告齐宣王曰：“君之视臣如手足，则臣视君如腹心；君之视臣如犬马，则臣视君如国人；君之视臣如土芥，则臣视君如寇仇[1]。”

王曰：“礼，为旧君有服[2]。何如斯可为服矣[3]？”

曰：“谏行言听，膏泽下于民；有故而去，则君使人导之出疆，又先于其所往[4]；去三年不反，然后收其田里。此之谓三有礼焉。如此，则为之服矣。今也为臣，谏则不行，言则不听，膏泽不下于民；有故而去，则君搏执之，又极之于其所往[5]；去之日，遂收其田里。此之谓寇仇。寇仇，何服之有？”

《礼记·檀弓下》：“穆公问于子思曰：‘为旧君反服，古与？’子思曰：‘古之君子，进人以礼，退人以礼，故有旧君反服之礼也。今之君子，进人若将加诸膝，退人若将队（注：坠）诸渊，毋为戎首（注：军队首领，指带兵讨伐），不亦善乎！又何反服之礼之有？’”

[注释]

[1] 以上六句意为，君主看待臣下如同手足，臣下看待君主就会如同腹心；君主看待臣下如同狗马，臣下看待君主就会如同路人；君主看待臣下如同泥土、草芥，臣下看待君主就会如同强

盗、仇敌。　[2]旧君：过去曾侍奉过的君主。服：服丧。　[3]以上三句意为，礼制规定，离职的臣子要为过去的君主服丧。君主怎样做，臣子就能为他服丧呢？　[4]以上五句意为，臣子的劝谏能听从，建议能采纳，使君主的恩泽降到百姓身上；臣子因故离去，君主派人护送他出境，并派人到他要去的地方做介绍推荐。先：当读为"诜（shēn）"，致言。先于其所往，谓致言于臣所往之国，犹今之介绍推荐。　[5]以上三句意为，因故离去，君主就要捉拿他，还设法使他在要去的地方陷入困境。极之：使动用法，使之极。极：困穷。

［点评］

本章论君臣之道。孔子讲："君使臣以礼，臣事君以忠。"（《论语·八佾》）要求君在使用臣的时候要符合礼。但君若不符合礼，臣应该怎么办却没有讨论。孟子则明确提出，如果君不尊重臣，臣就可以敌视君，完全不必为其盲目效忠。与孔子一样，孟子也不主张臣对君的绝对服从，而持一种相对的君臣观，而且态度更为激烈。

面对孟子的陈言，齐宣王提出臣下为君上服丧的问题，孟子答以"三有礼"，并批评了当时君主对臣下的态度。从内容上看，本章应是孟子第二次离开齐国时与宣王的对话。

8.4　孟子曰："无罪而杀士，则大夫可以去；无罪而戮民，则士可以徙。"

[点评]

本章论进退出处之道。君主若残杀无辜，臣子就应该马上离去，以避免可能的危险。

8.5 孟子曰："君仁，莫不仁；君义，莫不义。"

张氏："此章重出，然上篇主言人臣当以正君为急，此章直戒人君，义亦小异耳。"（《集注》引）

[点评]

本章申述"上行下效"，内容又见《离娄上》7.20。

8.6 孟子曰："非礼之礼，非义之义，大人弗为。"

[点评]

"非礼之礼"是指虽具有礼的形式，却不符合礼的精神的礼。"非义之义"也是这个意思。德性完备的人注重的是礼的精神实质，而不是表面形式。

8.7 孟子曰："中也养不中[1]，才也养不才，故人乐有贤父兄也[2]。如中也弃不中，才也弃不才，则贤不肖之相去，其间不能以寸[3]。"

[注释]

[1] 中：适中，无过不及。此指言行适中之人。养：熏陶培

养。[2] 以上三句意为，言行适中的人熏陶言行偏差的人，才能卓越的人教导才能低劣的人，所以人们都乐于有贤能的父兄。[3] 以上四句意为，如果言行适中的人鄙弃言行偏差的人，才能卓越的人抛弃才能低劣的人，那么贤能和不肖者之间的差距，就近得不能用寸来衡量了。不能以寸：即“不能以寸量”，省略了“量”字，喻十分接近。

[点评]

本章论“中也养不中”。有德帮无德，有才助无才，社会才能共同进步；若有德、有才之人只顾自己，忽略了社会责任，也就离无德、无才不远了。孟子设教，“往者不追，来者不拒”(14.30)，正体现了“养不中”“养不才”的精神。

程子：“有不为，知所择也。惟能有不为，是以可以有为。无所不为者，安能有所为邪？”(《集注》引)

8.8 孟子曰：“人有不为也，而后可以有为。”

[点评]

本章论“不为”而“有为”。此句近于老子的“无为而无不为”，而又有所区别。老子的“无为而无不为”，是说圣人不妄为，不有意而为，对万物不操纵，不控制，而是“辅万物之自然”，辅助万物正常自然地发展，使得万物兴盛，百姓自在，这样就达到“无不为”的效果。孟子则强调人生贵在取舍，一个人不能什么都干，什么都干可能什么都干不成。

8.9 孟子曰："言人之不善，当如后患何[1]？"

［注释］

[1] 以上两句意为，谈论别人的不是，招来后患怎么办？

［点评］

本章批评"言人之不善"。孔子讲，君子要成人之美，而不要成人之恶，小人正好相反（见《论语·颜渊》）。孟子认为，道德高尚的人应多看别人的长处，不要议论别人的不是，若要引起不必要的矛盾，那就更不好了。

8.10 孟子曰："仲尼不为已甚者[1]。"

"子曰：中庸之为德也，其至矣乎！民鲜久矣。"（《论语·雍也》）

［注释］

[1] 不为已甚者：没有过分的言行。

［点评］

本章赞美孔子一生坚守中道，"无过不及"，言行恰到好处。这是修养很高的境界，也是人生不断追求的目标。

8.11 孟子曰："大人者，言不必信，行不必果，惟义所在[1]。"

赵岐："大人之行，行其重者，不信不果，所求合义也。"（《章句》）

[注释]

[1] 以上四句意为，德性完备的人，说话不拘泥守信，做事不预期结果，一切以义为标准。

[点评]

本章论言、行与义的关系，主张“惟义所在”。孔子将“言必信，行必果”看作最次一等“士”的做人原则，称这种人为“硁硁然，小人哉”(《论语·子路》)。可见在孔子的眼里，“言必信，行必果”并不特别值得称赞。这是因为任何事情都不能绝对化，若一味想赢得信用的美名，不论是非好坏，一律坚守不变，有时反而会产生相反的效果。故孟子强调要“惟义所在”。“义”就是“宜”，要做到适宜，就要根据环境做出正确的选择。因为我们所处的环境总是在发展变化中，这就要求有通权达变的能力，否则言行都会陷入困境。

朱熹：“大人之心，通达万变；赤子之心，则纯一无伪而已。然大人之所以为大人，正以其不为物诱，而有以全其纯一无伪之本然。是以扩而充之，则无所不知，无所不能，而极其大也。”(《集注》)

8.12 孟子曰：“大人者，不失其赤子之心者也。”

[点评]

本章论“赤子之心”。孟子讲良心（11.8），重良知、良能（13.15）。某种意义上，孟子所谓的“大人”，就是良心得到充分扩充、发展、实现的人。本章孟子则提出，“大人”要不失其赤子之心，也就是不丧失掉纯朴、自然的天性。良心是就德性意识而言，赤子之心则是就自然天性而言，只有做到二者的统一，才能真正称为德性完备的“大人”。

8.13　孟子曰：“养生者不足以当大事，惟送死可以当大事。”

［点评］

本章论“养生”与“送死”。所谓“大事”不是就重要性而言，不是说为父母送终比奉养父母更重要，而是说对孝子而言，“养生”乃人道之常，而“送死”是重大变故，需认真对待，不可留下些许遗憾。

8.14　孟子曰：“君子深造之以道[1]，欲其自得之也[2]。自得之，则居之安[3]；居之安，则资之深[4]；资之深，则取之左右逢其原[5]，故君子欲其自得之也。”

赵岐：“欲使己得其原本，如性自有之然也。”（《章句》）

［注释］

[1] 造：达致；达到。之：代词。指学业等达到的程度或境界，但已虚化，可以不译出。下句“欲其自得之”的“之”同。道：指方法。　[2] 以上两句意为，君子用正确的方法深深地达到一定境界，想要能够做到自得。　[3] 居：据守；保存。　[4] 资：积蓄的意思。　[5] 以上六句意为，做到自得，就能保存得安稳；保存得安稳，就能积蓄得深厚；积蓄得深厚，就能取之不尽，左右

逢源。原：同“源”。

［点评］

本章论“深造自得”，是孟子的为学心得。要做到“深造自得”，首先要有正确的方法，同时要用力持久，积蓄深厚，一旦豁然贯通，便会左右逢源，取之不尽，用之不竭，这样就做到了自得。孟子还有一个形象的比喻，“掘井九轫而不及泉，犹为弃井也”（13.29）。后又发展出“能自凿井及泉而汲之，不可胜用矣”（《元史·尚野传》）的说法，都是说明“深造自得”。这个方法既体现在道德修养上，如本心、良心的发现，也适用于学习的各个领域。

焦循：“博、详与约相反，惟博且详，反能解得其约；舍博且详而言约，何以能解？”（《正义》）

8.15 孟子曰：“博学而详说之[1]，将以反说约也[2]。”

［注释］

[1] 详说：详细地解说。 [2] 以上两句意为，广博地学习，详细地解说，目的是达到简明扼要。反说约：即反约。“说”字系涉上句衍。

［点评］

本章论“博”“约”的关系。孟子认为，博是广泛地学习、了解，约则是在广泛学习的基础上融会贯通，抓住要点。博是为了约，只有达到约的境界，博才能真正发挥作用。否则，博只是无系统的大杂烩而已。

8.16 孟子曰："以善服人者，未有能服人者也；以善养人，然后能服天下[1]。天下不心服而王者，未之有也。"

有恒产方可有恒心，民有恒心则心服。

［注释］

[1] 以上四句意为，用善来使人服从，并不能使人服从；用善来养育人，才能使天下人服从。

［点评］

本章论"以善养人"。善不是说教，而必须能带来实际利益，这样才能使人心服。天下人心服，才能称王天下。本章是对"以力服人者，非心服也，力不赡也；以德服人者，中心悦而诚服也，如七十子之服孔子也"（3.3）的补充，可参看。

8.17 孟子曰："言无实不祥[1]。不祥之实，蔽贤者当之[2]。"

［注释］

[1] 言：从下文"蔽贤者"一句看，应是推荐贤才之言。无实：没有内容。 [2] 以上三句意为，推荐贤才没有说到点子上是不好的。这种不好的后果，要由那些埋没了贤才的人承担。

［点评］

言语造成的困扰很多，本章应是讲推荐贤才不能反映实际情况，会造成不良后果。

8.18　徐子曰[1]："仲尼亟称于水[2]，曰：'水哉，水哉！'何取于水也？"

孟子曰："源泉混混[3]，不舍昼夜，盈科而后进[4]，放乎四海。有本者如是，是之取尔[5]。苟为无本，七八月之间雨集，沟浍皆盈[6]；其涸也，可立而待也[7]。故声闻过情[8]，君子耻之。"

朱熹："半亩方塘一鉴开，天光云影共徘徊。问渠那得清如许？为有源头活水来。"（《观书有感》）

［注释］

[1] 徐子：孟子弟子徐辟。　[2] 亟：屡次。　[3] 混混：通"滚滚"。　[4] 科：坑。　[5] 以上六句意为，有源头的泉水滚滚涌出，日夜不停，注满坑洼继续向前，一直流向大海。有本源的事物都是这样，孔子取的就是这一点。　[6] 浍（kuài）：田间水道。　[7] 以上五句意为，如果没有本源，像七八月间的雨水很集中，大小沟渠都积满了水，但不到一会儿，就会枯竭。　[8] 声闻：声誉。过情：超过了实际。情：实。

［点评］

本章论"源泉混混"。孔子十分重视水，常借水的意象表达对生命的感悟。如"子在川上曰：逝者如斯夫！不舍昼夜"（《论语・子罕》），这是借河水的奔流不息，感叹时间之流逝，时不我待。水的意象当然不限于此，本章孟子借孔子的话揭示了水的另一个意象，即一切事物要有本源，才不致枯竭，故君子当重视根本、本源，而不应在意外在的名声。名声超过了实际，是君子不齿的。

8.19 孟子曰："人之所以异于禽兽者几希[1]，庶民去之，君子存之。舜明于庶物，察于人伦，由仁义行，非行仁义也[2]。"

赵岐："仁义生于内，由其中而行，非强力行仁义也。"（《章句》）

朱熹："由仁义行，非行仁义，则仁义已根于心，而所行皆从此出。非以仁义为美，而后勉强行之，所谓安而行之也。"（《集注》）

[注释]

[1]几希：很少；一点点。几：微。希：少。 [2]以上四句意为，舜明察事物，洞察人伦，顺着仁义而行，而不是照着仁义去做。

[点评]

本章论人禽之辨。在孟子看来，人与禽兽的差别不是很大，只有那么一点点，这一点点就是善端，是仁义。人类社会之所以会有圣贤、常人、小人的差别，就在于一个人是保有还是丢弃了善端、仁义。后一段，孟子提出"由仁义行"与"行仁义"，非常重要。"由仁义行"是仁义由内而外自觉地呈现、流露，而"行仁义"是将仁义看作外在的对象而去实行它。前者自主自觉，后者勉力人为；前者仁义内在，后者仁义外在。前者高于后者，故孟子认为舜是"由仁义行，非行仁义也"。

焦循："凡三王之事，皆各有合；至周公相成王，成文、武之德，其时又异于禹、汤、文王之时，则所以合不合者，非思莫得也。"（《正义》）

8.20　孟子曰："禹恶旨酒，而好善言[1]。汤执中，立贤无方[2]。文王视民如伤，望道而未之见[3]。武王不泄迩[4]，不忘远。周公思兼三王[5]，以施四事[6]，其有不合者，仰而思之，夜以继日，幸而得之，坐以待旦[7]。"

［**注释**］

[1] 旨酒：美酒。旨：美味。　[2] 以上两句意为，汤持守中道，起用贤人没有常规。方：常规；常法。　[3] 以上两句意为，文王看待百姓如同他们受了伤，已接近道却好像还没有看到一样。而：犹"若"。好像。　[4] 泄迩：轻慢身边的人。泄：狎。迩：近。　[5] 三王：夏、商、周三代之王。　[6] 四事：指禹、汤、文王、武王所行之事。　[7] 以上五句意为，如果有不合适的地方，就抬头思考，夜以继日，有幸想通了，就坐着等待天亮（立即去实行）。

［**点评**］

本章称赞夏禹、商汤、文王和武王三代圣君的美德，而肯定周公集大成。

尹焞："言孔子作《春秋》，亦以史之文载当时之事也，而其义则定天下之邪正，为百王之大法。"（《集注》引）

8.21　孟子曰："王者之迹熄而《诗》亡[1]，《诗》亡然后《春秋》作[2]。晋之《乘》[3]，楚之《梼杌》[4]，鲁之《春秋》，一也。其事则齐桓、晋文，其文则史[5]。孔子曰:‘其义则丘窃取之矣[6]。’”

[注释]

[1] 迹:当为“迒”之误,说详朱骏声《说文通训定声》。《说文解字》:“迒,古之遒人,以木铎记诗言。”《尚书·胤征》:“每岁孟春,遒人以木铎徇于路。”《左传·襄公十四年》:“故《夏书》曰:‘遒人以木铎徇于路。’”杜预注:“遒人,行人之官也……徇于路,求歌谣之言。” [2] 以上两句意为,天子采集歌谣的制度废止后,《诗》就告终了。《诗》告终后,《春秋》一类的史书便出现了。《春秋》:共有三意:一、西周末期至东周各诸侯国编年体史书的通称,如《墨子·明鬼》称“吾见百国《春秋》”。因其为编年体,“以二始(注:指春和秋)举四时,记万事之名”,故称春秋。二、特指鲁国的国史。如下文“鲁之《春秋》”。三、孔子根据鲁国的国史加以整理删定,被后世称为“经”的《春秋》。这里用作第一意。 [3]《乘》:晋国史书。 [4]《梼杌(táo wù)》:楚国史书。 [5] 以上两句意为,它们记载的事迹是关于齐桓公、晋文公的,记载的文字则是历史。史:历史。 [6] 此句意为,《春秋》褒贬善恶的大义,则是我私下从《诗》中借来的。据记载,孔子晚年编订《春秋》,在记述历史的同时,还寓褒贬于文辞之中,形成所谓的“微言大义”,如吴楚之君自称王,“而《春秋》贬之曰‘子’”,践土之会是晋文公召周天子,“而《春秋》讳之曰‘天王狩于河阳’”。“《春秋》之义行,则天下乱臣贼子惧焉”(《史记·孔子世家》)。孟子认为,孔子加《春秋》以大义,是对古代采诗制度的自觉继承,是以庶人之身行天子之事,故称“窃取之也”。

[点评]

本章论孔子作《春秋》。孟子曾将孔子作《春秋》，与大禹抑洪水，周公兼夷狄、驱猛兽相提并论（见 6.9），看作是文明史上的大事。大禹、周公乃古之圣王，诗教乃其王道政治之具体举措。据记载，古代设有采诗的专官，叫作“遒人”或“行人”。每岁孟春，他们摇动木铎，将古代圣王谟训宣布到全国各地。同时采集民间诗歌，献之朝廷，“王者所以观风俗，知得失，自考正也”（《汉书·艺文志》）。然而降至东周，王道衰微，诸侯骄纵，“王者之迹熄而《诗》亡”，“诗亡”并非说《诗》三百散亡，而是说采诗制度被破坏，实际指礼崩乐坏、王道政治终结。自此以后，政治中心由天子降至诸侯，记载齐桓、晋文霸业的史书纷纷出现，此即“《春秋》作”也。然而在孟子看来，诸侯所修之《春秋》并不具有合理性，不能反映人间的公正、正义，因为修史不只是对历史事实的简单记录，还包括对历史的评价和批判。根据王道理想，只有有德的天子才有资格撰修《春秋》，才有资格对诸侯的“邪说暴行”做出评判——此所谓“《春秋》，天子之事也”。然而东周以降，周天子衰微不振，已不能担此大任，故孔子以布衣之身，行天子之权，对鲁《春秋》进行重新编订，将“春秋大义”灌注其中，通过隐约的笔法对历史事件、人物进行褒贬，致使“乱臣贼子惧”。这样，《春秋》便不再是一部普通的《史书》，而是体现王道政治理想的“大法”，孔子作《春秋》也可以与大禹、周公的功业并列了。

8.22 孟子曰："君子之泽，五世而斩[1]；小人之泽，五世而斩[2]。予未得为孔子徒也，予私淑诸人也[3]。"

朱熹："此又承上三章，历叙舜、禹，至于周、孔，而以是终之。其辞虽谦，然其所以自任之重，亦有不得而辞者矣。"(《集注》)

［注释］

[1] 泽：影响。五世：一百五十年。世：三十年。斩：断绝。 [2] 以上四句意为，君子的影响过了五代就断绝了，小人的影响过了五代也断绝了。 [3] 以上两句意为，我没能成为孔子的学生，我是私下从别人那里学习孔子学说的。私淑：未得到直接的传授而私自获得。淑：借为"叔"。取。

［点评］

本章记"私淑"孔子。孟子曾说"乃所愿，则学孔子也"(3.2)，然而"自孔子卒至孟子游梁时，方百四十余年，而孟子已老"(朱熹《集注》)，故孟子并没有亲自接受孔子的教诲，而是"受业于子思之门人"(《史记·孟子荀卿列传》)，以"私淑诸人"的方式学习、继承了孔子的思想。

据朱熹的解释，此章与前两章的编排大有深意。前章是历述夏禹、商汤、周公三代圣君的德行，上一章则褒扬孔子，而本章孟子以孔子之道的继承者自任，隐含了孟子继承儒家"道统"的用心和抱负。

8.23 孟子曰："可以取，可以无取，取伤廉；可以与，可以无与，与伤惠[1]；可以死，可以无死，死伤勇[2]。”

［注释］

[1] 惠：恩惠。 [2] 以上几句意为，可以拿，可以不拿，拿了就有损廉洁；可以给，可以不给，给了就有损恩惠；可以死，可以不死，死了就有损勇敢。

［点评］

本章较有争议，一说是讲做事情有一个“度”，超过了这个“度”就会走向反面，则本章是讲“过犹不及”。但孟子并没有说“过取”“过与”，故此说未必成立。或说未经思虑时认为可，经思虑后则认为不可，这时若仍要“取”或“与”，便不恰当了（见朱熹《集注》）。不过这种理解与上文的表述仍有不契合的地方。从文意看，孟子似是说对于某些两可之事，应有一个取舍的标准。例如，对于可以取也可以不取的东西，最好不要取，取了就会显得贪心，有伤我们的廉洁。对于可以给予也可以不给予的东西，最好不要给予，因为不是对方必需的，给了不仅对其没有实质的帮助，反而有损我们的恩惠。对于可以牺牲也可以不牺牲的事情，最好不要去牺牲，因为牺牲了也意义不大，反而显得鲁莽，有损我们的勇敢。

8.24 逢蒙学射于羿[1]，尽羿之道，思天下惟羿为愈己，于是杀羿。孟子曰："是亦羿有罪焉。"

公明仪曰："宜若无罪焉。"

曰："薄乎云尔[2]，恶得无罪？郑人使子濯孺子侵卫[3]，卫使庾公之斯追之[4]。子濯孺子曰：'今日我疾作，不可以执弓，吾死矣夫！'问其仆曰：'追我者谁也？'其仆曰：'庾公之斯也。'曰：'吾生矣。'其仆曰：'庾公之斯，卫之善射者也，夫子曰"吾生"，何谓也？'曰：'庾公之斯学射于尹公之他[5]，尹公之他学射于我。夫尹公之他，端人也[6]，其取友必端矣。'庾公之斯至，曰：'夫子何为不执弓？'曰：'今日我疾作，不可以执弓。'曰：'小人学射于尹公之他，尹公之他学射于夫子，我不忍以夫子之道反害夫子。虽然，今日之事，君事也，我不敢废[7]。'抽矢，扣轮，去其金，发乘矢而后反[8]。"

夫人之疾作，则吾不能乘人之危，胜之不武，古之道义也。朱子云："庾斯虽全私恩，亦废公义，其事皆无足论者，孟子盖特以取友而言耳。"（《集注》）知公义，而不知古之道，非是。

[注释]

[1] 逢蒙：羿的家众及学生，后背叛羿，帮助有穷国的相寒浞杀死了羿。羿：传说是古代有穷国的国君，以善射闻名。 [2] 薄乎云尔：过错不大而已。薄：轻；少。乎：语气词。云尔：而

已。[3]子濯孺子：郑国大夫。[4]庾公之斯：卫国大夫。[5]尹公之他（tuō）：卫国人。[6]端人：正派人。端：正。[7]以上七句意为，我向尹公之他学的射箭，尹公之他是向您学的射箭，我不忍心用您传授的技术来伤害您。但是，今天的事，是君主的命令，我不敢不办。[8]以上四句意为，于是抽出箭来，在车轮上敲打，磕掉箭头，射了四箭，然后返身回去。乘（shèng）矢：四支箭。古代称四为乘。反：通“返”。

[点评]

本章讨论授徒、交友之道。后羿只传授箭术而忽略人品，结果被学生所害。子濯孺子传授箭术，首先要求对方是正派人，故当身体出现意外时，能够死里逃生，没有被自己传授的箭术所害。

《淮南子·修务训》：“今夫毛嫱、西施，天下之美人，若使之衔腐鼠，蒙蝟（wèi）皮，衣豹裘，带死蛇，则布衣韦带之人过者，莫不左右睥睨而掩鼻。”

8.25 孟子曰：“西子蒙不洁[1]，则人皆掩鼻而过之；虽有恶人[2]，齐戒沐浴[3]，则可以祀上帝。”

[注释]

[1]西子：西施，越国美女。蒙不洁：沾染上污垢。[2]恶人：相貌丑陋的人。[3]齐（zhāi）：繁体为“齊”，与斋字的繁体“齋”形近，故通斋。

[点评]

内心的真诚胜过容貌的美丽，君子修身当重心而非形体。关于心与形体，《孟子》11.12、11.13、11.14有论述，并在11.15将二者关系概括为大体与小体，与本章主旨相近，可参看。

以顺应本性为根本。

8.26 孟子曰："天下之言性也，则故而已矣[1]。故者以利为本[2]。所恶于智者，为其凿也。如智者若禹之行水也，则无恶于智矣。禹之行水也，行其所无事也。如智者亦行其所无事，则智亦大矣[3]。天之高也，星辰之远也，苟求其故[4]，千岁之日至[5]，可坐而致也[6]。"

[注释]

[1] 以上两句意为，人们所谈论的性，不过是指积习、习惯而已。故：积习；习惯。《庄子·达生》："吾生于陵而安于陵，故也；长于水而安于水，性也；不知吾所以然而然，命也。"曹础基《庄子浅注》："故，习惯。" [2] 此句意为，积习、习惯的培养要以顺应人的本性为根本。利：顺应。 [3] 以上八句意为，人们之所以厌恶智，是因为用智的人往往穿凿附会（不尊重事物的本性、规律）。如果用智的人能像大禹治水一样，那么人们就不会厌恶智了。大禹治水，（顺从水的本性，采用疏导的办法，）不有意多事。如果用智的人也不有意多事，那么智的作用就大了。 [4] 故：指星辰运行的习惯，也就是规律。 [5] 日至：冬至和夏至。这里指冬至，因周历以冬至之月为元月。 [6] 以上五句意为，天极高，星辰极远，如果认识到它们运行的规律，千年之内的日至，轻易就可以推算出来。

[点评]

本章讨论人性，其核心是“性”与“智”，也就是人性论与修养论的关系。孟子认为人们所说的性往往是“故”，也就是积习、习惯，但他主张积习、习惯的养成，应以顺应人的先天本性为根本。孟子即心言性，所以他说的先天本性就是指四端之心，指良知、良能。积习、习惯的养成离不开后天的学习、实践，这样就引出“智”的问题，这个“智”不是孟子所说的“是非之心，智也”，不是指良知判断，而是指经验认知。孟子不反对后天的学习、认知，认为问题并不在于“智”本身，而在于人们如何看待、运用“智”。人们之所以厌恶“智”，是因为有人穿凿附会，不从事物本身出发。如果能像大禹治水一样，根据水的习性采取相应的治理办法，“行其所无事”，那么智不仅不应该被反对，相反作用是非常大的，就像了解了星辰运行的习惯或规律，其千年之内的日至可以轻易推算出来一样。可见，从事物本身出发、顺应事物的本性才是运用智的关键所在。

以往学术界有一种看法，认为孟子“道性善”，故只重视内省，重视“思”，而不重视后天的积习，不重视经验认知，是不全面的。从本章的内容来看，孟子对后天积习也是重视的，他提出“所恶于智者”，主要是针对有人穿凿附会，不顺从事物的本性而发。《孟子》一书中还有不少类似的论述，如“一暴十寒”(11.9)，还有“拔苗助长”(3.2)。而不论是“一暴十寒”还是“拔苗助长”，都不是从事物本性出发，不是“以利为本”，而是穿凿用智的结果，所以是孟子所批评和反对的。但如果能像大禹治水一样，不事穿凿，从事物的本性出发，那么诚如孟子所说，智的作用“亦大矣”。

8.27 公行子有子之丧[1]，右师往吊[2]。入门，有进而与右师言者，有就右师之位而与右师言者。孟子不与右师言，右师不悦曰：“诸君子皆与驩言，孟子独不与驩言，是简驩也[3]。”

孟子闻之，曰：“礼，朝廷不历位而相与言，不逾阶而相揖也。我欲行礼，子敖以我为简[4]，不亦异乎？”

赵岐：“循礼而动，不合时人；阿意事贵，胁肩所尊，俗之情也。是以万物皆流，而金石独止。”（《章句》）

[注释]

[1]公行子：齐国大夫。 [2]以上两句意为，齐国大夫公行子为儿子办理丧事，右师王驩前去吊丧。右师：官名，这里指齐国权臣王驩，时任右师。 [3]以上八句意为，他一进门，便有人迎上前去与他讲话，还有人走到他的座位边与他讲话。孟子却不与王驩讲话，王驩不高兴地说：“大夫都来与我讲话，只有孟子不与我讲话，这是不尊重我。”简：怠慢。 [4]以上五句意为，按照礼的规定，朝廷上不能越过座位相互交谈，不能越过台阶相互作揖。我想遵循礼制，王驩却认为我不尊重他。子敖：王驩的字。

[点评]

本章记孟子与王驩事。右师王驩权倾一时，炙手可热，大夫们纷纷对其拍马溜须，以致连朝廷的礼仪也不顾。孟子则漠然视之，不为所动，并对王驩的指责做了有力的驳斥。孟子曾说“说大人，则藐之，勿视其巍巍然也”（14.34）。信哉！孟子。孟子与王驩的关系，又见4.6、7.24、7.25。

君子以存心为上。

8.28 孟子曰：“君子所以异于人者，以其存心也[1]。君子以仁存心，以礼存心。仁者爱人，有礼者敬人。爱人者，人恒爱之；敬人者，人恒敬之。有人于此，其待我以横逆[2]，则君子必自反也：我必不仁也，必无礼也，此物奚宜至哉[3]？其自反而仁矣，自反而有礼矣，其横逆由是也[4]，君子必自反也：我必不忠[5]。自反而忠矣，其横逆由是也，君子曰：‘此亦妄人也已矣。如此，则与禽兽奚择哉？于禽兽又何难焉[6]？’是故君子有终身之忧，无一朝之患也。乃若所忧则有之[7]：舜，人也；我，亦人也。舜为法于天下[8]，可传于后世，我由未免为乡人也，是则可忧也[9]。忧之如何？如舜而已矣。若夫君子所患，则亡矣。非仁无为也，非礼无行也。如有一朝之患，则君子不患矣[10]。”

人待我横逆，则反求诸己。

君子以不若舜为忧。

[注释]

[1] 存心：省察心。存：察。一说存于心。朱熹《集注》："以仁、礼存心，言以是存于心而不忘也。" [2] 横（hèng）逆：横暴无理。 [3] 奚宜：为什么。 [4] 由：通"犹"。下文"我由未免为乡人也"中的"由"也通"犹"。 [5] 忠：尽心竭力。 [6] 以上四句意为，这不过是个狂妄的人罢了。像他这样，与禽兽又有什么区别呢？对于禽兽又有什么可责备的呢？ [7] 乃若：至于。 [8] 法：表率；楷模。 [9] 以上九句意为，至于所忧虑的事是有的：舜是人，我也是人；舜为天下的人树立了榜样，影响流传到后世，而我却不过是一个普通人而已，这才是可忧虑的事。 [10] 以上八句意为，忧虑又怎么办？要像舜一样罢了。至于君子所担心的事是没有的。不符合仁的事不干，不合乎礼的事不做。即使有突发的祸患，君子也不会放在心上。

[点评]

本章论君子的修身处世之道。主要强调两点：一是反求诸己，遇到问题多从自身找原因。二是以希圣成贤为人生志向。值得注意的是"以仁存心，以礼存心"两句，从上下文看，这里的"存"应该是省察的意思。在孟子那里，仁、礼既可以指内心的德，也可以指一种德行原则，本章的仁、礼等主要是在德行原则的意义上使用的。故在孟子看来，一方面心具有仁、礼等内在的德，可以由内而外显现出来；另一方面，又需要用仁、礼的原则省察内心，这样内外便做到了真正统一。

8.29 禹、稷当平世[1]，三过其门而不入，

朱熹："圣贤之道，进则救民，退则修己，其心一而已矣。"（《集注》）

朱熹："禹、稷身任其职，故以为己责而救之急也。"（《集注》）

朱熹："使禹、稷居颜子之地，则亦能乐颜子之乐；使颜子居禹、稷之任，亦能忧禹、稷之忧也。"（《集注》）

孔子贤之。颜子当乱世[2]，居于陋巷，一箪食，一瓢饮，人不堪其忧，颜子不改其乐，孔子贤之。孟子曰："禹、稷、颜回同道。禹思天下有溺者，由己溺之也[3]；稷思天下有饥者，由己饥之也，是以如是其急也。禹、稷、颜子，易地则皆然[4]。今有同室之人斗者，救之，虽被发缨冠而救之[5]，可也。乡邻有斗者，被发缨冠而往救之，则惑也，虽闭户可也[6]。"

［注释］

[1] 禹、稷：大禹和后稷。稷：周的始祖弃，舜时为农官。稷无"三过其门不入"事，下文当是指大禹而言。平世：指政治清明的时代。此句意为，大禹、后稷处在政治清明的时代。　[2] 颜子：孔子弟子颜回，以贤著称。　[3] 以上三句意为，大禹、后稷、颜回是一个道理。大禹一想到天下还有人在溺水，就像自己在溺水一样。由：同"犹"。下文"由"同。　[4] 以上两句意为，大禹、后稷和颜回如果相互交换位置，也都是这样。　[5] 被发：披着头发。缨冠：缨是系在脖子上的帽带，急于戴冠，不暇结缨于颈，而与冠并加于头，故云缨冠。形容情况紧急，来不及像平时那样戴好帽子。　[6] 以上几句意为，假使同室的人打架，为了阻止他们，即使披头散发顶着帽子，连帽带也不系，也是可以的。如果是同乡的邻人打架，也披头散发顶着帽子，连帽带也不系就去阻止他们，那就未免太糊涂了，即使关起门来不理睬也是可以的。

［点评］

本章论“禹、稷、颜回同道”。圣贤因所处时代、地位不同，行为也不尽相同，但他们的准则是一样的。大禹、后稷为政治领袖，处在政治清明的时代，故以兼济天下为急；颜回为普通百姓，处在政治混乱的时代，故以独善其身为务。若他们交换了位置，也会做出相同的选择。最后一段，论对待“同室之人斗者”与“乡邻有斗者”的差别，则反映了孟子亲疏有别的伦理观。

8.30 公都子曰：“匡章，通国皆称不孝焉，夫子与之游，又从而礼貌之，敢问何也？”

孟子曰：“世俗所谓不孝者五：惰其四支[1]，不顾父母之养，一不孝也；博弈好饮酒，不顾父母之养，二不孝也；好货财，私妻子[2]，不顾父母之养，三不孝也；从耳目之欲[3]，以为父母戮[4]，四不孝也；好勇斗很[5]，以危父母，五不孝也。章子有一于是乎？夫章子，子父责善而不相遇也[6]。责善，朋友之道也；父子责善，贼恩之大者。夫章子，岂不欲有夫妻子母之属哉[7]？为得罪于父，不得近，出妻屏子，终身不养焉。其设心以为不若是，是则罪之大者[8]。是则章子而已矣。”

司马光：“孟子云‘父子之间不责善’，‘不责善’是不谏不教也，而可乎？”（《疑孟》）

余允文：“孟子曰‘古者易子而教之’，非谓其不教也。又曰‘父子之间不责善’，父为不义则‘争’之，非‘责善’之谓也。”（《尊孟辨》）

朱熹："子虽不可以不争于父，观《内则》《论语》之言，则其谏也以微。隐之（注：即余允文，字隐之）说已尽，更发此意尤佳。"（《读余隐之〈尊孟辨〉》）

［注释］

[1] 四支：即四肢。 [2] 私：偏爱。妻子：妻子儿女。 [3] 从：通"纵"。 [4] 以为父母戮：以使父母蒙受羞辱。为：使。戮：羞辱。 [5] 很：同"狠"。 [6] 以上两句意为，章子不过是由于父子之间以善相责而把关系搞坏了。不相遇：不相合。 [7] 以上六句意为，以善相责，本是朋友相处的准则；父子之间以善相责，则是最伤感情的事。章子难道不想有夫妻、母子的关系吗？属：亲属。 [8] 以上六句意为，因为得罪了父亲，不能亲近，就赶走了妻子、疏远了子女，终身不让他们奉养。他内心认为，不这样做，罪过更大。

［点评］

本章论匡章"不孝"。匡章是齐国的著名将领，在齐威王时曾大败秦军，齐宣王时曾率兵取燕，他的事迹散见于《战国策》《吕氏春秋》等。据《战国策·齐策一》记载，匡章的母亲触怒匡章的父亲，父亲一怒之下将其杀死，埋在马厩下。匡章可能为此事向父亲抗争，结果惹怒了父亲，被逐出家门，父子从此成为陌路。后匡章父亲去世，匡章不敢违背父亲的意志，没有改葬母亲，结果又背上了不孝的恶名。孟子认为，世俗所谓的不孝有五种，匡章不属于其中的任何一种。匡章的不幸，是儿子向父亲责善造成的，责善是朋友之道，不可用于父子之间。于是与匡章交游，二人互有讨论（见 6.10）。孟子重视个人意志，取友时不是人云亦云，而是根据自己的观察、判断，体现了特立独行的精神风貌。但他将匡章的悲剧简单归于"子不责父善"，则有失片面。

8.31 曾子居武城[1]，有越寇。或曰：“寇至，盍去诸[2]？”曰：“无寓人于我室，毁伤其薪木。”寇退，则曰：“修我墙屋，我将反。”寇退，曾子反[3]。左右曰：“待先生如此其忠且敬也，寇至，则先去以为民望[4]；寇退，则反，殆于不可[5]。”沈犹行曰[6]：“是非汝所知也。昔沈犹有负刍之祸[7]，从先生者七十人，未有与焉[8]。”

子思居于卫，有齐寇。或曰：“寇至，盍去诸？”子思曰：“如伋去，君谁与守？”

孟子曰：“曾子、子思同道。曾子，师也，父兄也；子思，臣也，微也[9]。曾子、子思，易地则皆然[10]。”

曾子处师位，为父兄，去留皆可；子思年少，又为臣，委质为臣当死难，故不去。若使曾子居子思之地，亦能尽子思之责；子思处曾子之位，亦会有曾子之举。

[注释]

[1]武城：鲁国邑名，在今山东费县境内。 [2]以上两句意为，敌寇要到了，何不离开这里？盍：何不。 [3]以上八句意为，（曾子）说：“不要让人住在我家，破坏了里面的树木。”等到敌寇退了，曾子说：“修整好我的墙壁、房屋，我要回来了。”敌寇撤退后，曾子就回来。 [4]民望：民众所仿效的对象。 [5]以上六句意为，武城人对先生这样的忠诚和恭敬，敌寇来了，先生却给百姓做了个先离去的榜样；敌寇退了，马上就回来，这样恐怕不好吧。殆：恐怕。于：为；是。 [6]沈犹行：曾子弟子，姓沈犹，名行。 [7]负刍：人名，曾作乱，进攻沈犹氏。 [8]以上五句意为，沈犹行

说："这不是你们所能明白的。从前（先生住在我这里），有个名叫负刍的人作乱，跟随先生的七十个弟子，没有一个人参与平乱的。" [9] 微：卑微；低下。 [10] 以上九句意为，曾子、子思是一个道理。曾子是武城人的师长、父兄；子思是卫国的臣子，地位低下。如果曾子、子思换一下位置，也会这样做。

［**点评**］

本章与 8.29 章宗旨相同，都是讲圣贤的行为不尽相同，但遵守的原则是一样的。曾子是武城的宾客，子思则是卫国的臣子。所以当敌人入侵时，曾子可以泰然离去，而子思则必须恪尽职守。

"人皆可以为尧舜"，"尧舜"为理想、目标；"尧舜与人同耳"，"尧舜"又不悖人之常情。

8.32 储子曰[1]："王使人瞯夫子[2]，果有以异于人乎？"孟子曰："何以异于人哉？尧舜与人同耳[3]。"

［**注释**］

[1] 储子：齐国人，曾任齐相。 [2] 此句意为，齐王派人暗中观察先生。瞯（jiàn）：窥视。 [3] 以上两句意为，有什么与人不同之处呢？尧舜与人也是一样的。

［**点评**］

本章论"尧舜与人同耳"，可能是孟子初到齐国（齐威王执政）时的言论，也有学者认为是第二次游齐（时齐宣王执政）时的言论。这时孟子在社会上已经有一定影响，故齐王暗中派人前往观察，是否与常人有不同的地方。孟子则认为，尧舜也是人，其言谈举止与常人并无不同，关键是内在善性的扩充。

8.33 齐人有一妻一妾而处室者，其良人出[1]，则必餍酒肉而后反。其妻问所与饮食者，则尽富贵也。其妻告其妾曰："良人出，则必餍酒肉而后反；问其与饮食者，尽富贵也，而未尝有显者来，吾将瞷良人之所之也[2]。"

蚤起[3]，施从良人之所之[4]，遍国中无与立谈者。卒之东郭墦间[5]，之祭者，乞其余；不足，又顾而之他，此其为餍足之道也。

其妻归，告其妾，曰："良人者，所仰望而终身也，今若此！"与其妾讪其良人[6]，而相泣于中庭[7]。而良人未之知也，施施从外来[8]，骄其妻妾。

由君子观之，则人之所以求富贵利达者，其妻妾不羞也，而不相泣者，几希矣[9]。

赵氏："言今之求富贵者，皆以枉曲之道，昏夜乞哀以求之，而以骄人于白日，与斯人何以异哉？"（《集注》引）

［注释］

[1] 良人：丈夫。 [2] 以上六句意为，丈夫每次外出，总是酒足肉饱才回来；问他一起吃喝的是什么人，说的都是有钱有势

的人，可是从来没见有显贵的人来过，我打算暗中观察看他去什么地方。 [3] 蚤：同“早”。 [4] 施（yí）：逶迤斜行。 [5] 墦（fán）：坟墓。 [6] 讪：毁谤。 [7] 中庭：庭中。 [8] 施（shī）施：得意的样子。 [9] 以上五句意为，在君子看来，人们用来追求升官发财的手段，能使他们妻妾不感到羞耻而相对哭泣的，实在是很少啊。

[点评]

本章是一则诙谐幽默、耐人寻味的寓言。孟子通过这则寓言，辛辣地讽刺了那些不顾礼义廉耻，以卑鄙的手段追求富贵利达的人。文中的“齐人”虽然只是文学虚构，但这样的无耻之徒，哪个时代会没有呢？

本章内容，后人或有怀疑。据清人笔记记载，宋代李觏喜欢喝酒骂孟子，有读书人投其所好，专门写了几首咒骂孟子的诗。其一云：“乞丐何曾有二妻，邻家焉得日攘鸡；当时尚有周天子，何事纷纷说魏齐。”其中第一句即是质疑“齐人”不过一乞丐，何曾会有一妻一妾？或曰本章为寓言，“一妻一妾”乃文学描写；或说“齐人”原家境殷实，后中道衰落，也可通。

万章上

9.1　万章问曰："舜往于田，号泣于旻天[1]，何为其号泣也？"

孟子曰："怨慕也[2]。"

万章曰："'父母爱之，喜而不忘；父母恶之，劳而不怨[3]。'然则舜怨乎？"

曰："长息问于公明高曰[4]：'舜往于田，则吾既得闻命矣；号泣于旻天，于父母，则吾不知也[5]。'公明高曰：'是非尔所知也。'夫公明高以孝子之心，为不若是恝[6]：我竭力耕田，共为子职而已矣[7]，父母之不我爱，于我何哉[8]？帝使其子九男二女[9]，百官牛羊仓廪备[10]，以

"怨"而不"慕"则离，"慕"而不"怨"则悖。"怨慕"二字颇可玩味。

舜怨父母乎？

事舜于畎亩之中[11]，天下之士多就之者，帝将胥天下而迁之焉[12]。为不顺于父母，如穷人无所归。天下之士悦之，人之所欲也，而不足以解忧；好色，人之所欲，妻帝之二女，而不足以解忧；富，人之所欲，富有天下，而不足以解忧；贵，人之所欲，贵为天子，而不足以解忧。人悦之、好色、富贵，无足以解忧者，惟顺于父母，可以解忧。人少，则慕父母；知好色，则慕少艾[13]；有妻子，则慕妻子；仕则慕君，不得于君，则热中[14]。大孝终身慕父母。五十而慕者，予于大舜见之矣。”

朱熹：“舜不以得众人之所欲为己乐，而以不顺乎亲之心为己忧。”（《集注》）

于父母，不在怨而在慕。

［注释］

[1] 旻（mín）天：苍天。 [2] 怨慕：抱怨被父母厌弃而思慕父母。 [3] 以上四句意为，父母喜欢自己，高兴而不敢懈怠；父母讨厌自己，忧虑而不敢抱怨。此四句又见《大戴礼记·曾子大孝》，为曾子语。劳：忧愁。 [4] 长息：公明高弟子；公明高：曾参弟子。 [5] 以上五句意为，舜到田里，我已聆听了您的教诲；但他向苍天哭诉，向父母哭诉，这我就不明白了。 [6] 恝（jiá）：忽略；淡然。 [7] 共：通“恭”。 [8] 以上六句意为，公明高认为，孝子之心不能这样满不在乎的：我努力耕田，恭敬地尽到做儿子的职责就是了，要是父母不喜欢我，我有什么办法呢？ [9] 帝使其子九男二女：据《史记·五帝本纪》，帝尧曾让

自己的两个女儿、九个儿子服侍舜，“尧乃以二女妻舜以观其内，使九男与处以观其外。……尧二女不敢以贵骄事舜亲戚，甚有妇道。尧九男皆益笃。” [10]备：齐备；完备。 [11]畎（quǎn）亩：田野；田地。 [12]以上五句意为，帝尧让自己的九个儿子、两个女儿，百官、牛羊、粮食都齐备，到田野里去侍奉舜，天下的士人有很多都投奔到他那里，帝尧还要把整个天下让给舜。胥：皆；尽。 [13]少艾：年轻美丽的女子。少：年少。艾：美好；漂亮。 [14]以上九句意为，人小的时候，依恋父母；情窦初开，就喜欢漂亮的姑娘；有了妻室、子女，就关心妻室、子女；做了官就想着君主，得不到君主信任，就内心焦虑难受。热中：内心躁急。指对名利、权势的急迫心理。

［点评］

本章以舜为榜样，论述“终身慕父母”的孝行。孟子重视孝，认为孝是有差别的，如曾元的“养口体”不如曾参的“养志”，而在孟子眼里，舜则是孝行的最高代表。一般的孝子认为，只要自己尽心竭力，尽了孝的义务就可以了，如果父母不能接受自己，那就不是自己的问题了。舜却不是这样，尽管舜的父亲非常恶劣，多次想谋害自己，舜依然尽心竭力地孝敬父母，只要不能使父母顺心，内心就痛苦不已。即使获得巨大的财富、崇高的地位，生活发生了根本的改变，内心依然无法得到平静，直到五十岁依然念念不忘父母。所以一般人的孝是容易做到的，而舜的孝则是常人难以企及的。

孟子以舜为例，片面强调子女对父母的孝行，可能是受到了当时重孝派思想的影响，与其对孝的特殊理解有关。上博简《内礼》称："君子之立孝，爱是用，礼是贵。……故为人父者，言人之父之不能畜子者，不与言人之子之不孝者；故为人子者，言人之子之不孝者，不与言人之父之不能畜子者。"认为父子之间是相互的义务关系，爱也是双向的，而不是单向的。作为人父，如没有尽到对子女的养育之责，就不应要求子女对自己尽孝。反之亦然。故"与父言，言畜子；与子言，言孝父"，违背了这一点就会导致社会秩序的混乱，"反此乱也"，与孟子的看法有所不同，可参考。

9.2 万章问曰："《诗》云[1]，'娶妻如之何？必告父母'。信斯言也，宜莫如舜。舜之不告而娶，何也？"

孟子曰："告则不得娶。男女居室，人之大伦也；如告，则废人之大伦，以怼父母[2]，是以不告也。"

不告而娶，权也。

万章曰："舜之不告而娶，则吾既得闻命矣；帝之妻舜而不告[3]，何也？"

曰："帝亦知告焉，则不得妻也。"

万章曰："父母使舜完廪[4]，捐阶[5]，瞽瞍焚廪。使浚井[6]，出[7]，从而揜之[8]。象曰[9]：'谟盖都君咸我绩[10]。牛羊父母，仓廪父母，干戈朕，琴朕，弤朕[11]，二嫂使治朕栖[12]。’象往入舜宫，舜在床琴。象曰：‘郁陶思君尔[13]。’忸怩。舜曰：‘惟兹臣庶[14]，汝其于予治[15]。’不识舜不知象之将杀己与？”

曰：“奚而不知也？象忧亦忧，象喜亦喜。”

曰：“然则舜伪喜者与？”

曰：“否。昔者有馈生鱼于郑子产，子产使校人畜之池[16]。校人烹之，反命曰：‘始舍之，圉圉焉[17]；少则洋洋焉[18]；攸然而逝[19]。’子产曰：‘得其所哉！得其所哉！’校人出，曰：‘孰谓子产智？予既烹而食之，曰：得其所哉，得其所哉。’故君子可欺以其方，难罔以非其道[20]。彼以爱兄之道来，故诚信而喜之，奚伪焉[21]？”

舜诚信象终会爱兄，非不知其欲害己也。

[注释]

[1]《诗》云：以下两句出自《诗·齐风·南山》。 [2] 以上五句意为，男女成婚，是人生的一件大事；如果禀告而不能娶妻，便无法实现人生的这件大事，而不免怨恨父母。怼（duì）：怨恨。 [3] 以上三句意为，舜不禀告父母就娶妻，我已聆听了您的教诲；帝尧把女儿嫁给舜，却不告诉舜的父母。帝：指尧。 [4] 完廪：修粮仓。 [5] 捐阶：抽去梯子。一说从梯子上跳下。 [6] 浚（jùn）井：挖井。浚：深挖。 [7] 出：指瞽瞍等

人出井。《史记 · 五帝本纪》："后瞽叟又使舜穿井，舜穿井为匿空（注：暗穴；隧道。空，通'孔'），旁出。舜既入深，瞽叟与象共下土实井，舜从匿空出，去。"一说指舜出井。赵岐注："使舜浚井，舜入而即出，瞽瞍不知其已出，从而盖揜其井，以为舜死矣。" [8] 以上六句意为，父母叫舜修理粮仓，却抽去了梯子，父亲瞽瞍放火焚烧粮仓。又叫舜去淘井，自己一出井就堵塞了井口。揜：掩。 [9] 象：舜的同父异母弟。《史记 · 五帝本纪》："舜父瞽叟盲，而舜母死，瞽叟更娶妻而生象，象傲。瞽叟爱后妻子，常欲杀舜，舜避逃；及有小过，则受罪。" [10] 此句意为，谋害舜都是我的功劳。谟盖：谋害。谟：谋。盖："害"的假借字。都君：指舜。据《史记 · 五帝本纪》，舜只要在一地住上三年，那里便会成为都市，因跟随的人多。绩：功绩。 [11] 弤（dǐ）：舜弓名。 [12] 以上六句意为，牛羊归父母，粮食归父母，兵器归我，琴归我，弓归我，两位嫂子伺候我睡觉。栖：床。 [13] 郁陶思君尔：我可想念你啦。郁陶：思念貌。 [14] 惟：思念。兹：此；这些。臣庶：臣民。 [15] 以上两句意为，我惦念这些臣民，你帮我来管理吧。其：犹"当"；"可"。于：为（wèi）；替。 [16] 校（xiào）人：管理池塘的小吏。 [17] 圉圉：疲惫貌。 [18] 洋洋：舒展貌。 [19] 以上四句意为，刚放它时，还不太灵活；不一会儿，就摇着尾巴游开了；一转眼就不见了。攸然：迅疾貌。 [20] 以上两句意为，所以君子可以被合乎情理的谎言欺骗，却很难被不合常理的诡计愚弄。罔：蒙蔽。 [21] 以上三句意为，象装着敬爱兄长的样子来，所以舜真诚地相信而感到高兴，怎么能说是假装的呢？

［点评］

本章以舜为例，讨论两个问题，一是"不告而娶"；

二是舜是否“伪喜”。孟子认为，不论舜“不告而娶”，还是尧“不告妻舜”，都是舍小取大、通权达变的表现，是符合正道的。关于“不告而娶”,7.26也有讨论，可参看。至于舜的弟弟象多次谋害舜，舜依然装作不知情的样子，甚至与其同忧同喜，这并不是虚伪，而是舜特别重视亲情，希望能用真诚感化亲人，化解他们之间的矛盾。同时也相信弟弟象一定会被感化，所以当象向自己表示友好时，舜就会真诚地相信，并做出积极回应。孟子还以子产为例说明，君子可以被合乎情理的谎言所欺骗，但很难被不合常理的诡计愚弄。

由于孟子受重孝派思想的影响，将血缘亲情推到了极致，故本章的一些说法有不合情理的地方，如舜“伪喜”的问题。或许在孟子看来，舜并非相信象的话，而是珍惜与象的血缘亲情，故采取了这种曲折、婉转的表达方式。

9.3 万章问曰：“象日以杀舜为事，立为天子则放之，何也？”

孟子曰：“封之也，或曰放焉。”

万章曰：“舜流共工于幽州[1]，放驩兜于崇山[2]，杀三苗于三危[3]，殛鲧于羽山[4]，四罪而天下咸服，诛不仁也。象至不仁，封之有庳[5]。有庳之人奚罪焉？仁人固如是乎？在他人则诛之，在弟则封之？”

曰：“仁人之于弟也，不藏怒焉，不宿怨焉，亲爱之而已矣[6]。亲之，欲其贵也；爱之，欲其富也。封之有庳，富贵之也。身为天子，弟为匹夫，可谓亲爱之乎？”

亲爱，亲亲之爱也。

“敢问，或曰放者，何谓也？”

曰：“象不得有为于其国，天子使吏治其国，而纳其贡税焉，故谓之放。岂得暴彼民哉？虽然，欲常常而见之，故源源而来。‘不及贡，以政接于有庳[7]。’此之谓也。”

朱熹：“盖象至不仁，处之如此，则既不失吾亲爱之心，而彼亦不得虐有庳之民也。”（《集注》）

［注释］

[1] 共（gōng）工：尧臣，与驩兜、三苗、鲧并称为“四凶”。幽州：北方边远之地，有说在今北京密云东北。 [2] 驩兜：尧舜之臣。崇山：南方边远之地，有说在湖南邵阳邵东。 [3] 杀：《尚书》作“窜”，《史记》作“迁”。窜、杀为同音假借。这句不能按“杀”字理解，而应按“窜”或“迁”解释。三苗：古国名。三危：在今甘肃敦煌南。 [4] 以上四句意为，舜把共工流放到幽州，把驩兜迁徙到崇山，把三苗安置到三危，把鲧诛杀在羽山。殛（jí）：诛杀。一说流放。鲧（gǔn）：相传为禹父，尧派他治水，因治水无功受罚。羽山：在山东蓬莱东南。 [5] 有庳（bì）：象的封地。在今湖南永州零陵区，一说当在舜的都城蒲阪（今山西永济）附近。 [6] 以上四句意为，仁人对待弟弟，不把怒气藏在

胸中，不把怨恨埋在心底，只是想要亲近他、爱护他罢了。宿：保留。 [7] 以上几句意为，象不能在他的封国里任意行事，天子派遣官吏治理他的国家，收取那里的贡税，所以说是流放。象怎么能暴虐他的百姓呢？虽然这样，舜还想常常见到象，所以象不断地来朝见。所谓“不必等到朝贡的日子，平时也以政事为名接见有庳国君”。“以政接于有庳”两句疑是《尚书》逸文。

［点评］

本章论“封弟有庳”，涉及亲亲之爱与社会公正的问题。舜成为天子后，一方面惩处了一批恶人，但同时又封同样是恶人的象为诸侯，这是不是有失公正呢？孟子认为，舜重视亲情，从亲亲出发，每个人都希望自己的兄弟富有、尊贵。舜自己做天子，却让弟弟做普通百姓，显然不合情理。所以从亲亲的角度看，封象为诸侯是可以接受的。但象是一个恶人，封他为诸侯，对治下的百姓显然又是不公正的。为了避免这一点，舜就派官吏去治理象的国家，不让象有危害百姓的可能。孟子试图通过这种曲折的方式，以达到亲亲与公正之间的平衡。

需要说明的是，孟子生活的战国时代，反对“无故而富贵”，主张“譎（shāng，度量）德而定次，量能而授官”，已成为社会的普遍呼声。不仅来自社会底层的墨家高举起“尚贤”的大旗，力行变法的法家主张“食有劳而禄有功”，“宗室非有军功论，不得为属籍”，即使同属儒门的荀子亦提出了“虽王公、士大夫之子孙也，不能属于礼义，则归之庶人”（《荀子·王制》）的主张。前些年公布的郭店简与上博简更是反映出战国中前期社会上出现了一股宣扬“公天下”，反对“家天下”的社会思潮，如《唐虞之道》提出“唐虞之道，禅而不传。尧舜之王，利天下而弗利也”，“高扬了儒家‘祖述尧舜’‘爱亲尊贤’‘天下为公’‘利天下而弗利’的思想，显示了先秦儒家在战国时期崇尚‘禅让’政治理想、反对父子相传之‘家天下’的昂扬思想风貌”（李存山《读楚简〈忠信之道〉及其他》，《中国哲学》第 20 辑），体现了社会思想的进步。与荀子、《唐虞之道》的思想相比，孟子试图在社会公正与亲亲之情之间达到某种平衡，其态度是折中、调和、保守的，可能是其早期受重孝派思想影响的反映。

9.4　咸丘蒙问曰[1]：“语云：‘盛德之士，君不得而臣，父不得而子。’舜南面而立，尧帅诸侯北面而朝之，瞽瞍亦北面而朝之。舜见瞽瞍，其容有蹙[2]。孔子曰：‘于斯时也，天下殆哉，岌岌乎！’不识此语诚然乎哉？”

孟子曰：“否，此非君子之言，齐东野人之语也。尧老而舜摄也[3]。《尧典》曰[4]：‘二十有八载，放勋乃徂落[5]，百姓如丧考妣[6]，三年，四海遏密八音[7]。’孔子曰：‘天无二日，民无二王。’舜既为天子矣，又帅天下诸侯以为尧三年丧，是二天子矣[8]。”

朱熹：“孟子言尧但老不治事，而舜摄天子之事耳。尧在时，舜未尝即天子位，尧何由北面而朝乎？”（《集注》）

咸丘蒙曰："舜之不臣尧，则吾既得闻命矣。《诗》云[9]：'普天之下，莫非王土；率土之滨[10]，莫非王臣。'而舜既为天子矣，敢问瞽瞍之非臣，如何？"

曰："是诗也，非是之谓也，劳于王事而不得养父母也。曰，'此莫非王事，我独贤劳也[11]'。故说诗者，不以文害辞[12]，不以辞害志[13]；以意逆志[14]，是为得之。如以辞而已矣，《云汉》之诗曰[15]：'周余黎民，靡有孑遗[16]。'信斯言也，是周无遗民也。孝子之至，莫大乎尊亲；尊亲之至，莫大乎以天下养。为天子父，尊之至也；以天下养，养之至也。《诗》曰[17]：'永言孝思，孝思维则[18]。'此之谓也。《书》曰[19]：'祗载见瞽瞍[20]，夔夔斋栗[21]，瞽瞍亦允若[22]。'是为'父不得而子'也[23]？"

王应麟："以意逆志，一言而尽说诗之要，学诗必自孟子始。"（《困学纪闻》）

朱熹："孟子引此而言瞽瞍不能以不善及其子，而反见化于其子，则是所谓父不得而子者，而非如咸丘蒙之说也。"（《集注》）

［注释］

[1] 咸丘蒙：孟子弟子。姓咸丘，名蒙。　[2] 以上几句意为，古语说："道德崇高的人，君主不能把他当作臣下，父亲不能把他当作儿子。"舜面南就天子位，尧率领诸侯面北朝见他，舜的父亲瞽瞍也面北朝见他。舜见了瞽瞍，神色很不安。有蹙（cù）：

不安。 [3] 摄：摄政，代行天子之政。即舜还没有正式成为天子。 [4]《尧典》：《尚书》篇名。 [5] 放勋：尧名。徂落：去世。据《尧典》，尧禅位于舜二十八年后去世。 [6] 百姓：百官。 [7] 以上五句意为，尧禅位于舜二十八年后，尧去世，群臣如同死了父母一般，服丧三年，四海之内停止奏乐。四海：民间。遏密：停止。八音：中国古代对乐器的统称。指金、石、土、革、丝、木、匏、竹八种材料制成的乐器。这里指代音乐。 [8] 以上六句意为，孔子说："天上没有两个太阳，百姓没有两个君王。"要是舜已经做了天子，又率领天下诸侯为尧服丧三年，这就是有两个天子了。 [9]《诗》云：以下四句出自《诗·小雅·北山》。 [10] 率土之滨：沿着王土的边缘，犹言"四海之内"。率：循。滨：海滨。 [11] 以上五句意为，这首诗不是你说的那个意思，是作者感慨为国事奔忙而不能奉养父母。意思是说，"没有一件不是天子的事，却只有我最辛劳"。贤劳：辛劳。咸丘蒙所引"普天之下"四句诗后，还有两句："大夫不均，我从事独贤。"咸丘蒙略去这两句，孟子则是根据这两句讨论诗旨。 [12] 不以文害辞：不要拘泥于文字而误解了词句。 [13] 不以辞害志：不要拘泥于词句而误解了原意。志：志向；意向。 [14] 以意逆志：读者根据自己的理解去推测作者的原意。逆：推求；揣测。 [15]《云汉》：《诗·大雅》中的一篇。 [16] 以上两句意为，周朝剩下的百姓，没有一个存留。孑遗：遗留。 [17]《诗》曰：以下两句出自《诗·大雅·下武》。 [18] 以上两句意为，永远尽孝道，孝道是法则。孝思：孝亲之思。 [19]《书》曰：《尚书》遗篇。所引文字见于伪《古文尚书·大禹谟》。 [20] 祗：恭敬。载：助词。 [21] 夔（kuí）夔斋栗：敬慎恐惧貌。斋：庄重。栗：威严；庄严。 [22] 以上三句意为，舜恭敬地去见瞽瞍，谨慎又小心，瞽瞍也确实受到感化。允：这里是确实之意。顺：顺从。 [23] 是为“父不得而子”也：这是“父亲不能把他当作儿子”吗？也：同“邪”。

[点评]

本章以舜与尧、瞽瞍的关系，讨论亲亲、尊尊与尚贤的关系。儒家继承了西周以来的亲亲、尊尊，到了春秋战国时期又提倡尚贤，这样“盛德之人”一旦官居高位，甚至成为天子，其与原来的君主、父亲如何相处，便成为一个问题。以前他是臣下、儿子，需要向君主、父亲请安，现在关系倒过来了，他成为天子，以前的君主、父亲反而向他行礼。这样，儒家所提倡的尚贤，便对以亲亲、尊尊为基础的人伦关系形成了冲击。咸丘蒙所问，实际关切的是这一问题。对于这一问题，孟子也有关注，他说：“国君进贤，如不得已，将使卑逾尊，疏逾戚，可不慎与？”（《梁惠王下》2.7）但孟子并不认为这可以成为反对尚贤的理由，反而积极主张尚贤，至于尚贤可能出现的问题，只要认真对待处理就可以了。至于咸丘蒙引用的“语云”“子曰”，孟子认为乃“齐东野人之语”，不足为据。实际情况是，尧老，由舜代行天子事，而不是舜真正做了天子，否则便有两个天子了。同样，舜虽然贵为天子，但并不是把瞽瞍当一般的臣子看待，而是恭敬、谨慎地奉行孝道，并非如传言所说，父亲不能把他当作儿子。不过据《尚书·尧典》，尧是禅位二十八年后去世的，孟子的说法与《尧典》不符，他的根据主要是“天无二日，民无二王”。但实行禅让，权力发生转移，实际并不会导致“二王”的问题。孟子对尧、舜关系的说明，显得曲折、婉转，更多反映的是他对禅让问题的谨慎和保守。而这种谨慎和保守，又与燕王哙让国失败有关。关于燕王哙让国对孟子的影响，参看9.5、9.6章点评。

本章还涉及孟子论诗的一个重要命题——“以意逆志”。孟子认为，在解说诗歌时，要注意文、辞、志的差别，理解的目的是把握作者的志，也就是其思想意志。志虽然是通过文、辞来表达的，但又不完全等同于后者，过分拘泥于文、辞的含义，反而会影响对志的理解。所以在解说诗歌时，一方面要通过文、辞去把握作者的志，另一方面还需要“以意逆志”。对于“以意逆志”的“意”，历史上有两种不同的理解，一种是理解为说诗者的“意”，如赵岐说：“人情不远，以己之意逆诗人之志，是为得其实矣。”朱熹说：“言说诗之法……当以己意迎取作者之志，乃可得之。”还有一种是理解为作者的“意”。如清人吴淇说，“以古人之意，求古人之志，乃就诗论诗，犹之以人治人也”（《六朝选诗定论缘起·以意逆志》）。当代学者对此也有不少讨论。从本章孟子论诗的情况看，“意”应该是针对解释者而言，李泽厚先生说：“‘意’是读诗者主观方面所具有的东西，‘志’是诗人的作品客观具有的……所谓‘以意逆志’就是读者根据自己对作品的主观感受，通过想象、体验、理解的活动，去把握诗人在作品中所要表达的思想感情。”（李泽厚、刘纲纪《中国美学史》第一卷，中国社会科学出版社1984年版，第194页）可以说是符合孟子思想的。“以意逆志”突出了读诗者的主体性，要求在“不以辞害志”的前提下，积极参与到诗歌的理解活动中去，深刻影响到我国古代的诗学传统。

9.5 万章曰：“尧以天下与舜，有诸？”

孟子曰：“否。天子不能以天下与人。”

“然则舜有天下也，孰与之？”

曰：“天与之。”

“天与之者，谆谆然命之乎[1]？”

曰：“否，天不言，以行与事示之而已矣[2]。”

曰：“以行与事示之者，如之何？”

曰：“天子能荐人于天，不能使天与之天下[3]；诸侯能荐人于天子，不能使天子与之诸侯；大夫能荐人于诸侯，不能使诸侯与之大夫。昔者，尧荐舜于天，而天受之；暴之于民，而民受之[4]。故曰：‘天不言，以行与事示之而已矣。’”

曰：“敢问：‘荐之于天，而天受之；暴之于民，而民受之。’如何？”

曰：“使之主祭，而百神享之，是天受之；使之主事，而事治，百姓安之，是民受之也[5]。天与之，人与之，故曰：‘天子不能以天下与人[6]。’

朱熹：“天下者，天下之天下，非一人之私有故也。”（《集注》）

朱熹：“舜为天、人所受，是因舜之行与事，而示之以与之之意也。”（《集注》）

舜相尧二十有八载，非人之所能为也，天也。尧崩，三年之丧毕，舜避尧之子于南河之南[7]，天下诸侯朝觐者，不之尧之子而之舜；讼狱者[8]，不之尧之子而之舜；讴歌者，不讴歌尧之子而讴歌舜，故曰，天也。夫然后之中国[9]，践天子位焉。而居尧之宫[10]，逼尧之子，是篡也，非天与也。《泰誓》曰[11]：'天视自我民视，天听自我民听[12]。'此之谓也。"

朱熹："天无形，其视听皆从于民之视听。民之归舜如此，则天与之可知矣。"（《集注》）

［注释］

[1] 以上两句意为，天将天下授予他，是谆谆告诫他的吗？谆谆：反复告诫、再三叮咛貌。 [2] 以上三句意为，不是，天不说话，只是用行为和事情来表示罢了。 [3] 以上两句意为，天子能够向天推荐人，但不能强迫天把天下授予人。 [4] 以上五句意为，从前，尧把舜推荐给天，天接受了；把舜介绍给百姓，百姓接受了。暴（pù）：显现。 [5] 以上几句意为，叫舜主持祭祀，百神都来享用，这就是天接受了他；叫舜主持政事，政事治理得很好，百姓很满意，这就是百姓接受了他。 [6] 以上三句意为，天授予他，百姓授予他，所以说，天子不能把天下授予人。 [7] 南河：黄河自今潼关以下由西向东流的一段。因在尧都濮州之南，故称南河。 [8] 讼狱：诉讼。 [9] 中国：国中，指国都。 [10] 而：若；如果。 [11]《泰誓》：《尚书》篇名。下引两句是《泰誓》逸文。 [12] 以上两句意为，上天看见的，来自我们老百姓看见的；上天听到的，来自我们老百姓听到的。

［点评］

本章以下两章讨论尧舜禅让。孟子在齐国时，发生了燕王哙让国于相子之的事件。本来宣传禅让是战国时期颇为流行的思潮，这在近些年出土的郭店简《唐虞之道》、上博简《容成氏》《子羔》等篇中都有反映（参见梁涛《战国时期的禅让思潮与“大同”“小康”说》，《中国哲学与文化》第6辑，2009年）。然而燕王哙让国失败，给当时的禅让思潮一个沉重打击，迫使学者对禅让的问题做出重新思考。本章孟子与万章的对话，可能就发生在这一背景下。孟子认为“天子能荐人于天，不能使天与之天下”，从这一点看，最高权力是掌握在天的手里，给谁不给谁应由天说了算，而不能由天子私自决定。但“天不言，以行与事示之而已矣”，天是根据人们的行为和事件表示天命授予的。所以舜的天子之位既是天赋予的，也是人民给予的。天只是形式，人民的意志、意愿才是实质内容，正可谓“天视自我民视，天听自我民听”。孟子认为“天子不能以天下与人”，而应经过天与人民的认可，表明天下并非天子个人的私有物。这种区分的内在含义，在于肯定天下非天子个人的天下，而是天下之人或天下之民的天下。故天子不过是受“天”与“民”委托的管理者，只具有管理、行政权，而不具有对天下的所有权。所以在燕王哙让国失败之后，孟子虽然一定程度上改变了对禅让的态度（详见下章），但仍坚守“天下为公”的理念。从孟子的思想出发，也可以说，燕王哙让国的失败，恰恰是因为其没有听取燕国百姓的意见，是其私自主张的结果。

9.6 万章问曰："人有言，'至于禹而德衰，不传于贤而传于子'。有诸？"

孟子曰："否，不然也。天与贤，则与贤；天与子，则与子。昔者，舜荐禹于天，十有七年，舜崩，三年之丧毕，禹避舜之子于阳城[1]，天下之民从之，若尧崩之后不从尧之子而从舜也。禹荐益于天[2]，七年，禹崩，三年之丧毕，益避禹之子于箕山之阴[3]。朝覲讼狱者，不之益而之启[4]，曰：'吾君之子也。'讴歌者，不讴歌益而讴歌启，曰：'吾君之子也。'丹朱之不肖[5]，舜之子亦不肖。舜之相尧、禹之相舜也，历年多，施泽于民久。启贤，能敬承继禹之道。益之相禹也，历年少，施泽于民未久[6]。舜、禹、益相去久远，其子之贤不肖，皆天也，非人之所能为也。莫之为而为者，天也；莫之致而至者，命也。匹夫而有天下者，德必若舜、禹，而又有天子荐之者，故仲尼不有天下。继世而有天下，天之所废，必若桀、纣者也，故益、伊尹、周公不有天下[7]。伊尹相汤以王于天下，汤崩，太丁未立[8]，外丙二年[9]，仲壬四年[10]，太甲颠覆汤之典刑[11]，

传贤、传子有天命焉，非人力所能为也。

伊尹放之于桐[12]。三年，太甲悔过，自怨自艾，于桐处仁迁义，三年，以听伊尹之训己也，复归于亳[13]。周公之不有天下，犹益之于夏、伊尹之于殷也。孔子曰：‘唐虞禅[14]，夏后殷周继，其义一也。’”

[注释]

[1] 阳城：在今河南登封境内。 [2] 益：伯益，传说中嬴姓各族之祖，因助禹治水有功，被选为继承者，后为禹子启所杀。 [3] 箕山：在今河南登封东南。 [4] 启：禹的儿子。禹死后，他杀禹指定的继承者益而继位，从此确立了传子制度。 [5] 丹朱：传说中尧之子，名朱，封于丹。传说他傲慢荒淫，尧因禅位给舜。 [6] 以上八句意为，舜辅佐尧、禹辅佐舜，经历的年岁长，施予百姓恩泽的时间久。启很贤明，能恭敬地继承禹的德行。益辅佐禹，经历的年岁短，施予百姓恩泽的时间不长。 [7] 以上八句意为，一介平民能拥有天下，他的德性一定要像舜、禹，而且要有天子的推荐，所以孔子就没能拥有天下。继承上代而拥有天下，天如果要废弃，一定是像桀、纣那样的君主，所以益、伊尹、周公就没能拥有天下。 [8] 太丁：汤的长子。 [9] 外丙：太丁的弟弟。商人传位常常是兄终弟及，据《史记·殷本纪》记，商汤王死，太子太丁未立即死，弟外丙立；帝外丙死，外丙弟仲壬立。 [10] 仲壬：外丙的弟弟。 [11] 太甲：汤的嫡长孙，太丁之子。 [12] 以上七句意为，伊尹辅佐商汤称王天下，商汤死后，太子太丁没有继位就死了，他的弟弟外丙在位两年，仲壬在位四年，太甲破坏了汤的典章法度，伊尹把他流放到桐邑。桐：地名，

在今河南偃师附近。 [13] 亳（bó）：地名，商汤的国都，故址在今河南商丘北。 [14] 唐虞：相传尧建立的朝代叫“唐”，舜建立的朝代叫“虞”。禅：禅让。

［点评］

本章继续讨论禅让。万章引时人的话，“至于禹而德衰，不传于贤而传于子”，说明在当时的人们看来，传贤是比传子更好的制度，传贤不能实行，是由于道德衰落的缘故。孟子则认为，既然天下的所有权属于天，而天又是根据民意行事的，那么，“授贤”和“传子”就不是绝对的，而是根据民意的变化而变化。当初舜让国于禹，舜死，天下之民皆从禹，所以就禅让；后来禹让国于益，但禹死，天下之民从禹之子启，而不从益，所以就传子。可见，禅让与传子只是外在形式，并非主要的。真正重要的是行王道、仁政，得到天下民众的拥护，所以说：“唐虞禅，夏后殷周继，其义一也。”孟子此论应是在燕王哙禅让失败后的特殊情况下所发，意在调和禅让与世袭的矛盾。但从儒学内部的发展来看，“天下为公”与“选贤与能”是相辅相成、缺一不可的。“天下为公”、权力公有是价值理念，选贤与能、实行禅让是制度设计。否定了选贤与能、实行禅让，“天下为公”、权力公有也就无法真正体现和保障，成为流于形式的口号。

本章关于天命的论述也值得关注，一般而言，孟子的天具有主宰天、义理天、命运天、自然天等不同含义，这些不同含义之间又具有一定的联系，需要根据具体的语境做出分析、判断。孟子认为舜的王位是“天予之”，此天显然应该是主宰天，即人间的最高主宰。但孟子有时也将非人力可以抗拒的力量称为天，“莫之为而为者，天也；莫之致而至者，命也”。我们所生活的世界中，似乎并没有一个主宰者在发号施令，但又确实存在着一种人力所无可奈何的力量，它作用于每个人身上，使其表现出不同的人生际遇，这种力量就是天，落实到个人就是命。举例来说，一个人在位时间的长短、其后代的贤与不肖，这些都是天，不是人力可以决定的。孟子“莫之为而为者”的天是一种命运天，主要是指人力无法抗拒的客观形势以及偶然性等等。由于这种天的作用，传贤抑或传子就不是绝对的，而是充满了偶然性，需要根据时势的变化做出调整。

9.7 万章问曰：“人有言：‘伊尹以割烹要汤[1]。’有诸？”

孟子曰：“否，不然。伊尹耕于有莘之野[2]，而乐尧舜之道焉。非其义也，非其道也，禄之以天下，弗顾也；系马千驷，弗视也。非其义也，非其道也，一介不以与人，一介不以取诸人[3]。汤使人以币聘之，嚣嚣然曰[4]：‘我何以汤之聘币为哉？我岂若处畎亩之中，由是以乐尧舜之道哉？’汤三使往聘之，既而幡然改[5]，曰：‘与我处畎亩之中，由是以乐尧舜之道，吾岂若使是君为尧舜之君哉？吾岂若使是民为尧舜之民哉？吾岂若于吾身亲见之哉？天之生此民也，使先知觉后知，使先觉觉后觉也。予，天民之先觉者也[6]。予将以斯道觉斯民也。非予觉之，而谁也？’思天下之民，匹夫匹妇有不被尧舜之泽者，若己推而内之沟中[7]。其自任以天下之重如此，故就汤而说之，以伐夏救民。吾未闻枉己而正人者也，况辱己以正天下者乎？圣人之行不同也，或远，或近，或去，或不去，归洁其身而已矣[8]。吾闻其以尧舜之道要汤，未闻以割烹也。《伊训》曰[9]：‘天诛造攻自牧宫[10]，朕载自亳[11]。’”

朱熹：“辱己甚于枉己，正天下难于正人。若伊尹以割烹要汤，辱己甚矣，何以正天下乎？”（《集注》）

[注释]

[1] 此句意为，伊尹用切肉、烹任获得汤的任用。事见《墨子·尚贤》《庄子·庚桑楚》《吕氏春秋·本味》《史记·殷本纪》等，叙述有所不同。《本味》称伊尹对汤说起天下最好的美味，汤问是否可以按照方法来制作？伊尹回答说：“君的国家小，不可能都具备；如果得到天下当了天子就可以了。”并详述天下之美味及制作方法。《殷本纪》则称伊尹为了向汤进言，主动做了莘氏的家臣，负责汤的饮食，“以滋味说汤，致于王道”。要：求取；取得。 [2] 有莘（shēn）：莘，古国名，“有”是词头。在今河南开封陈留东北。传说商汤娶有莘氏之女。 [3] 以上几句意为，如果不合乎义，不合乎道，即使把天下作为俸禄，他也不理

睬；即使送给他四千匹马，他也不会看一眼。如果不合乎义，不合乎道，不会送别人一点点东西，也不会拿别人一点点东西。一介：一点点。介：同“芥”；一说同“个”。 [4] 嚣嚣然：自得无欲貌。 [5] 幡然：剧变貌。 [6] 天民：承担天之责任、使命之人。即“天将降大任于是人也”之人。 [7] 以上两句意为，想到天下百姓有一男一女没有得到尧舜之道的恩泽，就像是自己将他们推进沟中一样。内：通“纳”。 [8] 以上六句意为，圣人的行事各不相同，有的远离君主，有的接近君主，有的离开君主，有的不离开君主，归根结底都是为了洁身自好罢了。 [9]《伊训》：《尚书》篇名。 [10] 天诛：上天的诛伐。造：始。攻：行。牧宫：桀的宫室名，这里指夏桀。 [11] 以上两句意为，上天的讨伐起自夏桀自己，我不过是从亳邑开始谋划罢了。朕：伊尹自称。载：始。

［点评］

本章反驳“伊尹以割烹要汤”，申述士人进退出处之道。据传说，伊尹曾通过向商汤进献美味而得到重用，成为历史上著名的贤相。万章询问此事的真伪，包含有士人是否可以像伊尹那样，“枉尺而直寻”，通过不太恰当的手段而达到平治天下的结果的想法。孟子坚决否定了“割烹”说，认为士人出仕必须坚守一定的原则，伊尹乐尧舜之道，汤闻其贤，三聘而用之。故是“以尧舜之道要汤”，而不是“割烹要汤”。至于伊尹为何要接受汤的礼聘，是出于“予，天民之先觉者也”“将以斯道觉斯民也”的担当和自信，是发自“有不被尧舜之泽者，若己推而内之沟中”的悲悯同情之心，而不是为个人的利禄考虑。孟子对伊尹的理解可能并不完全符合历史，带有理想的成分，但他通过伊尹所揭示的“舍我其谁”的担当精神，却不绝如缕，在历史上一直发挥着作用。后来范仲淹主张“先天下之忧而忧，后天下之乐而乐”，张载提出“为天地立心，为生民立命，为往圣继绝学，为万世开太平”，都与孟子存在渊源关系。

9.8　万章问曰：“或谓孔子于卫主痈疽[1]，于齐主侍人瘠环[2]，有诸乎？”

孟子曰：“否，不然也，好事者为之也。于卫主颜雠由[3]。弥子之妻与子路之妻[4]，兄弟也[5]。弥子谓子路曰：‘孔子主我，卫卿可得也[6]。’子路以告。孔子曰：‘有命。’孔子进以礼，退以义，得之不得，曰‘有命’，而主痈疽与侍人瘠环，是无义无命也。孔子不悦于鲁、卫，遭宋桓司马将要而杀之[7]，微服而过宋。是时孔子当阨[8]，主司城贞子[9]，为陈侯周臣[10]。吾闻观近臣，以其所为主；观远臣，以其所主[11]。若孔子主痈疽与侍人瘠环，何以为孔子？”

卫卿得与不得，在命，不在弥子。

［注释］

[1] 主：名词用作动词，以某某为主人之意，意即作客于某某家。痈疽：又作雍渠、雍鉏等，卫灵公宠幸的宦官。　[2] 侍人：

宦官。瘠环：齐景公宠幸的宦官。 [3] 颜雠由：《史记·孔子世家》作颜浊邹，卫国的贤大夫。 [4] 弥子：即弥子瑕，卫灵公的宠臣。 [5] 兄弟：即姐妹。 [6] 以上两句意为，孔子要是住在我家，就可以让他当上卫国的国卿。 [7] 桓司马：宋国的司马桓魋（tuí）。要（yāo）：拦截。据《史记·孔子世家》，孔子离开曹国去宋国，与弟子在大树下习礼。宋司马桓魋想要杀孔子，派人砍掉了大树。弟子劝孔子赶快离去。孔子说："天生德于予，桓魋其如予何！" [8] 当阨：遇到危险。当：遇到。阨：同"厄"。危险；灾难。 [9] 司城贞子：陈国大夫。 [10] 陈侯周：陈国国君，名周。 [11] 以上四句意为，我听说观察在朝的臣子，就看他所接待的客人；观察外来的臣子，就看他所寄居的主人。

[点评]

古代士人游说诸侯，到了某个国家，往往投靠到某个大夫或有权势的人门下，借住在他家里，通过他的推荐，获得出仕的机会。故借住在什么人的家里，通过谁的推荐获得职位，往往反映了士人的政治立场和出仕态度，值得认真对待。本章驳斥了关于孔子的一些不实传言，肯定了"孔子进以礼，退以义，得之不得曰'有命'"的人生态度，仍是申述士人的进退出处之道。其中孟子对于命的理解，实际包含了一种天人之分的思想，可参看《梁惠王下》2.16点评。

9.9 万章问曰："或曰，'百里奚自鬻于秦养牲者五羊之皮[1]，食牛以要秦缪公[2]'，信乎？”

孟子曰：“否，不然，好事者为之也。百里奚，虞人也[3]。晋人以垂棘之璧与屈产之乘，假道于虞以伐虢[4]。宫之奇谏[5]，百里奚不谏。知虞公之不可谏而去，之秦年已七十矣，曾不知以食牛干秦缪公之为汙也[6]，可谓智乎？不可谏而不谏，可谓不智乎？知虞公之将亡而先去之，不可谓不智也。时举于秦，知缪公之可与有行也而相之[7]，可谓不智乎？相秦而显其君于天下，可传于后世，不贤而能之乎？自鬻以成其君，乡党自好者不为，而谓贤者为之乎[8]？”

赵岐：“君子时行则行，时舍则舍，故能显君明道，不为苟合而违正也。”（《章句》）

［注释］

[1] 百里奚：原为虞国大夫，虞亡后辗转而成秦国大夫，辅助秦穆公建立霸业。据《史记·商君列传》，百里奚听说秦缪公贤明，想去拜见，“行而无资，自粥（同‘鬻’）于秦客，被褐食牛。期年，缪公知之，举之牛口之下，而加之百姓之上”。鬻（yù）：卖。五羊之皮：五只羊的皮。 [2] 以上两句意为，百里奚以五张羊皮的价格把自己卖给秦国养牲畜的人，替人养牛，以获得秦缪公的任用。食（sì）牛：为人养牛。秦缪公：又作秦穆公，秦国国君，公元前659年至前621年在位。 [3] 虞：周初所封诸侯国名，故地在今山西平陆。前655年被晋所灭。 [4] 以上两句意为，晋国用垂棘所出的美玉和屈地所产的良马，向虞国借路去攻

打虢国。垂棘之璧：垂棘这个地方出产的玉璧。屈产之乘：屈这个地方出产的良马。假道：借道。虢：周初所封诸侯国，原封地在今陕西宝鸡，西周灭亡后迁至今河南三门峡陕州区，前655年被晋所灭。 [5] 宫之奇：虞国大夫，曾用"唇亡齿寒"的道理劝虞公拒绝晋国借路的要求，虞公不听。结果晋灭虢后，接着灭掉了虞国。 [6] 此句意为，他竟会不知道用养牛的方式以求得接近秦缪公是一件污浊的事。曾：竟。干：求取。汙（wū）：污浊的东西或事情。 [7] 以上两句意为，当被秦国任用时，他知道缪公能有所作为而辅佐他。有行：犹"有为"。 [8] 以上三句意为，以卖身来成就其君主，乡里洁身自爱的人都不会做，难道说贤者会这么做吗？而：犹"却"。

［点评］

本章驳百里奚自卖其身以要秦缪公说。关于百里奚身世，历史上有不同的传说，一种是万章引用的"自鬻"说，后被司马迁记入《史记·商君列传》中。但《史记·秦本纪》还有一种说法，晋献公灭了虞国，百里奚被俘沦为奴隶，后晋献公的女儿嫁给秦穆公作夫人，将百里奚作为陪嫁的奴隶带到秦国。百里奚不堪忍受，于是逃出秦国，跑到楚国边界时被俘虏了。秦穆公听说百里奚贤，用五张黑色公羊皮将其换回，并委以国政，称"五羖大夫"。孟子不同意"自鬻"说，对其进行了驳斥，而主张"用贤"说。本章与前论伊尹、孔子两章一样，都是为贤者正名，同时申述士人的进退出处之道。

需要说明的是，百里奚在虞国面临亡国危险时，没有积极进谏，而是明哲保身；在国家将要灭亡时，又先逃离虞国，投奔秦国，孟子对其予以肯定，认为是明智的。这与儒家强调的杀身成仁、舍生取义是否矛盾呢？其实不然。儒家主张积极出仕，得君行道，但现实中的君有贤与不贤之分。当坏人当道时，一个智者就应该全身而退。所以孔子讲："邦无道则可卷而怀之。"（《论语·卫灵公》）"邦无道，免于刑戮。"（《公冶长》）所以邦无道也就是君无道时，孔孟都不主张对君主愚忠，他们是民本论者，而不是君本论者。至于杀身成仁，舍生取义，主要是针对民众而言，是维护民众的利益，坚守人间的道义，而不是为国君甚至国家无谓地献出生命。孟子讲，"民为贵，社稷次之，君为轻"（《孟子·尽心下》14.14）。为民可以杀身成仁，舍生取义，为君和社稷则不必。另外，关于百里奚的生平，孟子不同意"自鬻"说，似乎也没有取"赎买"说，而是提出"之秦"说，认为百里奚是主动离开虞国投奔秦国的。显然在孟子看来，这样才更符合百里奚的身份，可能包含了"夫子自道"，实际反映了孟子的思想观念和价值立场。

万章下

10.1　孟子曰："伯夷，目不视恶色，耳不听恶声。非其君不事，非其民不使。治则进，乱则退。横政之所出[1]，横民之所止，不忍居也[2]。思与乡人处，如以朝衣朝冠坐于涂炭也。当纣之时，居北海之滨，以待天下之清也。故闻伯夷之风者，顽夫廉[3]，懦夫有立志[4]。

"伊尹曰：'何事非君？何使非民[5]？'治亦进，乱亦进，曰：'天之生斯民也，使先知觉后知，使先觉觉后觉。予，天民之先觉者也。予将以此道觉此民也。'思天下之民，匹夫匹妇有不与被尧舜之泽者，如己推而内之沟中——其自任以天下之重也。

“柳下惠不羞汙君，不辞小官。进不隐贤，必以其道。遗佚而不怨，阨穷而不悯。与乡人处，由由然不忍去也[6]。‘尔为尔，我为我，虽袒裼裸裎于我侧，尔焉能浼我哉[7]？’故闻柳下惠之风者，鄙夫宽[8]，薄夫敦[9]。

“孔子之去齐，接淅而行[10]；去鲁，曰：‘迟迟吾行也，去父母国之道也。’可以速而速，可以久而久，可以处而处，可以仕而仕，孔子也[11]。”

孟子曰：“伯夷，圣之清者也；伊尹，圣之任者也；柳下惠，圣之和者也；孔子，圣之时者也。孔子之谓集大成。集大成也者，金声而玉振之也[12]。金声也者，始条理也；玉振之也者，终条理也。始条理者，智之事也；终条理者，圣之事也。智，譬则巧也；圣，譬则力也。由射于百步之外也[13]，其至，尔力也；其中，非尔力也[14]。”

孔子时行则行，时止则止，故能集先圣之大成。

孔子智且圣。

［注释］

[1] 横政：残暴的政治。横：横逆；残暴。 [2] 以上五句意为，世道太平就出仕，世道昏乱就隐居。施行暴政的国家，住

有暴民的地方，他都不愿意居住。 [3] 顽夫：贪婪的人。顽：通“贪”。 [4] 以上三句意为，所以，听到伯夷的风范，贪婪的人会变得廉洁，懦弱的人会立定志向。 [5] 以上两句意为，什么君主不能侍奉？什么百姓不能使唤？ [6] 以上八句意为，柳下惠不以侍奉坏的君主为耻，不嫌弃做小官。出仕不隐藏自己的才能，一定按原则办事。遭到遗弃而不怨恨，困于贫穷而不忧伤。与乡下人相处，悠然自得不忍离去。由由然：怡然自得貌。 [7] 以上四句意为，你是你，我是我，即使你在我身旁赤身露体，又怎能玷污我呢？浼（měi）：玷污。 [8] 鄙夫：狭隘的人。鄙：狭陋。 [9] 以上三句意为，所以，听到柳下惠的风范，狭隘的人会变得宽容，刻薄的人会变得厚道。薄夫：刻薄的人。 [10] 接淅：接：承；取。淅：渍（zì）米水。已经淘米做饭，但要马上离去，故用手捧出已经淘湿的米。指行色匆忙。 [11] 以上几句意为，孔子离开齐国时，把已浸在水中的米捞起来就走；离开鲁国时，却说：“我们慢慢地走吧，这是离开祖国的态度。”该快就快，该久就久，该闲居就闲居，该出仕就出仕，这就是孔子。 [12] 以上几句意为，伯夷，是圣人中的清高者；伊尹，是圣人中的尽责者；柳下惠，是圣人中的随和者；孔子，是圣人中的合时宜者。孔子可说是集大成了。所谓集大成，好比奏乐时敲钟开头，击磬收尾。金声玉振：谓以钟发声，以磬收韵，奏乐从始至终。金：金属制的乐器如钟之类；玉：玉或石制的乐器如磬之类。 [13] 由：同“犹”。 [14] 以上几句意为，节奏条理的开端，在于智；节奏条理的终结，在于圣。智好比技巧，圣好比力气。就像在百步之外射箭，射得到，是靠你的力气；射得中，则不只是靠你的力气了。

[点评]

本章以伯夷、伊尹、柳下惠与孔子为例，讨论士人的出仕之道，而肯定孔子“集大成”。伯夷、伊尹、柳下惠均恪守自己的出仕之道，伯夷注重洁身自好，伊尹勇于责任担当，柳下惠善于与世俯仰，分别是圣人中的“清”“任”“和”者，但他们固执一偏，容易走向极端，故孟子曾批评伯夷偏颇狭隘，柳下惠玩世不恭（3.9）。孟子认为，孔子超出前人的地方在于他是“圣之时”，能与时偕行，不固执一偏，又兼具各种美德，所以是集大成者。孟子以奏乐为喻，奏乐有始有终，旋律随乐曲的进行而变化，不机械单调，最能说明集大成。孟子又以射箭为喻，射箭是“巧”与“力”的结合，缺一不可；“巧”好比“智”，“力”好比“圣”，唯有孔子兼备二者，其他圣贤则往往流于一偏。

10.2 北宫锜问曰[1]：“周室班爵禄也[2]，如之何？”

孟子曰：“其详不可得闻也，诸侯恶其害己也，而皆去其籍；然而轲也尝闻其略也。天子一位，公一位，侯一位，伯一位，子、男同一位，凡五等也。君一位，卿一位，大夫一位，上士一位，中士一位，下士一位，凡六等[3]。

“天子之制，地方千里，公侯皆方百里，伯七十里，子、男五十里，凡四等。不能五十里，不达于天子，附于诸侯，曰附庸[4]。天子之卿受地视侯，大夫受地视伯，元士受地视子、男[5]。大国地方百里，君十卿禄，卿禄四大夫，大夫倍上士，上士倍中士，中士倍下士，下士与庶人在官者同禄，禄足以代其耕也[6]。次国地方七十里，君十卿禄，卿禄三大夫，大夫倍上士，上士倍中士，中士倍下士，下士与庶人在官者同禄，禄足以代其耕也。小国地方五十里，君十卿禄，卿禄二大夫，大夫倍上士，上士倍中士，中士倍下士，下士与庶人在官者同禄，禄足以代其耕也。

“耕者之所获：一夫百亩，百亩之粪[7]，上农夫食九人[8]，上次食八人，中食七人，中次食六人，下食五人。庶人在官者，其禄以是为差[9]。”

［**注释**］

[1] 北宫锜：卫国人。 [2] 班：用作动词，划定等级。 [3] 以上几句意为，天子一级，公一级，侯一级，伯一级，子与男同一级，共有五个等级。（在诸侯国中，）国君一级，卿一级，大夫一级，上士一级，中士一级，下士一级，共有六个等级。凡六等：此指诸侯国内的爵位。 [4] 以上几句意为，天子管辖的土地方圆千里，公、侯都是方圆百里，伯七十里，子、男五十里，共四等。方圆不足五十里的国家，不能直接上达天子，附属于诸侯，叫作“附庸”。附庸：附属于大国的小国。 [5] 以上三句意为，天子的卿所受的土地与侯爵相等，天子的大夫所受的土地与伯相等，天

子的上士所受的土地与子、男相等。视：比照。元士：天子直辖区域内的上士。 [6] 以上几句意为，大国的土地方圆百里，国君的俸禄是卿的十倍，卿的俸禄是大夫的四倍，大夫比上士多一倍，上士比中士多一倍，中士比下士多一倍，下士与在官府当差的百姓俸禄相同，俸禄足以代替他们耕种的收入。 [7] 粪：施肥。 [8] 上农夫食（sì）九人：上等的农夫可供养九人。 [9] 以上两句意为，在官府当差的百姓，他们的俸禄比照这个等级。即将当差的百姓也分为上、上次、中、中次、下五个等级，其俸禄比照农夫的收入。

［点评］

本章论周朝的爵位、俸禄制度。孟子所论，与《周礼》《礼记·王制》等篇的记载多有不同，可能带有理想的成分。但对理解中国古代制度，仍是重要的文献资料。

需要说明的是，《孟子》与《礼记·王制》的最大不同，在于后者将天子排除在五等爵位之外；又将子、男分列，为公、侯、伯、子、男五等。按照这种分法，爵位是天子颁给诸侯以下贵族时，天子不在爵位之中，而是高高在上的颁布者。孟子的“天子一位”，蕴含有天子只是贵族中的一个等级，并不神秘之意。此点以后被明清之际的启蒙思想家所发挥，如黄宗羲曾引“天子一位”一段并加以评论说：“盖自外而言之，天子之去公，犹公、侯、伯、子男之递相去；自内而言之，君之去卿，犹卿、大夫、士之递相去，非独至于天子遂截然无等级也。”（黄宗羲《明夷待访录》，中华书局 1981 年版，第 7 页）顾炎武在《日知录》中专门列有“周室班爵禄”一条：“为民而立之君，故班爵之意，天子与公、侯、伯、子男一也，而非绝世之贵。代耕而赋之禄，故班爵之意，君、卿、大夫、士与庶人在官一也，而非无事之食。是故知天子一位之义，则不敢肆于民上以自尊；知禄以代耕之义，则不敢厚取于民以自奉。”（顾炎武著，黄汝成集释《日知录集释》，上海古籍出版社 2006 年版，第 433 页）认为天子并不神秘，不过与公、侯、伯、子男一样，都是为民而设立的管理者。他们的俸禄不过是对其工作的回报，而不代表其具有某种特权，可以不劳而获。明白了“天子一位”和“禄以代耕”的道理，就不敢肆虐于民之上，以作威作福，更不应巧取豪夺、损民利己了。

10.3　万章问曰：“敢问友？”

孟子曰：“不挟长，不挟贵，不挟兄弟而友[1]。友也者，友其德也，不可以有挟也。孟献子[2]，百乘之家也，有友五人焉：乐正裘、牧仲[3]，其三人，则予忘之矣。献子之与此五人者友也，无献子之家者也[4]。此五人者，亦有献子之家[5]，则不与之友矣[6]。非惟百乘之家为然也，虽小国之君亦有之。费惠公曰[7]：‘吾于子思，则师之矣；吾于颜般[8]，则友之矣；王顺、长息[9]，则事我者也。’非惟小国之君为然也，虽大国之君亦有之。晋平公之于亥唐也[10]，入云则入，坐云则坐，食云则食；虽蔬食菜羹，未尝不饱，盖不敢不饱也。然终于此而已矣[11]。弗与共天位也，弗与治天职也，弗与食天禄也，士之尊贤者也，非王公尊贤也[12]。舜尚见帝[13]，帝馆甥于贰室[14]，亦飨舜，迭为宾主，是天子而友匹夫也[15]。用下敬上，谓之贵贵；用上敬下，谓之尊贤。贵贵尊贤，其义一也。”

上下皆以友相待，故其义一也。

[注释]

[1] 以上三句意为，不倚仗年纪大，不倚仗地位高，不倚仗兄弟的关系去交友。挟（xié）：依恃；倚仗。 [2] 孟献子：鲁国大夫。 [3] 乐正裘、牧仲：皆当时没有官位的贤人。 [4] 无献子之家：没有想到献子自己是个大夫。家：指大夫的身份。 [5] 亦：犹“若”。 [6] 以上五句意为，孟献子与这五个人交往，并没有想到自己是个大夫；这五个人，若是想到孟献子是个大夫，就不同他交往了。 [7] 费（bì）惠公：战国时小国费的国君。 [8] 颜般：古代贤者。《汉书 · 古今人表》作颜敢，列为第四等中上。 [9] 王顺、长息：《汉书 · 古今人表》中与颜敢同列第四等中上，排在颜敢之后。王顺作王慎。 [10] 晋平公：春秋时晋国国君，姓姬名彪。亥唐：晋国人。 [11] 以上八句意为，晋平公对于亥唐，亥唐叫他进就进，叫他坐就坐，叫他吃饭就吃饭，哪怕是粗茶淡饭，也不曾不吃饱过，因为不敢不吃饱。不过也仅此而已。 [12] 以上五句意为，不与他共居官位，不与他共理政事，不与他共享俸禄，这是士人尊贤的方式，而不是王公尊贤的方式。 [13] 尚：同

“上”。帝：尧。舜当时还是平民，故他见尧帝称“上”。 [14] 甥：指舜。古人称妻父为外舅，故岳父亦可称女婿为甥。馆：安排住宿。贰室：副宫。 [15] 以上五句意为，舜上谒尧帝，尧帝安排这位女婿住在副宫，设宴款待舜，两人互为宾主，这是天子与百姓交朋友。

［点评］

本章论交友。曾子说：“君子以文会友，以友辅仁。”（《论语·颜渊》）认为交友的目的在于辅助仁德。孟子继承了这一思想，提出“友其德”。他特别强调人格的平等，反对依仗任何外在的条件去交友。认为诸侯、天子都可以与贤者交友，诸侯与贤者交友，可以与其共理政事；天子与贤者交友，则可以禅让天下，尧舜就是榜样。诸侯、天子与贤者身份、地位不同，但都应该相互尊重，都应该以友相待，后者尊重前者是尊尊，前者尊重后者是尊贤，精神实质则是一样的。

10.4 万章曰：“敢问交际何心也[1]？”

孟子曰：“恭也。”

曰：“‘却之却之为不恭[2]’，何哉？”

曰：“尊者赐之，曰：‘其所取之者，义乎，不义乎？’而后受之。以是为不恭，故弗却也[3]。”

曰：“请无以辞却之，以心却之，曰：‘其取诸民之不义也。'而以他辞无受[4]，不可乎？"

曰："其交也以道，其接也以礼，斯孔子受之矣[5]。"

万章曰："今有御人于国门之外者，其交也以道，其馈也以礼，斯可受御与[6]？"

曰："不可。《康诰》曰[7]：'杀越人于货[8]，闵不畏死[9]，凡民罔不譈[10]。'是不待教而诛者也。殷受夏，周受殷，所不辞也。于今为烈[11]，如之何其受之[12]？"

曰："今之诸侯取之于民也，犹御也。苟善其礼际矣[13]，斯君子受之，敢问何说也[14]？"

曰："子以为有王者作，将比今之诸侯而诛之乎[15]？其教之不改而后诛之乎？夫谓非其有而取之者盗也，充类至义之尽也[16]。孔子之仕于鲁也，鲁人猎较[17]，孔子亦猎较。猎较犹可，而况受其赐乎？"

曰："然则孔子之仕也，非事道与？"

曰："事道也。"

"事道奚猎较也？"

曰："孔子先簿正祭器[18]，不以四方之食供

朱熹："言今诸侯之取于民，固多不义，然有王者起，必不连合而尽诛之。必教之不改而后诛之，则其与御人之盗，不待教而诛者不同矣。夫御人于国门之外，与非其有而取之，二者固皆不义之类，然必御人，乃为真盗。其谓非有而取为盗者，乃推其类，至于义之至精至密之处而极言之耳，非便以为真盗也。"(《集注》)

簿正[19]。”

曰：“奚不去也？”

曰：“为之兆也[20]。兆足以行矣而不行，而后去，是以未尝有所终三年淹也[21]。孔子有见行可之仕[22]，有际可之仕[23]，有公养之仕[24]。于季桓子[25]，见行可之仕也；于卫灵公[26]，际可之仕也；于卫孝公[27]，公养之仕也。”

［注释］

[1] 敢问交际何心也：请问与人交往应抱什么态度？交际：往来应酬。 [2] 此句意为，一再拒绝别人的礼物是不恭敬的。却之：不接受对方的礼物而退还回去。 [3] 以上六句意为，尊者赠送礼物时，你心里却想：“他取得这些东西是符合义的呢，还是不符合义？”然后才接受。这样是不恭敬的，所以就不拒绝。 [4] 以上四句意为，不用言语拒绝，而在心里拒绝，心想：“这是他从百姓那里取来的不义之财。”然后以别的理由不接受。 [5] 以上三句意为，他按规矩与我交往，也按礼节款待我，那么，就是孔子也会接受的。接：接见；接待。 [6] 以上四句意为，如果城门外有个拦路抢劫的人，他按规矩与我交往，也按礼节送我礼物，这样就可以接受他抢来的东西吗？御：伏击。 [7]《康诰》：《尚书》篇名。 [8] 越：劫夺；抢劫。于：犹“与”。 [9] 闵：通“暋”。今本《康诰》作“暋”。强悍。 [10] 以上三句意为，杀人抢劫财物，强横不怕死的，百姓没有不痛恨的。譈（duì）：同“憝”。今本《康诰》作“憝”。怨恨。 [11] 烈：厉害；猛烈。 [12] 以上六句意

为，杀人越货的人不必等待教化就可以处死。殷朝继承了夏朝这条法律，周朝继承了殷朝这条法律，都不愿更改。现在杀人抢劫更为严重，怎么还能接受强盗的礼物呢？ [13] 礼际：以礼应接；按礼节交往。 [14] 以上五句意为，现在的诸侯从百姓那里夺取财物，就像拦路抢劫一样。如果他们按照礼节交往，这样君子也就可以接受他们的礼物，请问这又该怎么解释呢？ [15] 比：等同。 [16] 以上五句意为，你认为如果有圣王出现，会将现在的诸侯等而同之全部杀光呢，还是把经过教化仍不悔改的杀掉呢？把不归他所应有而取得的称作是抢劫，这是把“抢劫”的含义扩大到尽头。充类至义之尽：充其类、极其义，即类推究义的意思。 [17] 猎较：打猎时争夺猎物，以所得用作祭祀。 [18] 簿正祭器：用文书规定祭器祭品，使有定数。簿（bù）：册籍；记载用的本子。正：决定；确定。 [19] 以上两句意为，孔子先根据文书规定祭器祭品，不用四方珍奇的猎物充当祭品。簿正：这里用作名词，指簿书上所规定的祭品。 [20] 兆：征兆，用作动词，指占验事情的结果。 [21] 以上四句意为，为了证明自己的主张可以行得通。尝试了可以行得通而君主却不实行，然后才离去，所以孔子没有在一个地方待满三年的。淹：停留。 [22] 见行可之仕：见道可行而出仕。 [23] 际可之仕：礼遇周到而出仕。 [24] 公养之仕：国君养贤而出仕。 [25] 季桓子：鲁国的正卿。 [26] 卫灵公：卫国国君，公元前 534 年至前 493 年在位。 [27] 卫孝公：不见于史书记载，可能是卫出公辄之误传。辄是卫灵公之孙，继灵公即位。

[点评]

本章论与人交往，重点在士人的出仕之道。战国时期士人选择出仕已是较为普遍的现象，但当时的诸侯多是不义之君，他们的财物也多是通过不义的手段获得的。那么，士人是否还应该出仕呢？是否可以接受诸侯的礼聘呢？孟子认为，与人交往重要的是恭敬之心。只要他人以礼相待，他们的礼聘就是可以接受的。由此引出两个问题，如果强盗、诸侯也以礼相待，他们的礼聘也是可以接受的吗？孟子认为，对于强盗、诸侯还是要区别对待的，强盗的礼物当然不可接受，诸侯中虽多有不义之君，但假如有圣王出现，也只能将其中罪大恶极者绳之以法。将诸侯与强盗完全等同起来，那等于是将“抢劫”的含义做了无限的放大。孔子一生积极出仕，有“见行可之仕”“际可之仕”“公养之仕”，所以士人既要在出仕时坚守“义”的原则，也要避免像陈仲子洁身自好而走向一偏。本章个别地方不好理解，有人认为“此必有断简或阙文者”，但整体内容是清楚的。

为贫出仕，则不可居尊位，取厚禄。

10.5　孟子曰：“仕非为贫也，而有时乎为贫；娶妻非为养也，而有时乎为养。为贫者，辞尊居卑，辞富居贫。辞尊居卑，辞富居贫，恶乎宜乎？抱关击柝[1]。孔子尝为委吏矣[2]，曰：‘会计当而已矣[3]。’尝为乘田矣[4]，曰：‘牛羊茁壮长而已矣。’位卑而言高，罪也；立乎人之本朝而道不行，耻也[5]。”

[注释]

[1] 以上几句意为，出仕不是因为贫穷，但有时也是因为贫穷；娶妻不是为了奉养父母，但有时也是为了奉养父母。因为贫穷而出仕，就不应该做大官而做小官，谢绝厚禄而取薄俸。不做大官而做小官，谢绝厚禄而取薄俸，那么干什么合适呢？做个守门、打更的人。抱关：看门。击柝（tuò）：打更。 [2] 委吏：管理粮仓的小官。 [3] 会计：管理财物，计算账目。周代每月零星计算为计，年终总合计算为会。当：恰当，准确。 [4] 乘田：主管畜牧的小吏。 [5] 以上四句意为，地位低下而言论高远，是罪过；立于朝廷却不能行道，是耻辱。本朝：即朝廷。

[点评]

本章论出仕之道。儒家主张出仕是为了行道，但也不排除有时是为了生计。若是为生计出仕，就不应谋取高官厚禄，同时要尽心尽责。

10.6 万章曰："士之不托诸侯[1]，何也？"

孟子曰："不敢也。诸侯失国，而后托于诸侯，礼也；士之托于诸侯，非礼也。"

万章曰："君馈之粟，则受之乎？"

曰："受之。"

"受之何义也？"

曰："君之于氓也[2]，固周之[3]。"

曰："周之则受，赐之则不受，何也？"

曰："不敢也。"

曰："敢问其不敢，何也？"

曰："抱关击柝者，皆有常职以食于上，无常职而赐于上者，以为不恭也[4]。"

曰："君馈之，则受之，不识可常继乎？"

曰："缪公之于子思也，亟问[5]，亟馈鼎肉[6]，子思不悦。于卒也[7]，摽使者出诸大门之外[8]，北面稽首再拜而不受[9]，曰：'今而后知君之犬马畜伋。'盖自是台无馈也[10]。悦贤不能举，又不能养也，可谓悦贤乎？"

曰："敢问国君欲养君子，如何斯可谓养矣？"

曰："以君命将之[11]，再拜稽首而受。其后廪人继粟[12]，庖人继肉[13]，不以君命将之[14]。子思以为鼎肉使己仆仆尔亟拜也[15]，非养君子之道也。尧之于舜也，使其子九男事之，二女女焉，百官牛羊仓廪备，以养舜于畎亩之中，后举而加诸上位，故曰，王公之尊贤者也。"

赵岐："知贤之道，举之为上，养之为次，不举不养，贤恶肯归？是以孟子上陈尧舜之大法，下刺缪公之不宏。"（《章句》）

[注释]

[1] 此句意为，士人不能寄居在诸侯那里生活。士：指没有职务的士。托：依附。 [2] 氓（méng）：从外地迁来的百姓。 [3] 以上两句意为，国君对于外来的人，原本就应该接济的。周：周济；救济。 [4] 以上三句意为，守门、打更的人是因为有固定的职务，才接受上面的供养；没有固定的职务，而受到上面的赏赐，人们认为是不恭敬的。 [5] 亟：屡次。 [6] 鼎肉：熟肉。 [7] 卒（zú）：终于；最后。 [8] 摽（biāo）：挥之使去，驱逐。 [9] 稽（qǐ）首：古代跪拜礼有九种，称九拜，稽首为第一拜，最为隆重，一般用于臣子拜见君王。行礼时，施礼者屈膝跪地，左手覆盖右手，拱手到膝前地上，手不分开，再慢慢伸头到手前地上，头碰到地面并停留一会儿。再拜：拜两次。这里的拜含义比较具体，指九拜中的空首，施礼者身体呈跪姿，先跪再拱手，然后俯下头，但不接触地面，与心齐平就可以了。“稽首再拜”为“凶拜”，表示不敢接受国君的赏赐，下文“再拜稽首”为“吉拜”，表示愿意接受国君的恩赐。 [10] 以上九句意为，鲁缪公对于子思，多次派人问候，多次赠送肉食。子思很不高兴。最后，把来人赶出大门外，朝北面磕头作揖表示不接受，说：“今天才知道国君是把我当作犬马一样豢养。”从此缪公就不馈赠了。台（sì）：通“始”。马王堆汉墓帛书《老子》：“百仁之高，台于足[下]。”今本《老子》作“千里之行，始于足下”。 [11] 将：赠送。 [12] 廪人：管仓库的小吏。 [13] 庖人：管膳食的小吏。 [14] 以上五句意为，最初以国君的名义馈赠，君子磕头作揖表示接受。此后就让管粮仓的小吏不断送去谷米，让厨师不断送去肉，不再以国君名义去送。 [15] 仆仆：劳顿；麻烦。尔：犹“然”。

［点评］

本章论士人经济上不可依附于诸侯，而诸侯应尊贤、养贤。孟子主张士人应积极出仕，但反对寄居于诸侯门下，其基本原则是有职取禄，无职不取禄。士人对于诸侯偶尔的救济，可以接受，但不能经常，否则便是对士人的羞辱。诸侯尊贤，首先要根据才能给以提拔任用，其次要根据礼节予以适当奉养。

10.7　万章曰："敢问不见诸侯，何义也？"

孟子曰："在国曰市井之臣，在野曰草莽之臣，皆谓庶人。庶人不传质为臣[1]，不敢见于诸侯[2]，礼也。"

不为臣则不见。

万章曰："庶人，召之役，则往役；君欲见之，召之，则不往见之，何也[3]？"

曰："往役，义也；往见，不义也。且君之欲见之也，何为也哉？"

曰："为其多闻也，为其贤也。"

曰："为其多闻也，则天子不召师，而况诸侯乎？为其贤也，则吾未闻欲见贤而召之也[4]。缪公亟见于子思，曰：'古千乘之国以友士，何如？'子思不悦，曰：'古之人有言曰，事之云乎，岂曰友之云乎[5]？'子思之不悦也，岂不曰：'以贤德之士，友尚且不可得，而可召乎？

位，则子，君也；我，臣也，何敢与君友也？以德，则子事我者也，奚可以与我友？’千乘之君，求与之友而不可得也，而况可召与[6]？齐景公田，招虞人以旌，不至，将杀之。‘志士不忘在沟壑，勇士不忘丧其元[7]。’孔子奚取焉？取非其招不往也。”

曰：“敢问招虞人何以？”

曰：“以皮冠[8]。庶人以旃[9]，士以旂[10]，大夫以旌[11]。以大夫之招招虞人，虞人死不敢往；以士之招招庶人，庶人岂敢往哉？况乎以不贤人之招招贤人乎？欲见贤人而不以其道，犹欲其入而闭之门也。夫义，路也；礼，门也。惟君子能由是路，出入是门也。《诗》云[12]：‘周道如底[13]，其直如矢；君子所履，小人所视[14]。’”

万章曰：“孔子，君命召，不俟驾而行。然则孔子非与？”

孔子出仕为臣，故君召则往见。

曰：“孔子当仕[15]，有官职，而以其官召之也[16]。”

［注释］

[1] 传质：致送礼品。质：同“贽”，初次见人时所执的礼物。 [2] 以上五句意为，（无职位的士人，）在都市里叫作市井之臣，在郊野叫作草莽之臣，都算是百姓。百姓没有向诸侯传送见面礼而成为臣属，就不敢谒见诸侯。 [3] 以上七句意为，百姓，召他服役，就去服役；国君要见士人，召唤他，却不去谒见，这是为什么呢？ [4] 以上五句意为，（国君要召见他是）因为他见闻广博，那么连天子也不能召见老师，何况诸侯呢？因为他贤能，那么我还不曾听说过，要见贤人竟可以召唤他来的。 [5] 以上七句意为，鲁缪公多次去见子思，说：“古代拥有千辆兵车的国君与士人交朋友，是怎么做的？”子思不高兴，说：“古人说过，国君只能把士人当老师，怎么能说要与他交朋友呢？” [6] 以上几句意为，子思的不高兴，难道不是说：“论地位，你是国君，我是臣子，我怎么敢与你交朋友呢？论德行，你应该像对待老师一样侍奉我，怎么可以与我交朋友？”拥有千辆兵车的国君，想要与他交朋友尚且办不到，更何况要召见他呢？ [7]“齐景公田”一段：参见《滕文公下》6.1 章。 [8] 皮冠：打猎时戴的皮帽子。 [9] 旃（zhān）：赤色、无饰、曲柄的旗。 [10] 旂（qí）：古代画有两龙并在竿头悬铃的旗。 [11] 以上四句意为，召唤百姓用旃旗，召唤士人用旂旗，召唤大夫用旌旗。旌：古代用牦牛尾或兼五彩羽毛饰竿头的旗子。 [12]《诗》云：以下四句出自《诗·小雅·大东》。 [13] 底：通“砥”，磨刀石。 [14] 以上四句意为，大道平如磨刀石，又如箭矢一般直；君子上面走，百姓来效法。视：效法。 [15] 当仕：值仕，正在出仕。当，如《礼记·曲礼上》“当食不叹”之“当”，值、处在之意。 [16] 以上三句意为，孔子正在做官，有职务在身，而国君是按他的官职召见他的。

[点评]

本章论“不见诸侯”，主要是谈庶人谒见国君，以及国君召见贤人、臣子之礼。孟子认为，庶人如“不传质为臣”，就不应去谒见国君，这是礼的规定，目的是避免逢迎巴结，维护人格尊严。国君可以召唤百姓服役，百姓应该积极应召，这是他应尽的义务；但国君不能召见百姓中的贤者。孟子强调君主与庶人应平等相待，“以位，则子君也，我臣也”，“以德，则子事我者也”，这种“以德抗位”的思想在历史上产生过深远的影响。孟子认为，国君召唤臣子，臣子应召，这是政治的要求，是合理的。但国君召唤臣子，应用相应的礼仪；如果不以相应的礼仪，即使有杀头的危险，也不应应招。这是因为，义是人与人交往的正路，礼是人们出入的大门。只有有德的君子，才能出入礼的大门，行走在义的大路。

关于“不见诸侯”，《孟子》6.1、6.7 章曾有讨论，可参看。

10.8 孟子谓万章曰：“一乡之善士，斯友一乡之善士[1]；一国之善士，斯友一国之善士；天下之善士，斯友天下之善士。以友天下之善士为未足，又尚论古之人[2]。颂其诗[3]，读其书，不知其人，可乎？是以论其世也。是尚友也[4]。”

焦循：“同在一乡，乃知此一乡之善士也。同在一国，乃知此一国之善士也。同在今世之天下，乃知今世天下之善士也。若生今世而上友古人，则不同世何以知其人之善？故必颂其诗、读其书而论其世，惟颂其诗、读其书而论其世，乃可以今世而知古人之善也。”(《正义》)

[注释]

[1] 斯：犹“乃”。 [2] 尚：通“上”。上溯。 [3] 颂：通“诵”。 [4] 本节意为，一乡中的善士，与这一乡的善士交友；一国中的善士，与这一国的善士交友；天下的善士，与天下的善士交友。与天下的善士交友还不能满足，就又上溯历史讨论古代的人。吟诵他们所写的诗，研读他们所著的书，不了解他们的为人，可以吗？所以要讨论他们所处的时代。这就是上溯历史与古人交友。

[点评]

本章论与品德高尚的人交友，因提出知人论世的文学评论方法，亦被称为“知人论世”章。孟子主张善士应该与善士为友，互相切磋砥砺。但交友的范围不应限于一乡、一国和天下，还应同古代的善士为友。具体方法就是吟诵古人的诗歌、拜读古人的书籍，同时还要知其人、论其世，也就是了解古人的思想生平和所处的时代环境，这样才能更好地理解古人的作品，进而全面了解古人的精神风貌和为人处事，从而更好地与古人为友。

本章不是专门谈论文艺作品，但因涉及知人论世的文学评论方法，因而受到后世学者的重视。从文学的角度看，孟子提出知人论世，认识到文艺作品与作者所处的时代及思想生平是分不开的，不了解作者的时代和思想生平就不可能真正了解其作品。后来学者在此基础上又强调，读者要将自己的想象、情感、体验带入到理解活动中，“神游古人之地”，设身处地于古人的历史情境，“冥识”古人之风采。这样，学者往往又将“知人论世”与“以意逆志”联系在一起。如清代焦循说：“正惟有世可论，有人可求，故吾之意有所措，而彼之志有可通。今不问其世为何世，人为何人，而徒吟哦上下，去来推之，则其所逆，乃在文辞而非志也。……夫不论其世，欲知其人，不得也。不知其人，欲逆其志，亦不得也。……故必论世知人，而后逆志之说可用之。”（《孟子正义·万章章句上》）知人论世使以意逆志成为可能，不知人论世，不了解诗的作者的时代和思想生平，“以意逆志”容易陷入主观臆断。

10.9　齐宣王问卿。

孟子曰：“王何卿之问也？”

王曰：“卿不同乎？”

曰：“不同。有贵戚之卿[1]，有异姓之卿[2]。”

王曰：“请问贵戚之卿。”

曰：“君有大过则谏，反复之而不听，则易位[3]。”

王勃然变乎色。

曰：“王勿异也。王问臣，臣不敢不以正对[4]。”

王色定，然后请问异姓之卿。

曰：“君有过则谏，反复之而不听，则去[5]。”

朱熹：“易位，易君之位，更立亲戚之贤者。盖与君有亲亲之恩，无可去之义。以宗庙为重，不忍坐视其亡，故不得已而至于此也。”（《集注》）

《礼记·曲礼下》：“为人臣之礼不显谏，三谏而不听则逃之。”

[注释]

[1] 贵戚之卿：与国君有血缘关系的卿大夫。 [2] 异姓之卿：与国君没有血缘关系的卿大夫。 [3] 以上三句意为，国君有了重大过错，就劝谏，反复劝谏还不听，就另立国君。 [4] 以上三句意为，大王不要诧异。大王问我，我不敢不以实话回答。正：真实。 [5] 以上三句意为，国君有过错，就要劝谏，反复劝谏而不听，就离去。

[点评]

本章论卿的职责与权利。孟子认为，由于亲疏远近的不同，“贵戚之卿”与“异姓之卿”的职责和权利是不同的。“贵戚之卿”与国君有血缘关系，负有延续祖宗基业的责任，对国君的过错应反复劝谏，在极端情况下甚至可以另立国君；“异姓之卿”没有延续祖宗基业的责任，进谏没有被接受，就可以离去。

告子上

杞柳虽非杯盘，顺杞柳之性而可以为杯盘；人性虽非仁义，扩四端而可成仁义。若以杯盘为戕害杞柳，仁义为戕害人性，则人皆以仁义为害性而不肯为，是因子之言而为仁义之祸也。

11.1　告子曰："性犹杞柳也[1]，义犹桮棬也[2]；以人性为仁义，犹以杞柳为桮棬。"

孟子曰："子能顺杞柳之性而以为桮棬乎？将戕贼杞柳而后以为桮棬也？如将戕贼杞柳而以为桮棬，则亦将戕贼人以为仁义与？率天下之人而祸仁义者，必子之言夫[3]！"

［注释］

[1] 杞（qǐ）柳：树名，枝条柔韧，可以编制箱筐等器物。　[2] 桮棬（bēi quān）：即"杯棬"。木制饮器。桮：同"杯"。　[3] 以上六句意为，你是顺着杞柳的本性去制作杯盘呢，还是要残害了杞柳的本性去制作杯盘？如果是残害了杞柳的本性去制作杯盘，那么也要残害了人的本性去成就仁义吗？率领天下

的人损害仁义的，一定是你这种言论！

［点评］

本章以下四章记孟子与告子的辩论。告子为战国时期思想家，一般认为是墨子的弟子。关于孟、告之辩的地点，学者多认为是“发生在齐国。其时间亦当在孟子来齐之初。因为告子亦为稷下早期学者，他的人性论和另外几种人性理论在当时较有影响，重视人性之辨的孟子一到齐国稷下，就不可能不对这个问题表明自己的态度”（张秉楠《稷下钩沉》，上海古籍出版社 1991 年版，第 289 页）。另据学者考证，孟、告之辩时，告子已年近八十，而孟子只有四十出头，故这场先秦思想史上的著名辩论是在壮年的孟子与暮年的告子之间展开的（梁涛《郭店竹简与思孟学派》第六章第一节《孟子“四心说”的形成及其思想意义》，第 301—319 页）。

本章主要讨论人性善恶。告子反对将人性等同于仁义，认为二者好比杞柳与杯盘的关系，前者是材料，后者是成品。孟子则认为，从人性到仁义固然需要经过后天的培养，但人性中本来就有仁义之端，后天的培养不过是将仁义之端“扩而充之”，发展壮大而已。这就好比是顺着杞柳的本性制成杯盘，而不是伤害杞柳的本性制成杯盘。如果认为必须伤害人性才能成就仁义，这就等于承认仁义是违背人性的，实际是否定了仁义，这种主张和言论必定会祸乱天下。孟子曾论后天的积习应“以利为本”（见 8.26），可与本章参看。

11.2 告子曰："性犹湍水也[1]，决诸东方则东流，决诸西方则西流[2]。人性之无分于善不善也，犹水之无分于东西也。"

水虽无分东西，但有上下，人性之善犹水之就下，其恶形势所迫也。

孟子曰："水信无分于东西[3]，无分于上下乎？人性之善也[4]，犹水之就下也。人无有不善，水无有不下[5]。今夫水，搏而跃之[6]，可使过颡；激而行之[7]，可使在山。是岂水之性哉？其势则然也[8]。人之可使为不善，其性亦犹是也[9]。"

［注释］

[1] 湍水：急流。 [2] 以上三句意为，人性好比湍急的流水，东面开个缺口就向东流，西边开个缺口就向西流。决：谓掘堤放水。 [3] 信：确实。 [4] 人性之善也：人性表现为善。之：犹"为"。是。 [5] 以上两句意为，人性没有不表现出善的，水性没有不趋向下的。 [6] 搏：击。 [7] 激：阻遏。 [8] 以上七句意为，水，拍打使它飞溅起来，也能高过额头；阻挡使它倒流，可以流到山上。这难道是水的本性吗？是形势造成的。 [9] 以上两句意为，人可以让他干坏事，这时他的性也与此一样（是形势造成的）。

［点评］

本章继续论人性善恶。告子以流水为喻，说明人性不分善恶，就像流水不分东西。孟子认为，流水固然不分东西，但有向上向下之分。人性也有善的倾向，其不善是外部的环境、形势造成的。

11.3 告子曰："生之谓性。"

孟子曰："生之谓性也，犹白之谓白与[1]？"

曰："然。"

"白羽之白也，犹白雪之白；白雪之白犹白玉之白欤[2]？"

曰："然。"

"然则犬之性犹牛之性，牛之性犹人之性欤[3]？"

[注释]

[1] 以上两句意为，生而具有的叫作性，就好比白色的东西叫作白吗？此句的"犹"表示类比，好比之意。 [2] 以上三句意为，白色羽毛的白，如同白雪的白；白雪的白如同白玉的白吗？这里的"犹"表示推理，如同之意。 [3] 以上两句意为，那么，狗的性如同牛的性，牛的性如同人的性吗？

[点评]

本章论生之谓性。生之谓性乃古代人性论的大传统，它既表示"性"字是源自"生"字，也说明古人是从"生"来理解"性"，而如何从"生"来理解"性"，不同思想家的见解与看法则可能存在一定的差别。所以，"生之谓

赵岐："凡物生同类者皆同性。"(《章句》)

焦循："物生同类者，谓人与人同类，物与物同类。物之中则犬与犬同类，牛与牛同类。人与物不同类，则人与物之性不同。赵氏盖探孟子之旨而言之，非告子意也。"(《正义》)

赵岐："犹见白物皆谓之同白，无异性也。"(《章句》)

赵岐："孟子以为羽性轻，雪性消，玉性坚，虽俱白，其性不同。问告子，子以三白之性同邪？"(《章句》)

犬之性岂同于牛之性？牛之性岂同于人之性？

焦循："凡同类者性同，则不同类者性不同，是性之不同亦如三白之不同也。故孟子先诘之，得其瑕而后辨。"（《正义》）

性"只是一形式命题，要使其成为一个有效命题，还需对"生""性"关系做进一步限定和说明。这样，由"生之谓性"便衍生出以下命题形式：一、"生之所以然者谓之性"（《荀子·正名》），或"生之自然之资谓之性"（《春秋繁露·深察名号》），指生命物之所以如此生长的根据、原因或生而所具的自然本质为性，这是对性的实质规定，唯有具有了此规定，以上命题才能成为一个有效命题，才能对不同事物做出区分与规定。其所谓性是指事物的不同属性。二、"生之然之谓性"，或"性，生而然者也"（《论衡·本性》），指生而所具的生理欲望或生理现象为性，这是对性的形式规定。告子虽提出"生之谓性"，但缺乏实质的规定，又认为"食色，性也"，故接近于第二种命题表达形式。所以孟子对告子的驳难，实际是针对其对"生之谓性"具体理解的驳难，其发问、推论方式也是针对这种具体理解提出的。在孟、告的辩论中，关键的是"生之谓性也，犹白之谓白欤"一句，这句既是孟子的设问，又是以下推论的前提，后面的结论均是由此推导出来的。孟子之所以有此设问，又与告子对"生之谓性"的理解密切相关。盖因为告子是从"生之然之谓性"，而不是从"生之所以然者之谓性"来理解"生之谓性"，"生之然"或生而即有的生理欲望只是生命物的生理现象、外在表现，并不足以概括其全部的特质、特征，所以还需要由"生之然"进一步推论其"所以然"，由生理现象推论其背后的原因、根据，这便是"生之所以然者之谓性"命题的含义所在。告子的思想缺乏这一层面，其对"性"的理解显然是不够全面的。孟子曾与其就人性善恶进行辩论，对这一点显然有所了解。所以孟子可能已注意到“生之谓性”只是一形式的命题，并不能反映一个人的完整观点，还需做进一步的说明，所以要问：你是在什么意义下来理解“生之谓性”的？“生之谓性也，犹白之谓白欤”一句的“犹”，是“好比”的意思，它表示一种比喻，而不是类推。它是说，你所说的“生之谓性”好比“白之谓白”吗？因告子主张“食色，性也”，从自然欲望、生理现象来理解性，凡生而所具的“食色”等生理欲望表现都可称为性，正好比凡具有白色外表或属性的都可称为白一样。孟子的这个比喻式判断本身并没有什么问题，只不过它不是孟子个人的主张，而是对告子观点的比喻式说明，意在使其观点明确起来。由于告子是在“生之然之谓性”，而不是“生之所以然者之谓性”的意义上理解“生之谓性”，故回答曰“然”。因为若是在第一个命题即“生之所以然者之谓性”的意义上，“生之谓性”与“白之谓白”是不等值的，二者不可以进行类推；但若是在第二个命题即“生之然之谓性”的意义上，“生之谓性”与“白之谓白”又是等值的，二者可以进行类推，孟子的设问与告子答曰“然”皆由此而来。

下一句“白羽之白也，犹白雪之白；白雪之白犹白玉之白欤”中的“犹”，是“如同”的意思，表示类推。该句中的两个类推是由“白之谓白”而来，而不是由“生之谓性，犹白之谓白”而来。再下一句“然则犬之性犹牛之性，牛之性犹人之性与”，虽是由上一句“白羽之白犹白雪之白……”顺带而出，但其推理的根据则是“生之谓性，犹白之谓白”，告子既承认这一根据，则必然推出“犬之性犹牛之性，牛之性犹人之性”的结论。所以孟子这里实际使用的是归谬法，是从告子自己认可的主张推出告子自己也无法接受的结论，以批驳其仅仅从“生之然”、从生理欲望来理解性。焦循在赵岐“凡物生同类者皆同性”一句下注曰：“赵氏盖探孟子之旨而言之，非告子意也。”认为“凡物生同类者皆同性”实际是孟子的主张，告子的“生之谓性”反倒不包涵这一层含义，无疑是很有见地的。

以往学者在论及孟、告之辩时，往往要联系孟子的性善论，认为孟子是从性善论来批驳告子的性无善恶论。不过，从当时的具体语境来看，孟、告之辩的焦点并不在于人性善恶的问题，而在于如何看待、理解“生之谓性”。孟子强调的是，不能从“白之谓白”的意义上理解“生之谓性”，即不能仅仅从生理欲望来理解性，认为这样势必会混同犬性、牛性与人性，因犬、牛、人均有“食色”等生理欲望，但并不意味着他们有相同的性。所以，还要从“生之然”进一步推求其“生之所以然”，以确立人之为人的独特性及价值和尊严。至于人之为人的独特性在于其有善性，虽可能已蕴涵在孟子的思想中，但却并不是其驳倒告子的必要条件。另，有学者认为孟子在与告子的辩论中推理有误（牟宗三《圆善论》，收《牟宗三先生全集》22卷，台湾联经出版公司2003年版，第7—8页；王邦雄、曾昭旭、杨祖汉《孟子义理疏解》贰《心性论》，台北鹅湖出版社1982年版，第29—31页。其“心性论”部分由杨祖汉先生撰写），非是。

11.4 告子曰:“食色，性也。仁，内也，非外也；义，外也，非内也。”

孟子曰:“何以谓仁内义外也？”

曰:“彼长而我长之[1]，非有长于我也；犹彼白而我白之，从其白于外也，故谓之外也[2]。”

曰：“异于白马之白也[3]，无以异于白人之白也；不识长马之长也，无以异于长人之长欤？且谓长者义乎？长之者义乎[4]？”

曰：“吾弟则爱之，秦人之弟则不爱也，是以我为悦者也，故谓之内。长楚人之长，亦长吾之长，是以长为悦者也，故谓之外也[5]。”

曰：“耆秦人之炙[6]，无以异于耆吾炙，夫物则亦有然者也，然则耆炙亦有外欤[7]？”

彼年长而我尊敬之，所以尊敬在其年长，而不在我内心。犹凡白物皆从外称其白，故谓之外。

若马年长亦尊敬之乎？故义当在内不在外。

同就人而言，亦有亲疏远近之不同，敬吾长自内，敬楚人之长自外。

［注释］

[1] 彼长而我长之：前一“长”为形容词，年长，后一“长”用作动词，尊敬。 [2] 以上五句意为，他年长，我便尊敬他，不是我预先就有尊敬他的念头；就像这件东西是白色的，我便说它是白的，是根据它外表的白色做的判断，所以说义是外在的。 [3] 异于：当为衍文。或说当断为：异。于白马之白也。 [4] 以上六句意为，白马的白，与白人的白没有什么不同；但不知道对老马的尊敬，与对长者的尊敬是不是也没有什么不

同呢？而且你说的义，是在于长者呢，还是在于尊敬长者的人呢？ [5] 以上八句意为，我的弟弟就喜爱，秦国人的弟弟则不喜爱，这是因为我乐意的缘故，所以说仁是内在的。尊敬楚国人的长者，也尊敬我自己的长者，这是为了使长者满意的缘故，所以说义是外在的。 [6] 耆：同“嗜”。炙：烤肉。 [7] 以上四句意为，喜欢吃秦国人的烤肉，与喜欢吃自己的烤肉没有什么不同，其他事物也有这种情况。那么，喜欢吃烤肉也是外在的吗？

［点评］

本章论仁内义外。仁内义外是当时学术界普遍关注的问题，除《孟子·告子》外，《管子·戒篇》《墨子·经下》都谈到“仁内义外”。而近年出土的郭店竹简多有仁内义外的论述，表明“仁内义外”曾经是孟子以前儒家学者普遍接受的观点。告子对仁内义外说的理解较为特殊，他一方面从亲亲来理解仁，认为自己对亲人的爱是发自内心的，是内的。同时他把义理解为对他人的义务，认为这种义是外在的。在他看来，因为一个人年长，我便尊敬他，这种尊敬不是发自内心，就像我们称一个东西为白色的，是因为它的外表是白色的一样，所以说是外在的。对于告子的这一看法，孟子进行了批驳，认为告子用外表的白色来说明“义外”是不恰当的，白马的白和白人的白可能没有什么不同，但对马和人的怜悯心则是不同的，如果告子主张“义外”，那么，他所说的义是存在于老者那里，还是存在于尊敬老者的人那里呢？显然，孟子的意思是说，如果说义是外在的，那么，对马的怜悯心难道不是来自于人而是取决于马吗？对于孟子的质疑，告子则指出“吾弟则爱之，秦人之弟则不爱也”，表明自己所说的“仁内义外”是针对人而言，不应轻易和禽兽联系在一起。同样是针对人，爱也是不同的，我的兄弟便爱他，这是我发自内心的，所以说是“内”的；而尊敬楚国的长者，也尊敬乡里的长者，这是因为他是长者的缘故，不一定是发自我内心的，所以说是“外”的。对于告子的这一看法，孟子以“嗜炙”之心进行了批驳。他认为喜欢吃秦人的烤肉和吃自己的烤肉没有什么差别，这说明喜欢吃肉之心是内在的。由此类推，仁、义也是内在的，而不可能是外在的。如果认为仁、义是外在的，岂不是认为喜欢吃肉之心也是由外在的烤肉引起的？

可以看到，孟子的这个比喻论证并不具有很强的说服力，因为喜欢吃肉也与外在的烤肉有关，而且喜欢吃秦人的烤肉，也喜欢吃自己的烤肉，前提条件必须是两种肉没有差别。否则，“嗜炙”之心便会不一样，而告子主张义外，正是针对不同的对象——“秦人之弟”与“吾弟”——而言的。所以，孟子的论证并不能完全驳倒告子。

11.5 孟季子问公都子曰[1]：“何以谓义内也？”

曰：“行吾敬，故谓之内也[2]。”

“乡人长于伯兄一岁，则谁敬？”

曰：“敬兄。”

“酌则谁先[3]？”

曰："先酌乡人。"

"所敬在此，所长在彼，果在外，非由内也。"

公都子不能答，以告孟子。

孟子曰："敬叔父乎，敬弟乎？彼将曰：'敬叔父。'曰：'弟为尸[4]，则谁敬？'彼将曰：'敬弟。'子曰：'恶在其敬叔父也？'彼将曰：'在位故也。'子亦曰：'在位故也。庸敬在兄[5]，斯须之敬在乡人[6]。'"

"在位故"即义在外也，孟子此喻不当。

季子闻之，曰："敬叔父则敬，敬弟则敬，果在外，非由内也。"

公都子曰："冬日则饮汤，夏日则饮水，然则饮食亦在外也？"

[注释]

[1] 孟季子：其人不可详考。朱熹称其"盖闻孟子之言而未达，故私论之"。 [2] 以上两句意为，义表达我内心的敬意，所以说是内在的。 [3] 酌则谁先：饮酒时给谁先斟酒呢？酌：斟酒。 [4] 尸：古代祭祀时代替死者受祭的人，一般以死者的晚辈充任。 [5] 庸：平时；平常。 [6] 斯须：须臾；片刻。

[点评]

本章继续讨论"义内""义外"。公都子受老师孟子的影响，主张“义内”说，故孟季子让他解释，什么是“义内”。公都子认为对人尊敬是从我内心发出的，所以说是“内”。而孟季子则以平时内心尊敬自己的兄弟，而在一起饮酒时却要先给同乡年长者斟酒为例，说明“义”并不都是从内心发出来的，有时也可以是由外在因素决定的，故说是“义外”。对于孟季子的质问，公都子无法回答，只好向孟子请教。孟子的回答是，先向年长的乡人敬酒，是因为乡人处在受恭敬的地位——“在位故也”。这就像本来内心对叔父的尊敬胜过兄弟，但当兄弟作为受祭的尸主时，则需尊敬兄弟一样。孟子这个论证同样缺乏说服力，因为，“在位故也”正好说明义是由外在原因决定的，实际是“义外”说。孟子这样回答，可能是为了解释孟季子“所敬在此，所长在彼”的疑问，但这实际上已承认了义是外在的。对于孟季子来说，他当然不只是想要知道为什么会“所敬在此，所长在彼”，而是想要知道如何能从“义内”说明“所敬在此，所长在彼”。孟子的这个回答显然难以让人满意，且有帮对方论证的嫌疑。所以在听了公都子的转述后，孟季子马上表示“果在外，非在内也”，认为孟子实际是论证了自己的观点。对此，公都子只好重弹“饮食亦在外乎”的老调，但上一章已说过，这样的论证是缺乏说服力的。

从以上两章的内容来看，孟子在与告子辩论时，尚无力对其“仁内义外”说做出有力反驳，这是因为告子的“仁内义外”说本身就是植根于早期儒学理论的内在矛盾之中。孔子创立儒学，既重视仁，也突出义。他以仁表达内在自觉，以义表示外在义务。所以在孔子那里，仁、义本来就有内、外的侧重。而且孔子言仁，是以血缘宗法的孝悌为基点，通过层层外推，上升为君臣间的“忠”、朋友间的“信”，最后达到普遍意义的“泛爱众”，实现“亲亲”与“爱人”的统一。但是，“亲亲”与“爱人”之间又存在着矛盾、对立的一面，对“亲亲”的过分强调，就可能意味着对“爱人（他人）”的漠视。如果说，在孔子的时代，由于宗法血缘关系在社会中占据主导地位，内在自觉和外在义务还不至于发生对立和冲突，二者借助血缘亲情达到一种和谐与统一的话，那么，随着生产的发展、交往的扩大、血缘关系的瓦解，人们之间的关系变得复杂、多样。正是在这种背景下，出现了所谓的“仁内义外”的讨论。从郭店竹简的资料来看，儒家所主张的“仁内义外”，是强调“仁内”与“义外”的统一，认为道德实践需要从“仁内”与“义外”两个方面入手。告子的“仁内义外”说则与此不同，他强调的是“仁内”与“义外”的对立，认为对家族以内人的爱是自觉的，是发自内心的；而对家族以外人的爱是不自觉的，是由外部规定的。告子的这种看法同他把仁理解为亲亲有关，从亲亲出发，自然是“吾弟则爱之，秦人之弟则不爱也”；亲亲是人人具有的内在自然情感，所以说它是“内”的。同时，他又把义理解为对长者（或他人）的义务，这种义务是由我与他人之间的身份关系决定的，从这一点看，它是“外”的。告子对仁、义的这种理解，不一定符合孔子以来儒家的思想，但却将其中隐含的内在矛盾揭示出来，使孟子意识到必须突破宗法血亲的狭小藩篱，为儒学理论寻找新的理论基石。而正是在这一背景下，孟子提出他著名的“四心”说，把仁的基点由血亲孝悌转换到“恻隐”“羞恶”“辞让”“是非”等更为普遍的道德情感中去，把儒学理论推向一个新的发展阶段（参见梁涛《郭店竹简与思孟学派》第六章第一节《孟子“四心”说的形成及其意义》，第301—319页）。

11.6　公都子曰：“告子曰：‘性无善无不善也。’或曰：‘性可以为善，可以为不善。是故文武兴，则民好善；幽厉兴[1]，则民好暴。’或曰：‘有性善，有性不善。是故以尧为君而有象；以瞽瞍为父而有舜；以纣为兄之子，且以为君，而有微子启、王子比干[2]。’今曰‘性善’，然则彼皆非欤？”

孟子倡性善，异于前人之性论。

孟子曰：“乃若其情[3]，则可以为善矣，乃所谓善也。若夫为不善，非才之罪也[4]。恻隐之心，人皆有之；羞恶之心，人皆有之；恭敬之心，人皆有之；是非之心，人皆有之。恻隐之心，仁也；羞恶之心，义也；恭敬之心，礼也；是非之心，智也。仁义礼智，非由外铄我也[5]，我固有之也，弗思耳矣。故曰：‘求则得之，舍则失之。’或相倍蓰而无算者，不能尽其才者也[6]。

才，生而所具之善之禀赋。

《诗》曰[7]：‘天生蒸民[8]，有物有则[9]。民之秉夷[10]，好是懿德[11]。’孔子曰：‘为此诗者，其知道乎[12]！故有物必有则；民之秉夷也，故好是懿德。’”

［注释］

[1] 幽、厉：指周幽王、周厉王，周代两个暴君。 [2] 微子启：纣王的庶兄。商纣王时的贤者。王子比干：纣王叔父。因劝谏而被纣王剖心而死。 [3] 乃若：发语词，表示转折。犹“至于”。其：指性也就是才，具体讲，就是恻隐、羞恶、恭敬、是非之心。情：实情。 [4] 以上五句意为，至于人性的实情，可以表现为善，这就是我说的善。至于它表现为不善，那就不是才的过错了。才：《说文解字》谓“草木之初也”，引申为人初生时的材质。 [5] 铄：通“效”。授予。一说渗入。 [6] 以上九句意为，仁义礼智，不是由外部授予我的，而是我本来就具有的，只是不自觉罢了。所以说，“追求便会得到，舍弃就会失去。”人与人相比，有相差一倍、五倍甚至无数倍的，这是不能充分实现他们的才的缘故。 [7]《诗》曰：以下四句出自《诗·大雅·烝民》。 [8] 蒸民：众民。蒸：《诗》作“烝”，众。 [9] 物：事。则：法。 [10] 秉：执。夷：《诗》作“彝”，常。指常法。 [11] 以上四句意为，天生众民，有事便有法则。百姓禀受常性，所以爱好这美德。懿德：美德。懿：美。 [12] 其：表推测、估计。大概；或许。

［点评］

本章及下面两章正面阐述性善。据公都子介绍，当时社会上流行三种不同的人性主张，分别是告子的“性无善无不善”说，无名氏的“性可以为善，可以为不善”说，以及同为无名氏的“有性善，有性不善”说。其观点虽有不同，但都只是对性的一种外在概括和描述，不足以突出人的道德主体性，无法确立人生的信念和目标，不能给人以精神的方向和指导。故孟子“道性善”，不采取以上的进路，而是提出了自己对于性与善的理解。本章中重要的是“乃若其情，则可以为善矣，乃所谓善也”几句，其中“乃若其情”的“其”，当是指人性而言，但不是指一般的人性，而应是指下文的“恻隐”“羞恶”“恭敬”“是非”之心或仁、义、礼、智。“乃若其情”的“情”应训为“实”，指实情。“则可以为善矣，乃所谓善也”两句中，分别出现两个“善”字，但具体所指又有所不同。其中前一个“善”指具体的善行，如乍见孺子将入于井，必生“怵惕恻隐之心”，而援之以手；见长者必生“恭敬之心”，为其“折枝”等等。后一个“善”是就人性自身而言，是对“其”也就是“性”所做的判断和说明。这三句话是说，至于恻隐、羞恶、恭敬、是非之心的实情，可以表现为具体的善行，这就是所说的善。但是孟子只强调“可以”，认为只要“可以为善”，就算是善；假如因为种种原因而没有表现出善，仍不影响内在禀赋本身仍为善。所以孟子实际是即心言性，认为恻隐、羞恶、恭敬、是非之心可以表现为具体的善行，所以是善的，并进一步由心善肯定性善。孟子关于性善论的阐发，除下面两章外，还散见于《孟子》一书各章，本书《导读》部分有集中讨论，可参看。

人虽皆有善端，或为君子，或为小人，犹麰麦不齐，雨露使然也。

11.7 孟子曰："富岁，子弟多赖[1]；凶岁，子弟多暴。非天之降才尔殊也，其所以陷溺其心者然也[2]。今夫麰麦[3]，播种而耰之[4]，其地同，树之时又同，浡然而生，至于日至之时[5]，皆熟矣。虽有不同，则地有肥硗[6]，雨露之养、人事之不齐也[7]。故凡同类者，举相似也，何独至于人而疑之？圣人，与我同类者。故龙子曰[8]：'不知足而为屦[9]，我知其不为蒉也[10]。'屦之相似，天下之足同也。口之于味，有同耆也；易牙先得我口之所耆者也[11]。如使口之于味也，其性与人殊[12]，若犬马之与我不同类也，则天下何耆皆从易牙之于味也？至于味，天下期于易牙，是天下之口相似也[13]。惟耳亦然。至于声，天下期于师旷[14]，是天下之耳相似也。惟目亦然。至于子都[15]，天下莫不知其姣也；不知子都之姣者，无目者也[16]。故曰，口之于味也，有同耆焉；耳之于声也，有同听焉；目之于色也，有同美焉。至于心，独无所同然乎？心之所同然者何也？谓理也，义也。圣人先得我心之所同然耳，故理、义之悦我心，犹刍豢之悦我口[17]。"

心有同然，圣人先得之。

[注释]

[1] 赖：善。或说通“懒”。 [2] 以上六句意为，丰年，年轻人大多善良；荒年，年轻人大多凶暴，不是天降的才有什么不同，而是外部环境影响他们的心使然。 [3] 今：句首语气助词。麰（móu）麦：大麦。 [4] 耰（yōu）：平地的农具，这里用作动词。 [5] 日至：这里指夏至。 [6] 硗（qiāo）：土地瘠薄。 [7] 以上几句意为，以大麦而论，播种后用土把种子覆盖好，同样的土地、同样的播种时间，它们蓬勃地生长，到了夏至时，全都成熟了。即便有收获多少的不同，那也是由于土地有肥瘠、雨水有多少、人工有勤惰而造成的。 [8] 龙子：古贤人。事迹不可详考。 [9] 屦（jù）：用麻、草编织的单底鞋。 [10] 以上两句意为，即便不知道脚的大小去编一双草鞋，我也知道一定不会编成草筐。蒉：草编的筐。 [11] 以上三句意为，口对于味道，有相同的嗜好，易牙就是先掌握了我们的共同嗜好的人。易牙：齐桓公的宠臣，传说他擅长烹饪。 [12] 与人殊：杨伯峻认为省一“人”字，当为“人与人殊”。 [13] 以上七句意为，假使口对于味道，人人生来就不同，如狗、马与我们不是同类一样，那么，为什么天下人都喜欢易牙烹调出来的味道呢？说到口味，天下的人都期望做到易牙那样，说明天下人的味觉是相似的。 [14] 师旷：春秋时晋平公的乐师，生而目盲，善辨音律。 [15] 子都：传说是古代的美男子。 [16] 以上九句意为，对耳朵来说也是这样，一提到音乐，天下的人都期望做到师旷那样，这说明天下人的听觉都是相近的。对眼睛来说也是这样，一提到子都，天下人没有不认为他漂亮的。不认为子都漂亮的，是不长眼的人。 [17] 以上几句意为，口对于味道，有相同的嗜好；耳朵对于声音，有相同的听觉；眼睛对于容貌，有相同的美感。至于心，难道偏偏就没有相同之处吗？心的相同之处是什么？就是理，就是义。圣人不过

就是先掌握了我们内心的相同之处罢了。所以理、义愉悦我们的心，就像猪肉、牛肉愉悦我们的口一样。刍豢：牛羊犬豕之类的家畜。这里泛指肉类食品。

［点评］

本章继续讨论性善，重在说明人的表现为什么会有善与不善的差别。上一章孟子提出人有内在的善性“才”，也就是恻隐、羞恶、辞让、是非之心，并引《诗》“天生蒸民，有物有则”，提示此“才”应是天的赋予。本章则明确提出“非天降才殊也”，认为天平等地降给每个人“才”。那么，人在实际生活中的表现为什么又是不同的，为什么存在贤与不肖的差别？这就与“才”的特点密切相关了。《孟子》书中的“才”有才能与材质的不同含义，本章的“才”不是才能之“才”，而是材质之“才”。具体讲，就是指四端之心或善性。“才”之本意是初生之幼苗，《说文解字》云：“才，草木之初也。从丨上贯一。将生枝叶也。一，地也。凡才之属皆从才。”段玉裁注：“引申为凡始之称……一谓上画也，将生枝叶谓下画。才有茎出地而枝叶未出，故曰将。”孟子以“才”称善性，表示此善性非静态的本质，而是动态的活动，有一成长、发展的过程。所以尽管天赋予人“才”，但仍需要后天的养护与培养，由于环境和个人努力的不同，人与人之间便有贤与不肖的差别，这就像播下相同的种子，收获的大麦却有多少的差别一样。

本章孟子还提出，“凡同类者，举相似也”，例如易牙调制的美味人人都喜欢，师旷演奏的音乐大家都欣赏，美男子子都人人都赞美，说明口有“同耆”，耳有“同听”，目有“同美”，易牙、师旷不过是“先得我口之同耆者”、耳之“同听者”。同样的道理，心也有“同然”者，心之“同然”就是理，就是义。圣人就是“先得我心之所同然”者，他们充分实现了自己的“才”，扩充了自己的善性，是人伦的楷模，是我们学习的榜样。

11.8　孟子曰：“牛山之木尝美矣[1]，以其郊于大国也[2]，斧斤伐之，可以为美乎？是其日夜之所息，雨露之所润，非无萌蘖之生焉[3]，牛羊又从而牧之，是以若彼濯濯也[4]。人见其濯濯也，以为未尝有材焉，此岂山之性也哉？虽存乎人者[5]，岂无仁义之心哉？其所以放其良心者[6]，亦犹斧斤之于木也，旦旦而伐之，可为美乎[7]？其日夜之所息[8]，平旦之气[9]，其好恶与人相近也者几希，则其旦昼之所为[10]，有梏亡之矣[11]。梏之反覆，则其夜气不足以存[12]；夜气不足以存，则其违禽兽不远矣。人见其禽兽也，而以为未尝有才焉者，是岂人之情也哉？故苟得其养，无物不长；苟失其养，无物不消。孔子曰：‘操则存，舍则亡；出入无时，莫知其乡[13]。’惟心之

赵岐：“平旦之志气，其好恶，凡人皆有与贤人相近之心。”（《章句》）

孙奭：“人之平旦之气，尚未有利欲汩之，则气犹静，莫不欲为之善也，而恶为之恶也。”（《注疏》）

朱熹：“平旦之气，谓未与物接之时，清明之气也。”（《集注》）

谓与？”

[注释]

[1] 牛山：山名。在今山东临淄之南。赵岐注：“牛山，齐之东南山也。” [2] 郊：此用作动词。意为临近。 [3] 萌蘖（niè）：植物的萌芽。 [4] 濯（zhuó）濯：光秃貌。 [5] 虽：通“唯”。语首助词。存：存在。 [6] 放其良心：舍弃、丢失良心。放：舍弃；放弃。 [7] 以上六句意为，就说在人的身上吧，难道就没有仁义之心吗？他们之所以丧失了良心，也就像刀斧砍伐树木一样，天天砍伐，它能茂盛吗？ [8] 息：滋息；生长。 [9] 平旦之气：平旦：清晨。谓清晨未受外物扰乱时的精神、心理状态。 [10] 则：表转折。犹“然而”。旦昼：第二天白天。 [11] 以上五句意为，它日夜所滋生，清晨时的清明之气，所产生的好恶与贤人相近的也有那么一点点，然而白天的所为，又将它扰乱、丧失了。有：通“又”。梏（gù）：通“搅”。一说因受束缚而致丧失。 [12] 夜气：孟子的哲学概念，指晚上静思产生的良知、善念。 [13] 以上四句意为，把握就存在，舍弃就消亡；出入无定时，不知它方向。乡：通“向”。

[点评]

本章继续讨论性善，重在说明人的善性为什么会丧失。前章孟子提出天平等地赋予每个人“才”，也就是善性，但生活中为什么会有不善之人呢？孟子以牛山为例，山的本性本来是可以生长树木，但因为牛山处在齐国都城的郊外，经常遭人用刀斧砍伐，还被人放牧牛羊，于是渐渐地变得光秃秃的了。但光秃秃并非山的本性，而是人为砍伐的结果。同样，人本来生而具有仁义之心，有良心，但由于不注意保护、培养，一点点地丧失，便与禽兽差不多了。但这并非人的本性，而是后天戕害的结果，不能因此否认人生而具有的“才”。孟子所说的“仁义之心”“良心”“才”，都是指同一个东西，都是指善性，指先天的道德禀赋，是同一个事物的不同名称。

本章还提到“平旦之气”“夜气”，较为神秘，一直是《孟子》书中的难点，需要做些说明。孟子所说的“平旦之气”“夜气”应是精神之气，而非物质之气，是指内在的精神状态和活动。不过，它特别强调的是早晨和夜晚的精神状态和活动。《孙子兵法·军争》：“三军可夺气，将军可夺心。是故朝气锐，昼气惰，暮气归。故善用兵者，避其锐气，击其惰归，此治气者也。”这里的“朝气”“昼气”“暮气”就是指人一天早、中、晚的精神状态和活动。那么，为什么孟子特别重视“平旦之气”和“夜气”呢？这是因为清晨和夜晚往往是人的善端最易显露的时候，也是一个人的生理处于休息状态，欲望因未与物相接而没有受到引诱的时候，此时的心因摆脱了欲望的裹挟而成为心的直接独立的活动，也就是心自己的活动。与之相对，人心的“陷溺”，往往与“其旦昼之所为，又梏亡之矣”有密切的关系。所谓“旦昼之所为”，是指人白天与外部世界的频繁交际、接触。在这种接触中，我们会受到声色之美、财货之富的引诱和耸动，在频频向外索讨的盲目追逐中，渐渐背叛了本心良知的召唤。至于“平旦之气”“夜气”是指什么样的精神活动，由于论述简略，后人多有争论。从本章的内容看，应是指仁义之心、良心的精神活动，是德气，而非情气、血气。“平旦之气”“夜气”不过是指仁义之心、良心在清晨和夜晚的呈现、活动而已。

虽有易生之物，一曝十寒，亦不能生矣。善性亦如是。

11.9 孟子曰：“无或乎王之不智也[1]。虽有天下易生之物也，一日暴之[2]，十日寒之，未有能生者也。吾见亦罕矣，吾退而寒之者至矣，吾如有萌焉何哉[3]？今夫弈之为数[4]，小数也；不专心致志，则不得也。弈秋，通国之善弈者也。使弈秋诲二人弈，其一人专心致志，惟弈秋之为听。一人虽听之，一心以为有鸿鹄将至[5]，思援弓缴而射之[6]，虽与之俱学，弗若之矣。为是其智弗若与？曰：非然也[7]。”

[注释]

[1] 此句意为，大王的不明智不足为怪。或：同“惑”。奇怪。 [2] 暴（pù）：同“曝”。晒。 [3] 以上七句意为，即使有天下最容易生长的东西，晒它一天，又冻它十天，没有能够生长的。我和大王相见的时候太少了，我一离开，那些“冻”他的奸邪之人就到了，我对他刚有的一点善心萌芽又能怎样呢？吾如有萌焉何哉：即“吾有如萌焉何哉”。有：通“又”。如……何：对……怎么样。 [4] 弈：围棋。数：技艺。 [5] 鸿鹄：天鹅。 [6] 以上三句意为，另外一人虽然在听，但一心认为有天鹅要飞来，

想着要拿弓箭去射它。缴（zhuó）：拴在箭上的生丝绳，亦指箭。 [7] 以上两句意为，是因为他的智力不如人家吗？当然不是的。

［点评］

本章论对君王的教育和影响，与 6.6 主张在君王旁多置“善士”的思想相近。孟子首先以“易生之物”为例，说明对君王的教育和影响需持之以恒，而不可“一曝十寒”。又以下棋为例，说明君主自己也需要专心致志，若一心二用是难有成效的。

11.10　孟子曰：“鱼，我所欲也，熊掌亦我所欲也；二者不可得兼，舍鱼而取熊掌者也。生亦我所欲也，义亦我所欲也；二者不可得兼，舍生而取义者也。生亦我所欲，所欲有甚于生者，故不为苟得也；死亦我所恶，所恶有甚于死者，故患有所不辟也[1]。如使人之所欲莫甚于生，则凡可以得生者，何不用也？使人之所恶莫甚于死者，则凡可以辟患者，何不为也？由是则生而有不用也，由是则可以辟患而有不为也。是故所欲有甚于生者，所恶有甚于死者[2]。非独贤者有是心也，人皆有之，贤者能勿丧耳。

朱熹：“设使人无秉彝之良心，而但有利害之私情，则凡可以偷生免死者，皆将不顾礼义而为之矣。”（《集注》）

朱熹：“由其必有秉彝之良心，是以其能舍生取义如此。”（《集注》）

朱熹：“羞恶之心，人皆有之，但众人汩于利欲而忘之，惟贤者能存之而不丧耳。”（《集注》）

“一箪食，一豆羹[3]，得之则生，弗得则死，嘑尔而与之[4]，行道之人弗受；蹴尔而与之[5]，乞人不屑也。万钟则不辩礼义而受之，万钟于我何加焉？为宫室之美、妻妾之奉、所识穷乏者得我欤[6]？乡为身死而不受，今为宫室之美为之；乡为身死而不受，今为妻妾之奉为之；乡为身死而不受，今为所识穷乏者得我而为之，是亦不可以已乎？此之谓失其本心。”

［注释］

[1] 以上六句意为，生命是我想要的，但想要的有超过生命的，所以就不会干苟且偷生的事；死亡是我厌恶的，但厌恶的有超过死亡的，所以就不会躲避有些祸患。辟：同“避”。 [2] 以上四句意为，这样做就得生，然而却有人不做，这样做就避患，然而却有人不干。由此可见，人们想要的东西有超过生命的，厌恶的东西有超过死亡的。 [3] 豆：古代食器，形似高足盘。 [4] 此句意为，呵斥着施舍给他。嘑（hù）尔：呵斥貌。 [5] 此句意为，用脚踩踏后施舍给人。蹴（cù）尔：践踏貌。 [6] 以上三句意为，然而万钟俸禄却不问是否合乎礼义就接受了，万钟俸禄对我有何益处呢？是为了住宅的华美、妻妾的侍奉、相识的穷人感激我吗？得：通“德”，此处作动词。

［点评］

本章论“舍生取义”，强调道德信念高于自然生命，谴责不顾礼义廉耻而谋取富贵的可耻行径。孟子认为，人从终极意义上说，乃是精神的存在，而不是生物的存在，人有比生命更高的价值追求。当个体生命与道德原则发生冲突而不能两全时，应该道德优先，舍弃生命以维护理想中的道德原则。只有确立了这一点，才能凸显人的高贵与尊严。否则，人便会为贪生避祸而无所不为，那就与禽兽没有区别了。孔子曾主张“志士仁人，无求生以害仁，有杀身以成仁”(《论语·卫灵公》)，可以说是孟子思想的源头。以后荀子提出，“人之所欲生甚矣，人之所恶死甚矣，然而人有从生成死者，非不欲生而欲死，不可以生而可以死也”(《荀子·正名》)。对此做了进一步的发挥，成为儒家所一致认同的价值观念。这观念为培养中华民族的浩然正气和高尚情操起到了非常积极的作用，曾鼓舞中国历史上无数志士仁人为理想而献身，如民族英雄文天祥在其临刑前自书“衣带诗”：“孔曰成仁，孟曰取义，唯其义尽，所以仁至。读圣贤书，所学何事？而今而后，庶几无愧。”正是对儒家这一道德理想的具体实践。

本章孟子提出了“本心”的概念，本心就是原本固有之心，实际也就是“良心”“仁义之心”。孟子认为，本心是人人都有的，就是乞丐也不例外。但本心又是可以丧失的，那些不顾礼义贪图富贵的人，就是丧失了本心。

11.11　孟子曰：“仁，人心也；义，人路也。

舍其路而弗由，放其心而不知求[1]，哀哉！人有鸡犬放，则知求之；有放心而不知求。学问之道无他，求其放心而已矣。”

求得放心即为学。

［注释］

[1] 以上两句意为，舍弃了道路不去行走，丢失了本心不知寻求。放：舍弃；失去。心：指良心、本心。

［点评］

本章论“仁，人心”，是孟子对孔子仁学的发展和贡献。孔子重视仁，以仁为思想的核心。但对于仁，孔子的解释宽泛且多变，每次讲解都不尽一致。这并不奇怪，因为在孔子那里，仁是主体的实践活动，重要的是内在的体验和自觉，而不是概念的界定和理论论证。故孔子言仁，主要指出如何实践仁、践履仁，因所言的对象不同、具体的情景不同，表述自然也不同。孟子在本章中把“仁”规定为是“人心”，即人的“本心”或“良心”，抓住了仁的根本，这一解释对后来儒家心性之学的发展具有重要意义。

孟子关于仁，有两个命题，一是“恻隐之心，仁也”，或“恻隐之心，仁之端也”，这是狭义上的仁。另一个是“仁，人心也”，这是广义上的仁。狭义上的仁，只是恻隐之心；广义上的仁，则包括恻隐、羞恶、恭敬、是非之心全体。狭义上的仁，只是“仁民爱物”之仁；广义上的仁，则包括由恻隐、羞恶、恭敬、是非之心到仁、义、礼、智的全部发展过程。孟子在“仁，人心也”之后，又提出“义，人路也”，二者关系如何，也值得关注。孟子言义的一个重要特点是将义归于主体心，把义看作主体心的外在表现。因此，这里的仁、义不是并列关系而是从属关系。孟子的意思是，作为“人心”的仁具有高度的理性自觉，作为“人路”的义即来自于仁，掌握了仁也就掌握了义。正因为如此，孟子只言“求放心”，而不言寻失路。

本章最后提到“学问之道”在于“求放心”，似乎过于强调内省、反求诸己，对后天的学习则有所忽略。但孟子的“学问之道”不仅在于找回丢失的本心，还有对其“扩而充之”的过程，从这一点讲，并不完全排除后天的学习。

11.12 孟子曰：“今有无名之指屈而不信[1]，非疾痛害事也，如有能信之者，则不远秦楚之路，为指之不若人也。指不若人，则知恶之；心不若人，则不知恶，此之谓不知类也[2]。”

舍大取小，不知类。

[注释]

[1] 信：同“伸”。 [2] 本节文字意为，现在有个人无名指弯曲不能伸直，既不疼痛也不妨碍做事，但只要有人能使它伸直，即使到秦国、楚国也不会嫌路远，为的是手指不如别人。手指不如人，知道厌恶；心不如人，却不知道厌恶，这叫作不知轻重。不知类：不懂得依类推理，引申为不知轻重。

［点评］

本章及下面三章论“大体”与“小体”之别，强调为人首先要重视本心的培养。孟子认为人有“大体”“小体”的区别（11.15），“大体”指心，“小体”指“耳目之官”。“大体”具有价值的优先性，优于“小体”。“从其大体为大人，从其小体为小人”，故人首先当重视心的培养。若一个人只关心手指，而不重视心，便是“不知类”。

知养物不知养己，弗思之过。

11.13 孟子曰：“拱把之桐梓[1]，人苟欲生之，皆知所以养之者。至于身[2]，而不知所以养之者，岂爱身不若桐梓哉？弗思甚也[3]。”

［注释］

[1] 拱把：指径围不粗，可两手合围。拱：两手合围。把：一手可握。 [2] 身：自身；自己。 [3] 本节文字意为，一两把粗的桐树、梓树，人们如果想让它生长，都知道怎样去培养。对于自己，却不知道怎样去培养，难道爱自己还不如桐树、梓树吗？真是太不用脑子了。

［点评］

本章论修身。人们对于树木都知道养护，对于自己反而不知培养。当然修身首先应重视大体而非小体。

11.14 孟子曰：“人之于身也，兼所爱[1]。

兼所爱，则兼所养也。无尺寸之肤不爱焉，则无尺寸之肤不养也。所以考其善不善者，岂有他哉？于己取之而已矣[2]。体有贵贱，有小大。无以小害大，无以贱害贵。养其小者为小人，养其大者为大人。今有场师[3]，舍其梧、槚[4]，养其樲、棘[5]，则为贱场师焉。养其一指而失其肩背，而不知也，则为狼疾人也[6]。饮食之人，则人贱之矣，为其养小以失大也。饮食之人无有失也，则口腹岂适为尺寸之肤哉[7]？”

朱熹：“贱而小者，口腹也；贵而大者，心志也。”（《集注》）

[注释]

[1]兼所爱：每一部分都爱。兼：整体；全部。 [2]以上三句意为，考察他保养得好不好，难道有别的方法吗？只要看他注重的是身体哪一部分就可以了。 [3]场师：园艺师。 [4]梧：梧桐。槚（jiǎ）：梓树。都是较好的木材。 [5]樲（èr）：酸枣。棘：荆棘。都是次等的木材。 [6]以上七句意为，如果有位花匠，不去种梧桐、梓树，而去养酸枣、荆棘，那么他就是个差劲的花匠。如果有人保养一个手指却遗忘了肩背，自己还不知道，那么他就是个糊涂透顶的人。狼疾：昏乱；糊涂。 [7]以上五句意为，只知吃喝的人，人人都鄙视他，因为他保养了小的部分而丢失了大的部分。如果说只知吃喝的人没有丢失什么，那么他的吃喝难道就只是为了保养一寸肌肤吗？岂适：岂止。适：同“啻”。

［点评］

本章论体有“贵贱”“大小”，批评舍大体而养小体的行为。不过孟子虽然对身、心做了小体、大体的区分，但并不是不重视身，而是强调以心摄身、心身一如，故孟子又有“践形”之说（参见13.38）。

11·15 公都子问曰：“钧是人也[1]，或为大人，或为小人，何也？”

孟子曰：“从其大体为大人，从其小体为小人。”

曰：“钧是人也，或从其大体，或从其小体，何也？”

曰：“耳目之官不思，而蔽于物。物交物[2]，则引之而已矣[3]。心之官则思，思则得之，不思则不得也。此天之所与我者。先立乎其大者，则其小者不能夺也。此为大人而已矣[4]。”

先立其心，则耳目之欲不能夺之。

［注释］

[1] 钧：同“均”。 [2] 物交物：前一个“物”指耳目之官，后一个“物”指外物。交：两者相接触。 [3] 以上四句意为，耳朵、眼睛这类器官不会思考，所以被外物蒙蔽。一与外物接触，便容易被引诱过去。引：引诱；吸引。 [4] 以上七句意为，心这个器官会思考，一思考就能得到心中的仁义，不思考就得不到。这是

天赋予我的能力。先确立了心这个大体，那么耳朵、眼睛之类的小体就不会被外物夺去。这样便可以成为君子。

［点评］

本章论“大体”“小体”。孟子认为，耳目之官不能“思”，不具有自主性，只能被动地接受外物的作用，故当其与外物接触时，便会受到遮蔽与引诱。心之官则不同，它可以“思”，此“思”为反思，为逆觉体证。故心之官一方面会受到外物的干扰、引诱，另一方面又可以通过“思”，反求诸己，发现“天之所与我”的仁义礼智，具有自主性。因此，只有首先将本心确立起来，才不会被耳目之欲所扰乱，这样便可以成为有德的君子。

11.16 孟子曰：“有天爵者[1]，有人爵者。仁义忠信，乐善不倦，此天爵也；公卿大夫，此人爵也。古之人，修其天爵，而人爵从之。今之人，修其天爵，以要人爵[2]；既得人爵，而弃其天爵，则惑之甚者也，终亦必亡而已矣[3]。”

天爵以德，人爵以禄。修德禄至，古之妙法。以德求禄，今人惑甚。弃善忘德，终必灭亡。

［注释］

[1] 天爵：天赐的爵位。指天赋的德性。 [2] 要：通“邀”。求取；追求。 [3] 此节文字意为，有天赐的爵位，有人授的爵位。仁义忠信，好善不倦，这是天赐的爵位；公卿大夫，这是人授的爵位。古代的人修养天授的爵位，自然就得到人授的爵位。今天

的人修养天授的爵位，是为了获得人授的爵位；一旦得到人授的爵位，就抛弃了天授的爵位，实在是蠢得很，最终连人授的爵位也必定会失去的。

［点评］

本章论“天爵”“人爵”。孟子认为，人的价值、意义不在于权势、地位，而在于善性、德性。所谓“人爵”指“公卿大夫”，即现实中的权势、地位；“天爵”指“仁义忠信，乐善不倦”，即内在的善性和对此善性的喜好。天爵的“天”有二义，一是指尊贵；二是指“此天之所与我也”。故天爵具有超越的来源，高于现实的人爵。古代的人将天爵置于人爵之上，“修其天爵，而人爵从之”，体现了天爵高于人爵的价值原则；而今大的人修其天爵，是为了获取人爵，获取了人爵，便抛弃天爵，完全违背了这一原则。人爵只有少数人可以得到，而天爵则是人人都具有的，是天对我们每一个人的赋予，这就保证了每个人都有与生俱来的价值与尊严，都有实现其价值与尊严的可能，从而确立起人生的信念与方向。

人皆有欲贵之心，然不知有良贵于己。

朱熹：“能以爵禄与人而使之贵，则亦能夺之而使之贱矣。若良贵，则人安得而贱之哉？”（《集注》）

11.17 孟子曰：“欲贵者，人之同心也。人人有贵于己者，弗思耳矣。人之所贵者，非良贵也[1]。赵孟之所贵，赵孟能贱之[2]。《诗》云[3]：‘既醉以酒，既饱以德。’言饱乎仁义也，所以不愿人之膏粱之味也；令闻广誉施于身，所以不愿人之文绣也[4]。”

尹焞：“言在我者重，则外物轻。”（《集注》引）

［注释］

[1] 以上六句意为，希望尊贵，这是人们的共同心愿。其实每个人都有可尊贵的东西，只是没有想到罢了。别人给予的尊贵，不是真正的尊贵。良贵：孟子的哲学概念，指生而具有的尊贵，也就是真正的尊贵。 [2] 以上两句意为，赵孟使他尊贵，赵孟也可以使他下贱。赵孟：春秋时晋国正卿赵盾，字孟，他的子孙后来也称赵孟，这里以赵孟代指有权势的人物。 [3]《诗》云：以下两句出自《诗·大雅·既醉》。 [4] 以上四句意为，这是说饱享了仁义，所以就不羡慕别人的美味佳肴；美好的名声加在自己身上了，就不羡慕别人的锦绣衣裳。愿：羡慕。

［点评］

本章论“良贵”，也就是真正的尊贵。孟子认为，“良贵”在于仁义、善性，也就是“天爵”，而不在于权势、地位，不在于“人爵”。

11.18　孟子曰：“仁之胜不仁也，犹水之胜火。今之为仁者，犹以一杯水救一车薪之火也；不熄，则谓之水不胜火，此又与于不仁之甚者也[1]，亦终必亡而已矣[2]。”

水能胜火，仁能胜不仁。然不尽力为仁，遂以为真不能胜不仁，则助于不仁者深矣，终将必丧失其仁。

［注释］

[1] 与：助。 [2] 本节文字意为，仁胜过不仁，好比水能灭火。

但现在奉行仁道的人，就好比用一杯水去救一车木柴的火；火不熄灭，就说水不能灭火。这又大大助长了那些不仁之人，最终一定会连那一点点仁也丧失了。

[点评]

本章论“仁之胜不仁”。水能灭火，仁能战胜不仁，但还应注意力量对比。若不努力为仁，浅尝辄止，便怀疑、否定仁，这样只会助长不仁者的气焰，最终丢失掉仁。

仁熟方为仁，扩四端方为仁义。

11.19 孟子曰：“五谷者，种之美者也；苟为不熟，不如荑稗[1]。夫仁，亦在乎熟之而已矣。”

[注释]

[1] 荑（tí）稗：即稊稗。荑、稗为二草名，似禾，实比谷小，亦可食。荑：通“稊”。

[点评]

本章以五谷为喻，说明仁须“扩而充之”。孟子说：“恻隐之心，仁之端也。”（《公孙丑上》）“端”字本作“耑”，《说文解字》：“耑，物初生之题（段注：题犹额也，端也）也，上象生形，下象其根也。”换言之，“端”即事物的萌芽、开始。“端”表明恻隐之心不是一种既定、完成的存在，从恻隐之心到仁有一个生长、发展的过程，正如树苗到树木有一个生长、发展的过程一样。若不加扩充，仁还不及稊稗。

11.20 孟子曰："羿之教人射，必志于彀；学者亦必志于彀[1]。大匠诲人必以规矩，学者亦必以规矩[2]。"

赵岐："学者志道，犹射者之张也。"（《章句》）

赵岐："学者以仁义为法式，亦犹大匠以规矩者也。"（《章句》）

［注释］

[1] 以上三句意为，羿教人射箭，一定要拉满弓；学习的人也一定要努力拉满弓。彀（gòu）：张满弓弩。 [2] 以上两句意为，高明的工匠教人，一定根据规矩，学习的人也要依据规矩。

［点评］

本章论为学。认为学习首先要有高标准，同时掌握为学的规则、方法。学艺如此，做人也如此。

告子下

12.1　任人有问屋庐子曰[1]："礼与食孰重？"

曰："礼重。"

"色与礼孰重？"

曰："礼重。"

曰："以礼食，则饥而死；不以礼食，则得食，必以礼乎？亲迎[2]，则不得妻；不亲迎，则得妻，必亲迎乎？"

屋庐子不能对，明日之邹以告孟子。

孟子曰："于答是也，何有？不揣其本[3]，而齐其末，方寸之木可使高于岑楼[4]。金重于羽者，岂谓一钩金与一舆羽之谓哉[5]？取食之重者与礼之轻者而比之，奚翅食重[6]？取色之重者与礼之轻者而比之，奚翅色重？往应之曰：紾兄之臂而夺之食[7]，则得食；不紾，则不得食，则将紾之乎？踰东家墙而搂其处子，则得妻；不搂，则不得妻，则将搂之乎[8]？”

若揣量其本，比较其末，则礼重于食色。

[注释]

[1]任：春秋时国名，在今山东济宁。屋庐子：姓屋庐，名连，孟子弟子。 [2]亲迎：古代结婚“六礼”（纳采、问名、纳吉、纳征、请期、亲迎）之一，新郎亲自至女家，迎新娘入室。 [3]揣（chuǎi）：量度；衡量。 [4]以上五句意为，回答这个问题，有什么困难呢？不衡量基础的高低，只比较双方的顶端，那么一寸厚的木块也可以高过尖顶高楼。方寸：方始一寸；只有一寸。极言矮小。岑（cén）楼：尖顶高楼。 [5]一钩金：做成一个衣带钩所需的金，喻数量很少。钩：衣带钩。 [6]以上四句意为，金子比羽毛重，难道是说一丁点金子比一车羽毛还重吗？拿饮食重要的方面和礼仪细微的方面相比较，何止是饮食重要？奚翅：何止。翅：同“啻”。止。 [7]紾（zhěn）：扭。 [8]以上几句意为，扭住哥哥的胳膊，抢夺他的食物，就可以得到吃的；不扭，便得不到吃的，那么你去扭吗？翻过东邻的墙头，搂抱人家的姑娘，就能得到妻子；不去搂抱，就得不到妻子，那么你去搂抱吗？

［点评］

本章论礼与食色哪个重要。孟子认为必须把二者放在同等条件下进行比较，如果拿食色之重者与礼之轻者相比，必然会得出错误的结论。

12.2　曹交问曰[1]："人皆可以为尧舜，有诸？"

孟子曰："然。"

"交闻文王十尺，汤九尺，今交九尺四寸以长，食粟而已，如何则可？"

曰："奚有于是？亦为之而已矣。有人于此，力不能胜一匹雏，则为无力人矣；今曰举百钧[2]，则为有力人矣。然则举乌获之任，是亦为乌获而已矣[3]。夫人岂以不胜为患哉？弗为耳。徐行后长者谓之弟，疾行先长者谓之不弟。夫徐行者，岂人所不能哉？所不为也[4]。尧舜之道，孝弟而已矣。子服尧之服，诵尧之言，行尧之行，是尧而已矣。子服桀之服，诵桀之言，行桀之行，是桀而已矣。"

杨时："尧舜之道大矣，而所以为之，乃在夫行止疾徐之间，非有甚高难行之事也，百姓盖日用而不知耳。"（《集注》引）

曰："交得见于邹君，可以假馆，愿留而受业于门。"

曰："夫道若大路然，岂难知哉？人病不求耳。子归而求之，有余师[5]。"

［注释］

[1] 曹交：赵岐说是"曹君之弟"，但孟子时曹国已亡，后人多有怀疑，详可参焦循《正义》。 [2] 钧：古代重量单位。《尚书·五子之歌》孔颖达疏："《律历志》云：三十斤为钧，四钧为石。" [3] 以上九句意为，这有什么呢？只要去做就行了。有个人在这里，力气提不起一只小鸡，那他就是一个没有力气的人；如果说能举起三千斤，那就是个有力气的人了。同样的道理，如果举得起乌获举起的重量，那就成为乌获了。乌获：人名，古代传说中的大力士。 [4] 以上七句意为，一个人要担心的，难道是不能胜任吗？只是不去做罢了。比如说，慢慢地走在长者之后叫作悌，快步抢在长者之前叫作不悌。慢慢走，难道是一个人不能做到的吗？不去做罢了。 [5] 以上五句意为，道就像大路一样，难道难于知晓吗？就怕人们不去寻找。你回去自己寻找，老师多着呢。

［点评］

本章论"人皆可以为尧舜"。孟子有"尧舜与人同耳"（8.32）、"圣人与我同类"（11.7）之说，认为人皆有"不忍人之心"，皆有善性，只要扩充善性，每个人都有可能成为圣人。本章则提出"尧舜之道，孝弟而已矣"，强调要"服尧之服，诵尧之言，行尧之行"，与孟子别处的论述有所不同。这可能是孟子思想前后变化的反映，也可能是施教的需要。从"交得见于邹君，可以假馆"一句看，本章应是孟子在邹国时的言论。

12.3 公孙丑问曰："高子曰[1]：《小弁》，小人之诗也[2]。"

孟子曰："何以言之？"

曰："怨。"

曰："固哉，高叟之为诗也[3]！有人于此，越人关弓而射之[4]，则己谈笑而道之，无他，疏之也。其兄关弓而射之，则己垂涕泣而道之，无他，戚之也。《小弁》之怨，亲亲也；亲亲，仁也[5]。固矣夫，高叟之为诗也！"

曰："《凯风》何以不怨[6]？"

亲之过小不可怨，亲之过大则可怨。

曰："《凯风》，亲之过小者也；《小弁》，亲之过大者也。亲之过大而不怨，是愈疏也；亲之过小而怨，是不可矶也[7]。愈疏，不孝也；不可矶，亦不孝也。孔子曰：'舜其至孝矣，五十而慕。'"

[注释]

[1] 高子：《孟子》中曾四次提到高子，《公孙丑下》第十二章赵岐注为"齐人，孟子弟子"；本章中注为"齐人也"；《尽心下》

第二十一章注为“齐人也，尝学于孟子，乡道而未明，去而学于他术”。本章中孟子称他为“高叟”，应年长于孟子。 [2]《小弁》，小人之诗也：《小弁》是小人所作的诗。《小弁》：《诗·小雅》中的一篇。旧说是周幽王太子宜臼的老师所作，亦有说是宜臼所作，指责周幽王废申后及太子宜臼，改立褒姒之子伯服为太子。 [3] 以上两句意为，高老先生对诗的理解，真是太呆板了！ [4] 关弓：拉满弓。关：通“弯”。 [5] 以上几句意为，这里有一个人，越国人拉弓射他，他可以有说有笑地讲这件事，没有别的原因，因为关系疏远。如果是他的哥哥拉弓射他，他就会哭哭啼啼地讲这件事，没有别的原因，因为关系亲近。《小弁》的怨恨，出于爱护亲人；爱护亲人，就合乎仁。 [6]《凯风》：《诗·邶风》中的一篇。旧说卫国一位七个儿子的母亲想改嫁，于是七个儿子作此诗自责不孝，以使母亲感悟。 [7] 以上八句意为，《凯风》是因为亲人过错小，《小弁》是因为亲人过错大。父母过错大却不抱怨，就会与父母更加疏远；父母过错小却抱怨，这是不能受一点委屈。不可矶：不可稍有触犯。矶（jī）：原义为水冲击岩石。引申为激怒；触犯。翻译为不能受一点委屈。

[点评]

本章论《小弁》《凯风》之诗。《小弁》《凯风》两首诗主题相近，但一个“怨”，一个“不怨”，如何消除人们的误解呢？孟子从“知人论世”“以意逆志”的原则出发，对其做了分析。孟子继承了孔子诗“可以怨”（参见《论语·阳货》）的思想，肯定诗歌可以表达“怨”。但一首诗歌的“怨”与“不怨”，又与作者的遭遇、亲人过失的大小等有关，不可一概而论。孟子通过“知人论世”，不仅对两首诗做出了合理的说明，而且“以意逆志”，提出对于亲人“怨”与“不怨”的原则。

12.4 宋牼将之楚[1]，孟子遇于石丘[2]，曰：“先生将何之？”

曰：“吾闻秦楚构兵[3]，我将见楚王说而罢之。楚王不悦，我将见秦王说而罢之。二王我将有所遇焉[4]。”

曰：“轲也请无问其详，愿闻其指[5]。说之将何如[6]？”

曰：“我将言其不利也。”

曰：“先生之志则大矣，先生之号则不可[7]。先生以利说秦楚之王，秦楚之王悦于利，以罢三军之师，是三军之士乐罢而悦于利也。为人臣者怀利以事其君，为人子者怀利以事其父，为人弟者怀利以事其兄，是君臣、父子、兄弟终去仁义，怀利以相接，然而不亡者，未之有也[8]。先生以仁义说秦楚之王，秦楚之王悦于仁义，而罢三军之师，是三军之士乐罢而悦于仁义也。为人臣者怀仁义以事其君，为人子者怀仁义以事其父，为

若以不利言兴兵，则举国尚利以相接而忘仁义，则其国亡矣。若以仁义使不忍兴兵，三军之士悦，国人化之，咸以仁义相接，可以称王，何必以利为名？

人弟者怀仁义以事其兄，是君臣、父子、兄弟去利，怀仁义以相接也，然而不王者，未之有也。何必曰利[9]？”

［注释］

[1] 宋牼（kēng）：宋国人，也做宋钘、宋荣，战国时著名学者。提出“见侮不辱”和“使人不斗”，试图以此消除争斗，止息用兵。 [2] 石丘：古地名，或说属于宋国。 [3] 构兵：交战。 [4] 以上五句意为，我听说秦楚两国交战，我准备去拜见楚王，劝说他罢兵，如果楚王不接受，我再去拜见秦王，劝说他罢兵。两位君王中，总会有一位投合的。遇：投合。 [5] 指：同“旨”。 [6] 以上三句意为，我不想问得太详细，只想知道你的主要观点，你准备怎样去劝说他们呢？说之将如何：即“将如何说之”。说（shuì）：劝说。 [7] 以上两句意为，先生的志向很大，先生的说法却行不通。号：主张。 [8] 以上几句意为，先生用利去劝说秦、楚的君王，秦、楚的君王因为喜欢利而让三军停战，这样三军将士就是因为喜欢利才乐于罢兵。做臣子的怀着利来侍奉自己的国君，做儿子的怀着利来侍奉自己的父亲，做弟弟的怀着利来侍奉自己的兄长，这样君臣、父子、兄弟之间都会抛弃仁义，怀着利来相互对待，如此而不灭亡，是从来没有的。 [9] 以上几句意为，先生用仁义去劝说秦、楚的君王，秦、楚的君王因为喜爱仁义而让三军罢兵，这样三军将士就是因为喜爱仁义才乐于停战。做臣子的怀着仁义来侍奉自己的国君，做儿子的怀着仁义来侍奉自己的父亲，做弟弟的怀着仁义来侍奉自己的兄长，这样君臣、父子、兄弟之间都会抛弃了利，怀着仁义来相互对待。如此还不能称王天下，是从来没有的。何必要说利呢？

［点评］

本章论义利之辨，与《梁惠王上》第一章可相呼应。在1.1章，孟子着眼于对无道社会的批判，故强调先义后利，“何必曰利”的“利”主要指君主的“大欲”和“私利”。本章的语境与此相同。在孟子看来，当人们不顾及义而一味追求利的时候，如果有人挺身而出，劝诸侯罢兵，说这样追逐利对你们自己是不利的，那么，这个人一定是很了不起的，宋牼就是这样的人。不过孟子虽肯定宋牼志向很好，但对其劝说秦、楚国君停战的理由却质疑。因为宋牼要求停战的理由，是交战对双方都是不利的。那么这样一来，秦、楚的国君觉得对自己没有利而暂时停战，而一旦发现对自己有利，又要去作战。推而广之，社会上的每个人都怀着利益的考虑相互对待，结果只能使社会陷入更大的混乱。正确的方法应该是用仁义劝说秦、楚国君停战，让秦、楚之君出于相互的尊敬与爱，出于对法则、秩序的尊重而停止作战。推而广之，社会上的每个人怀着仁义之心相互对待，这样才能称王天下，才能消除社会的无序与混乱，建立起社会的秩序与道义来。

12.5　孟子居邹，季任为任处守[1]，以币交，受之而不报。处于平陆[2]，储子为相，以币交，受之而不报[3]。他日由邹之任，见季子；由平陆之齐，不见储子。屋庐子喜曰：“连得间矣[4]。”

问曰："夫子之任，见季子；之齐，不见储子，为其为相欤[5]？"

曰："非也。《书》曰：'享多仪[6]，仪不及物曰不享，惟不役志于享。'为其不成享也[7]。"

屋庐子悦。或问之，屋庐子曰："季子不得之邹，储子得之平陆[8]。"

徐氏："季子为君居守，不得往他国以见孟子，则以币交而礼意已备。储子为齐相，可以至齐之境内而不来见，则虽以币交，而礼意不及其物也。"（《集注》引）

［注释］

[1] 季任：任国国君的弟弟。处守：留守。当时任国国君朝会邻国，季任为之留守其国。 [2] 平陆：齐国地名，即今山东汶上县。 [3] 以上八句意为，孟子在邹国时，季任代理任国国政，送来礼物与孟子结交，孟子收了礼物而没有回谢。孟子在平陆时，储子做齐国的相，也送来礼物与孟子结交，孟子收了礼物也没有回谢。 [4] 连：屋庐子的名。间：指空子，可乘的机会。指批评孟子的机会。 [5] 以上六句意为，（屋庐子）问道："老师到了任国，去拜见季子；到了齐国，却不去拜见储子，是因为他是齐国的相吗？" [6] 享：进献。多：重视。仪：礼仪；礼节。 [7] 以上五句意为，《尚书》说："进献看重的是仪节，仪节不够，礼物虽多，只能当作没有进献，因为心思不在进献上。"这是因为他没有完成进献的缘故。 [8] 以上五句意为，屋庐子听了很高兴。有人问他这件事，屋庐子说："季子当时不能亲自去邹国，而储子却可以去平陆。"

[点评]

本章记孟子的处事态度。任国的季任和齐相储子都派人给孟子送来礼物，后孟子只拜访季任而不拜访储子。这是因为，季任当时代理任国国政，无法亲自前往邹国；而储子能够亲自去平陆，却只派人送来礼物。孟子生活的时代，礼制受到很大冲击，故孟子不看重礼仪的形式，而强调内在的“志”，即动机和情感。孟子对季任与储子的不同态度，无疑即是这种精神的体现。

12.6 淳于髡曰[1]：“先名实者，为人也；后名实者，自为也[2]。夫子在三卿之中[3]，名实未加于上下而去之，仁者固如此乎？”

孟子曰：“居下位，不以贤事不肖者，伯夷也；五就汤，五就桀者，伊尹也；不恶汙君，不辞小官者，柳下惠也。三子者不同道，其趋一也。一者何也？曰，仁也。君子亦仁而已矣，何必同？”

曰：“鲁缪公之时，公仪子为政[4]，子柳、子思为臣[5]，鲁之削也滋甚，若是乎，贤者之无益于国也[6]！”

曰：“虞不用百里奚而亡，秦缪公用之而霸。不用贤则亡，削何可得欤[7]？”

朱熹：“名，声誉也。实，事功也。言以名实为先而为之者，是有志于救民也。以名实为后而不为者，是欲独善其身者也。”（《集注》）

君子或进或退或行或止，未必同也，其于趋仁则一也。

曰："昔者王豹处于淇[8]，而河西善讴；绵驹处于高唐[9]，而齐右善歌；华周、杞梁之妻善哭其夫，而变国俗[10]。有诸内，必形诸外。为其事而无其功者，髡未尝覩之也。是故无贤者也，有则髡必识之[11]。"

曰："孔子为鲁司寇，不用，从而祭，燔肉不至[12]，不税冕而行[13]。不知者以为为肉也，其知者以为为无礼也。乃孔子则欲以微罪行[14]，不欲为苟去。君子之所为，众人固不识也[15]。" 讥髡不识仁。

［注释］

[1] 淳于髡：齐国稷下先生。见《离娄上》7·17注[1]。 [2] 以上四句意为，重视名誉功业，是为了经世济民；轻视名誉功业，是为了洁身自好。 [3] 三卿：指上卿、亚卿、下卿。或谓一卿是相，二卿是将，三卿为客卿。 [4] 公仪子：即公仪休，鲁国博士，曾任鲁相，事迹见《史记·循吏列传》。 [5] 子柳：即泄柳，曾任鲁缪公的卿。子思：孔子之孙，名伋。 [6] 以上六句意为，鲁缪公时，公仪子主持国政，子柳、子思也都在朝为臣，可是鲁国被削弱得更加严重，贤者对于国家没有益处，就像这样啊！若是乎，贤者之无益于国也：即"贤者之无益于国也若是乎"。 [7] 以上四句意为，虞国不用百里奚而亡国，秦缪公用了他就称霸。可见不用贤人就会亡国，只是被削弱能做得到吗？ [8] 王豹：卫国人。善于唱歌。淇：淇水，卫国河流名。 [9] 绵驹：古代善歌者。高唐：齐国邑名。 [10] 以上六句意为，从前王豹住在淇

水边，河西的人因而擅于吟唱；绵驹住在高唐，齐国西部的人因而擅于歌唱；华周、杞梁的妻子痛哭她们的丈夫，因而改变了一国的习俗。华周、杞梁：齐国大夫，传说他们战死后，妻子痛哭而哭倒城墙，国人仿效，善哭成风。 [11] 以上六句意为，里面有的，一定会表现在外。做了一件事却见不到功效，我还没有见过。所以现在是没有贤者，如果有，我一定会知道。覩：同“睹”。 [12] 燔（fán）肉：祭祀时用的熟肉。古礼，天子和诸侯祭祀后，要将一部分祭肉赐给大夫。 [13] 税：通“脱”。脱下。 [14] 孔子则欲以微罪行：据《史记·孔子世家》，孔子为鲁司寇，摄行相事。齐人闻而惧，于是选齐国美女八十人赠送鲁君，季桓子与鲁君往观终日，怠于政事。子路说，先生可以离开了。孔子说，鲁国将要举行郊祀，如果赐燔肉给大夫，我还可以留下来。结果鲁君郊祀时，不赐燔肉给大夫，于是孔子离去。朱熹据此认为，孔子对于父母之国，不想显露君相的过失，又不想无故离去，故不以女乐之事，而以燔肉不至为借口离去。则“微罪”是指鲁君不赐大夫燔肉。阎若璩《四书释地续》则称以燔肉不至而离去不合情理，认为孔子不想把过失都推给君相，自以为有了小的过错，没有得到祭肉才离开，此之谓“以微罪行”。译文从阎若璩说。 [15] 以上几句意为，孔子做鲁国的司寇，不被信用，跟随鲁君去祭祀，祭肉没有按规定送来，于是顾不上脱下祭帽就离去。不了解孔子的，以为他是为了那点祭肉；了解孔子的，知道他是因为鲁国失礼。至于孔子，则是想让自己背一点小的罪名而离去，不想随便辞官而去。君子的作为，本来就是一般人不能理解的。

[点评]

本章记孟子与淳于髡的对话，主要讨论两个问题：

一是进退出处之道；二是贤者的作用。孟子在齐国时，虽受到宣王的厚待，但他的仁政主张却一直没有得到执行，特别是经过伐燕战争后，孟子与宣王的矛盾激化，于是准备辞官归家。淳于髡知道后责问孟子，身居高位，上不能辅佐君主，下不能造福百姓，却要辞官而去，恐怕不是仁者的做法。孟子认为，仁没有固定的标准，伯夷、伊尹、柳下惠三人的行为互不相同，但都是出于仁。君子只要做到仁就行了，不能用一种标准要求他们。关于这一问题，3.9、10.1也有讨论，可参看。二人又就贤者进行了争论，孟子认为，贤者对国家作用重大，治国必须要任用贤者，这是不容怀疑的。但贤者的行为处事，不是一般人能了解的。所以齐国不是没有贤者，而是淳于髡不识贤者。

孟子与淳于髡的对话，又见7.17，应该也是孟子辞官时事。

三王行仁义，五霸假仁义，今之诸侯弃仁义，大夫毁仁义。

12.7 孟子曰："五霸者[1]，三王之罪人也[2]；今之诸侯，五霸之罪人也；今之大夫，今之诸侯之罪人也。天子适诸侯曰巡狩，诸侯朝于天子曰述职。春省耕而补不足，秋省敛而助不给[3]。入其疆，土地辟，田野治，养老尊贤，俊杰在位，则有庆[4]，庆以地。入其疆，土地荒芜，遗老失贤，掊克在位[5]，则有让[6]。一不朝，则贬其爵；再不朝，则削其地；三不朝，则六师移之[7]。是故天子讨而不伐，诸侯伐而不讨。五霸者，搂诸侯以伐诸侯者也[8]，故曰，五霸者，三王之罪人也。五霸，桓公为盛。葵丘之会[9]，诸侯束牲载书而不歃血[10]。初命曰，诛不孝，无易树子[11]，无以妾为妻。再命曰，尊贤育才，以彰有德。三命曰，敬老慈幼，无忘宾旅。四命曰，士无世官，官事无摄，取士必得，无专杀大夫[12]。五命曰，无曲防[13]，无遏籴[14]，无有封而不告[15]。曰，凡我同盟之人，既盟之后，言归于好。今之诸侯皆犯此五禁，故曰，今之诸侯，五霸之罪人也。长君之恶其罪小，逢君之恶其罪大[16]。今之大夫皆逢君之恶，故曰，今之大夫，今之诸侯之罪人也。”

[注释]

[1] 五霸：指春秋时代先后称霸的五个诸侯，一说指春秋齐桓公、晋文公、宋襄公、楚庄公、秦缪公。《吕氏春秋·当务》高诱注：“五伯，齐桓、晋文、宋襄、楚庄、秦缪也。”一说指春秋齐桓公、晋文公、楚庄王、吴王阖闾、越王句践。《荀子·王霸》：“虽在僻陋之国，威动天下，五伯是也……故齐桓、晋文、楚庄、吴阖闾、越句践，是皆僻陋之国也，威动天下，强殆中国。”一

说指春秋齐桓公、宋襄公、晋文公、秦穆公、吴王夫差。《汉书·诸侯王表》颜师古注："此五霸谓齐桓、宋襄、晋文、秦穆、吴夫差也。" [2] 三王：赵岐认为是夏禹、商汤、周文王。 [3] 以上四句意为，天子到诸侯国叫作巡狩，诸侯朝见天子叫作述职。春天视察耕种，补助穷困的人；秋天视察收获，救济缺粮的人。 [4] 庆：赏赐。 [5] 掊克：聚敛；搜刮。亦指搜刮民财之人。一说自大而好胜人。 [6] 以上几句意为，进入诸侯的疆界，如果土地开垦，田野整治，老人得到赡养，贤人受到尊敬，杰出之人在位，那么就有奖赏，奖赏给土地。进入诸侯的疆界，如果土地荒芜，老人被遗弃，贤人被排斥，贪官污吏在位，那么就有责罚。 [7] 以上六句意为，诸侯一次不来朝见，就降他的爵位；两次不来朝见，就削减他的封地；三次不来朝见，就派六军讨伐。让：责罚。六师：军队。移：调动。指征伐。 [8] 以上两句意为，五霸，是强拉着诸侯去讨伐别的诸侯。搂：挟持；拉。 [9] 葵丘之会：公元前 651 年，齐桓公在阻止戎狄、荆楚对中原侵犯和安定王室之后，邀请宋、卫、郑、鲁、许、曹等诸侯于宋之葵丘（今河南兰考、民权境内）会盟，周襄王命卿士宰孔莅会，赐齐桓公祭肉。盟约规定会盟之国互不攻伐，不阻塞水源，不阻碍粮食流通，不改换嫡子，尊贤育才，选拔贤士等。会盟确立了齐桓公的霸主地位。 [10] 束牲：会盟时仅束缚牺牲而不杀。载书：加盟书于牲上。《穀梁传·僖公九年》："葵丘之盟，陈牲而不杀，读书，加于牲上。"歃（shà）血：结盟时的一种仪式。立盟时杀牲取血，盟誓者口含其血，或涂于口旁，表示诚信。当时齐桓公威信高，故不歃血进行盟誓。 [11] 树子：古代诸侯立为世子的嫡子。 [12] 以上四句意为，士人不世袭官职，公务不能兼任，选用士人要得当，不擅自杀戮大夫。专杀：擅自杀戮。专：专断；擅自行事。 [13] 曲防：遍设堤防。 [14] 遏籴（dí）：阻止邻国来购买谷米。籴：买进谷物。 [15] 以上三句意为，不得遍筑堤防，不得拒绝邻国购买粮食，不能封赏而不通告。封：封赏。告：报告盟主。 [16] 以上两句意为，助长君主的过错，这罪行还算小；迎合君主的过错，这罪行就大了。逢：逢迎；迎合。

［点评］

本章论王霸之辨，反映了孟子尊王黜霸的历史观。孟子认为，三王行王道，以德服人，五霸行霸道，以力服人，故从三王到五霸是历史的退步，五霸成为三王的罪人。五霸虽然不及三王，但仍有可取之处。如五霸中的齐桓公，在葵丘大会诸侯，订立会盟，用和平的方式解决诸侯争端，盟约中规定的五条公约，如责罚不孝敬父母之人、尊重培养贤才、不得拒绝邻国购买粮食等等，体现了某些仁道的精神，而现在的诸侯却都违背了这些公约，故从五霸到今天又是历史的退步，今天的诸侯成为五霸的罪人。今天的大夫都在逢迎君主的过错，他们又是今之诸侯的罪人。

不教而战，非仁也。

12.8 鲁欲使慎子为将军[1]。孟子曰："不教民而用之[2]，谓之殃民。殃民者，不容于尧舜之世。一战胜齐，遂有南阳[3]，然且不可[4]。"

慎子勃然不悦曰："此则滑厘所不识也。"

曰："吾明告子。天子之地方千里，不千里，不足以待诸侯。诸侯之地方百里，不百里，不足以守宗庙之典籍[5]。周公之封于鲁，为方百里也，地非不足，而俭于百里[6]。太公之封于齐也，亦为方百里也，地非不足也，而俭于百里。今鲁方百里者五，子以为有王者作，则鲁在所损乎，在所益乎？徒取诸彼以与此，然且仁者不为，况于杀人以求之乎[7]？君子之事君也，务引其君以当道，志于仁而已[8]。”

杀人夺地，仁者不为。

当辅君以仁。

［注释］

[1] 慎子：名滑厘，鲁国将军。 [2] 用之：指使之作战。 [3] 南阳：古地名，在泰山西南面，本属于鲁，后被齐侵夺。 [4] 以上五句意为，坑害百姓的人，在尧舜的时代是不被容纳的。即使一仗打败了齐国，收回了南阳，仍然是不可接受的。 [5] 以上六句意为，天子的土地方圆千里，不到千里，便不足以接待诸侯。诸侯的土地方圆百里，不到百里，便不足以奉守宗庙的典章制度。典籍：指法典图籍等重要文献。 [6] 以上四句意为，周公分封到鲁国，为方圆百里；土地不是不够，却仅限于百里。俭于：限于。俭：约束。引申为限制；节制。 [7] 以上七句意为，如今鲁国的土地有五个方圆百里，你认为如果有圣王兴起，那么鲁国的土地在削减之列，还是在增加之列？不费力就能把那里的土地取来并入这里，仁者尚且不干，何况杀人来求取呢？ [8] 以上三句意为，君子侍奉君主，只是努力引导君主合乎道，立志于仁罢了。

[点评]

本章批评慎子“不教民而用之”。认为国家的根本不在土地的大小，而在于民众的生命财产、福祉利益，所谓“民为贵，社稷次之，君为轻”(14.14)。故君子侍奉君主，不应为其兼并土地，而应引导其追求仁义。

辟土地则侵邻国，充府库则重赋税，虽富桀纣之君，而伤民甚矣。

12.9 孟子曰：“今之事君者皆曰：‘我能为君辟土地，充府库。’今之所谓良臣，古之所谓民贼也。君不乡道[1]，不志于仁，而求富之，是富桀也。‘我能为君约与国[2]，战必克。’今之所谓良臣，古之所谓民贼也。君不乡道，不志于仁，而求为之强战，是辅桀也。由今之道，无变今之俗，虽与之天下，不能一朝居也[3]。”

[注释]

[1] 乡：同“向”。 [2] 约与国：邀结盟国。与国：盟国。 [3] 以上四句意为，沿着目前这条道路，不改变今天的风气，即使把天下都给了他，也是一天都坐不稳的。

[点评]

本章批评当时所谓“良臣”，与上一章意旨相近。认为治理国家的关键在于引导国君向于道，志于仁，若做不到这一点，反而要为其“辟土地，充府库”，那等于是辅佐桀纣，实际就是“民贼”。

12.10 白圭曰[1]："吾欲二十而取一，何如？"

孟子曰："子之道，貉道也[2]。万室之国，一人陶，则可乎？"

曰："不可，器不足用也。"

曰："夫貉，五谷不生，惟黍生之；无城郭、宫室、宗庙、祭祀之礼，无诸侯币帛饔飧[3]，无百官有司，故二十取一而足也[4]。今居中国，去人伦，无君子，如之何其可也？陶以寡，且不可以为国，况无君子乎[5]？欲轻之于尧舜之道者，大貉小貉也；欲重之于尧舜之道者，大桀小桀也[6]。"

朱熹："什一而税，尧舜之道也。多则桀，寡则貉。今欲轻重之，则是小貉、小桀而已。"（《集注》）

［注释］

[1] 白圭：姓白，名丹，字圭。善治水、经商，魏惠王时曾在魏国做官。事迹散见于《战国策》《韩非子》《吕氏春秋》《史记·货殖列传》等。 [2] 以上两句意为，你的做法，是貉国的做法。貉（mò）：同"貊"。北方夷狄国名。 [3] 饔飧：指馈食及宴饮之礼。 [4] 以上七句意为，貉这个国家，五谷不生，只有黍能成活；没有城墙、宫室、宗庙和祭祀的礼仪，没有诸侯之间的互送礼物和宴饮，没有衙门和官吏，所以二十抽一也就够了。 [5] 以上七句意为，现在你住在中原，废弃人伦，不要君子，那怎么行呢？制作陶器的人少了，尚且不能把国家搞好，何况没有君子

呢？ [6] 以上四句意为，想使税率比尧舜轻的，那就是大貉、小貉；想使税率比尧舜重的，那就是大桀、小桀。

[**点评**]

本章论国家税制。孟子主张“什一而税”（见 5.3、6.8），反对税收过高损害百姓的利益，但也反对一味降低赋税。白圭主张“二十而取一”，完全无法维持国家正常的开支，过犹不及，走向另一个极端，同样不可取。

以邻为壑，损人利己，仁者不取。

12.11 白圭曰：“丹之治水也愈于禹。”

孟子曰：“子过矣。禹之治水，水之道也，是故禹以四海为壑[1]，今吾子以邻国为壑[2]。水逆行谓之洚水——洚水者，洪水也——仁人之所恶也。吾子过矣[3]。”

[**注释**]

[1] 壑（hè）：水坑；水沟。这里指纳水之处。 [2] 以上四句意为，大禹治水，是顺着水性疏导，所以大禹把四海当作纳水处，现在你却是把邻国当作纳水处。以邻国为壑：据《韩非子 · 喻老》，白圭治水不是疏通河道，导入江海，而是构筑堤防，让水流入邻国。 [3] 以上五句意为，水逆流倒行叫作洚水——洚水，就是洪水，这是仁者最憎恶的。你错啦！

［点评］

本章批评白圭治水“以邻为壑”，不符合仁道。

12.12 孟子曰：“君子不亮[1]，恶乎执[2]？”

子曰：“自古皆有死，民无信不立。”（《论语·颜渊》）

［注释］

[1] 亮：同“谅”。诚信。 [2] 以上两句意为，君子没有诚信，能有什么操守？执：操守。

［点评］

孟子曾说：“大人者，言不必信，行不必果，惟义所在。”（8.11）似认为义重于信。本章则强调没有诚信，一切无从谈起。可见义与诚信都很重要，二者实际是统一的。

12.13 鲁欲使乐正子为政[1]。孟子曰：“吾闻之喜而不寐。”

公孙丑曰：“乐正子强乎？”

曰：“否。”

“有知虑乎？”

曰：“否。”

“多闻识乎？”

曰："否。"

"然则奚为喜而不寐？"

曰："其为人也好善。"

"好善足乎？"

曰："好善优于天下[2]，而况鲁国乎？夫苟好善，则四海之内皆将轻千里而来告之以善[3]；夫苟不好善，则人将曰：'訑訑[4]，予既已知之矣。'訑訑之声音颜色距人于千里之外。士止于千里之外，则谗谄面谀之人至矣[5]。与谗谄面谀之人居，国欲治，可得乎？"

好善则人乐以告之以善，己亦乐取于人以为善。以此治国，何难之有？

[注释]

[1] 乐正子：孟子弟子乐正克。 [2] 优于天下："优于治天下"之意。优：宽绰；有余力。 [3] 以上四句意为，喜好善足以治理天下，何况一个鲁国？如果喜好善，那么四方之人就会不远千里赶来把善告诉他。轻：容易；不以为难。 [4] 訑（yí）訑：听别人意见时的不耐烦声音。 [5] 以上七句意为，如果不喜好善，他会说："嗯，嗯！我早已知道了！"这种嗯嗯的腔调、脸色拒人于千里之外。士人止步于千里之外，那些进谗言、拍马屁的人就来了。

[点评]

本章论乐正克好善。孟子认为，善是为政的根本，一个执政者好善，天下的善士都可为其所用，治理好国家便是容易的事。如果执政者不好善，阿谀奉承之徒便会蜂拥而至，想治理好国家是根本不可能的。一个人好善，便会吸收别人的优点，改正自己的缺点，不断完善自己（见 3.8），这也是他重视善的一个原因。孟子曾提出，“徒善不足以为政，徒法不能以自行”（7.1）。但从其思想看，他更重视的还是善。这与他主张性善，重视本心、良心的思想是一致的。

12.14 陈子曰[1]：“古之君子，何如则仕？”

孟子曰：“所就三，所去三。迎之致敬以有礼，言，将行其言也，则就之；礼貌未衰，言，弗行也，则去之。其次，虽未行其言也，迎之致敬以有礼，则就之；礼貌衰，则去之。其下，朝不食，夕不食，饥饿不能出门户。君闻之，曰：‘吾大者不能行其道，又不能从其言也，使饥饿于我土地，吾耻之。’周之[2]，亦可受也，免死而已矣[3]。”

赵岐：“听言为上；礼貌次之；困而免死，斯为下矣。”（《章句》）

［注释］

[1] 陈子：孟子弟子陈臻。 [2] 周：周济；救济。 [3] 以上文字意为，就职有三种情况，辞职也有三种情况。国君接待他，

恭敬而有礼，有所进言，就准备实行，便就职。国君的礼貌没有衰减，但有所进言，却不去实行，就辞职。其次，国君虽然对他的进言不去实行，但对他依然恭敬有礼，便就职。如果礼貌减衰了，就辞职。最下一等的情况是，早上没饭吃，晚上也没饭吃，饿得出不了门，君主知道后说："我在国家大政上不能实行他的主张，又不能听取他的进言，使他在我的国土上忍饥挨饿，我感到羞耻。"于是周济他。这也是可以接受的，不过是为了免于死亡罢了。

司马迁："古者富贵而名摩灭，不可胜记，唯倜傥非常之人称焉。盖文王拘而演《周易》；仲尼厄而作《春秋》；屈原放逐，乃赋《离骚》；左丘失明，厥有《国语》；孙子膑脚，《兵法》修列；不韦迁蜀，世传《吕览》；韩非囚秦，《说难》《孤愤》；《诗》三百篇，大底圣贤发愤之所为作也。此人皆意有所郁结，不得通其道，故述往事，思来者。"（《报任安书》）

［点评］

本章论进退出处之道，提出君子出仕、去职的三条原则。就出仕而言，能有机会行道就应积极出仕，国君礼貌周到也可以出仕，若是穷困潦倒，为了生存而出仕也是可以的。孟子曾论孔子有"见行可之仕""际可之仕""公养之仕"（见10.4），与此相近，可参考。

12·15 孟子曰："舜发于畎亩之中[1]，傅说举于版筑之间[2]，胶鬲举于鱼盐之中[3]，管夷吾举于士[4]，孙叔敖举于海[5]，百里奚举于市[6]。故天将降大任于是人也，必先苦其心志，劳其筋骨，饿其体肤，空乏其身行[7]，拂乱其所为，所以动心忍性[8]，曾益其所不能[9]。人恒过，然后能改；困于心，衡于虑[10]，而后作；征于色[11]，发于声，而后喻[12]。入则无法家拂士[13]，出则无敌国外患者，国恒亡。然后知生于忧患，而死于安乐也[14]。”

［注释］

[1] 发：提拔；举荐。畎亩：田地；田野。传说舜曾耕于历山。　[2] 傅说（yuè）：殷高宗武丁时的相。因罪服刑，在傅险（即傅岩，今山西平陆县以东）筑墙，后被商王武丁访求到而提拔为相。版筑：古代筑墙的方法，在夹板中填土，再用杵筑以成墙。　[3] 胶鬲（gé）：殷末贤者，据说遇纣之乱，隐于民间贩鱼盐，周武王发现并提拔了他。　[4] 管夷吾：即管仲。原是齐国公子纠的家臣，因帮助公子纠与公子小白（即后来的齐桓公）争夺君位，失败后被押解回齐国。后由鲍叔牙推荐，被桓公提拔为相。士：掌管刑狱的官员。　[5] 孙叔敖：楚国令尹，楚庄王起用他于海滨。　[6] 以上六句意为，舜兴起于田野之中，傅说被提拔于夯土筑墙者之中，胶鬲被提拔于贩鱼售盐者之中，管夷吾被提拔于狱官的手中，孙叔敖被提拔于海滨，百里奚被提拔于集市。百里奚：秦穆公贤臣。参见 9.9 注 [1]。　[7] 身行：身体行为。这里主要指身体。《荀子·王霸》：“诚义乎志意，加义乎身行。”　[8] 动心忍性：耸动他的心，坚韧他的性。　[9] 以上八句意为，所以上天要把重任降临在某人身上，一定要先磨砺他的心志，劳累他的筋骨，饥饿他的肌体，困乏他的身子，扰乱他的行为，以此来振动他的心、坚韧他的性，增加他所缺少的才能。曾益：增加。曾：同“增”。　[10] 衡：通“横”。横塞。　[11] 征：表征；表现。　[12] 以上八句意为，一个人常有过失，才能改正；内心困苦，思虑不通，然后才能奋发有为；表露在脸色，抒发在言语，才能被人了解。　[13] 法家拂（bì）士：指忠臣贤士。法家：

明法度的大臣。拂士：辅佐之士。拂：通“弼”。辅佐。 [14] 以上五句意为，一个国家，内没有知晓法度的大臣和辅佐君主的贤人，外没有抗衡的国家和外在的忧患，国家常常会灭亡。由此可知，忧患使人生存，而安乐使人灭亡。

[点评]

本章论“天将降大任于是人”，是《孟子》中的著名篇章。孟子列举了历史上许多著名人物的经历，说明只有艰苦环境的磨炼，才能成为大有作为的人。勉励人们奋发有为，在逆境中磨炼自己的意志，增加自己的才能。其中“生于忧患，死于安乐”，更是成为传诵千古的名言名句。

朱熹：“其人若能感此，退自修省，则是亦我教诲之也。”（《集注》）

12.16 孟子曰：“教亦多术矣，予不屑之教诲也者，是亦教诲之而已矣 [1]。”

[注释]

[1] 以上三句意为，教育也有多种方式，我不屑去教诲，这也是在教诲啊。

[点评]

本章论教诲，认为不屑于教诲也是一种教诲。但不屑于教诲的前提是受教者必须有自觉反省的能力，若没有就达不到教诲的效果。故它只是教诲的方式之一，需要根据受教者的情况进行。

尽心上

13.1　孟子曰："尽其心者，知其性也；知其性，则知天矣。存其心，养其性，所以事天也。殀寿不贰[1]，修身以俟之，所以立命也[2]。"

尽心知性以知天，存心养性以事天，夭寿不贰以立命。

［注释］

[1] 殀寿：短命和长寿。殀（yāo）：同"夭"，短命而死。不贰：不二心。贰：同"二"。　[2] 以上几句意为，扩充自己的心，就知道了自己的性；知道了自己的性，就知道了天。保存自己的心，养护自己的性，这就是在侍奉天。长寿短命都不会改变，修身以等待天命，这就是对待命运的态度。

［点评］

本章论心、性、天，涉及"性与天道"的问题，历来受到后世学者尤其是宋明理学家的重视。本章共提出三个概念："知天""事天""立命"。孟子认为，我们每个人都生而具有恻隐、羞恶、辞让、是非之心，它们是天的赋予。只要我们"尽其心"，充分扩充、实现我们的四端之心，便可以了解我们的性，这是即心言性，以心来理解性。而了解了我们的性也就认识、了解了天，这是以心、性来理解天。而一旦认识、了解到我"固有之"的恻隐、羞恶、辞让、是非之心实际是来自于天，是天的赋予，就应该保存我们的心，养护我们的性，这就是在侍奉天，是奉行天之使命。所以"知天"与"事天"是联系在一起的，"知天"侧重于伦理，而"事天"侧重于宗教。"存其心""养其性"是个人的道德修养，是我们可以决定的，而穷达祸福、寿命长短属于命，是我们不能控制的，正确的态度应该是积极地培养我们的德，"尽人事以待天命"，这就是"立命"，也就是确立对于命运的态度。

杀身成仁、舍生取义，虽身死亦为正命。

13.2　孟子曰："莫非命也，顺受其正，是故知命者，不立乎岩墙之下[1]。尽其道而死者，正命也；桎梏死者[2]，非正命也[3]。"

［注释］

[1] 岩墙：危墙；将要倾塌的墙。岩：通"险"。　[2] 桎梏：拘禁犯人的刑具。　[3] 本节文字意为，没有一样遭遇不是命，但要接受正当的命，因此，懂得命的人不站立在危墙之下。尽力行道而死的，是正当的命；犯罪受刑而死的，不是正当的命。

［点评］

本章紧承上一章，继续谈知命、立命。孟子认为，人的穷达祸福寿夭等无不受制于命，但命有正当和不正当之分，人应该接受正当的命，而避免不正当的命。那么，什么是正当的命，什么又是不正当的命呢？孟子认为，穷达祸福寿夭等虽然从根本上讲属于命，是我们无法控制的，但在人力的范围内，还是应该争取好的结果，如避开危险的环境，不做违法的事情，这样获得的命就是正命。相反，如果因为有命的存在，便对自己的行为采取无所谓的态度，故意立于危墙之下，甚至铤而走险，以身试法，这些都不能算是“知命”，所获得的也都不是“正命”。但孟子又强调，当道义与个人利益发生冲突的时候，一个人为了道义“杀身以成仁”“舍生以取义”，这才是真正的“知命”，获得的依然是“正命”。所以孟子的“知命”与“立命”一样，都是要确立对待命运的正确态度，它不仅要求对于寿夭祸福这些根本上属于命的内容，在人力可及的范围内争取最佳的结果，不可听天由命，无所作为；更为重要的是，它要求超出穷达祸福之外，不以现实际遇，而是以是否“尽道”、尽人的职分看待人的命运。一个人为了道义、理想而牺牲了现实的富贵显达乃至生命，仍可以说他获得了“正命”。因此，命运虽然是人不能控制的，但如何面对命运却是可以选择的，孟子的“知命”“立命”表达的正是对命运的选择、评价、判断，在人与命运的对立中确立起人之为人的价值和尊严。

求在我者，如仁义礼智。

求在外者，如富贵显达。

13.3 孟子曰："求则得之，舍则失之，是求有益于得也，求在我者也。求之有道，得之有命，是求无益于得也，求在外者也[1]。"

[注释]

[1] 以上八句意为，追求就能得到，舍弃就会失掉，这种追求有益于得到，是追求我自身固有的东西。追求有道的限制，得到有命运的安排，这种追求无益于得到，是追求我自身以外的东西。

[点评]

本章论"求在我者"与"求在外者"。孟子认为，人生有两种追求。其中，仁义礼智存在于我之中，只要去追求就能获得，是"求在我者"；富贵权势存在于我之外，虽然也可以追求，但要受到道的限制，能否得到也须听从命运的安排，是"求在外者"。根据孟子的思想，前者是真正值得追求的，可看作是"性"；后者是不应刻意追求的，可看作是"命"。本章可与14.24、14.25合看。

程颢："孟子言'万物皆备于我'，须'反身而诚'乃为大乐；若反身未诚，则犹是二物有对，以己合彼，终未有之，又安得乐？"（《二程集》）

13.4 孟子曰："万物皆备于我矣。反身而诚，乐莫大焉。强恕而行，求仁莫近焉[1]。"

[注释]

[1] 以上五句意为，万物与我为一体。反省自己做到了真诚，

就没有比这更快乐的了。努力实践推己及人的恕道，就没有比这更容易达到仁了。

［点评］

本章论“万物皆备于我”，是孟子著名的观点，对后世影响很大。但含义较难理解，学者有不同解释。从本章的内容来看，“万物皆备于我”应是指一种与物同体或万物一体的精神境界和体验，而达到这一境界的关键是“反诚”和“求仁”，以诚心、仁心观物，“我”与“物”便不是二分、“有对”的关系，“我”不再以对象、客体的眼光打量“物”，而是以满腔关切与爱意投向“物”、润泽“物”。“物”在“我”的关照下，不再只是一种物质结构，而开启出了其自在的意义、价值的向度，作为一种生命存在进入了“我”的生命存在，与“我”共同构成了一个统一的意义共同体。在这种“浑然与物同体”的境界与体验中，“我”才能获得终极的人生之乐。

13.5 孟子曰：“行之而不著焉[1]，习矣而不察焉，终身由之而不知其道者，众也[2]。”

［注释］

[1] 著：显著；显明。或说明了、明白。则此句意为，实行了却不明所以。 [2] 以上四句意为，实行了却不能发扬光大，习以为常却不问个所以然，一生遵循却不知它的道理，这就是一般的人。众：众人；一般的人。

[点评]

本章论百姓终身行“道”而不知“道”，与《易传·系辞》“百姓日用不知”意近。

“知耻近乎勇。”（《礼记·中庸》）

13.6 孟子曰：“人不可以无耻。无耻之耻[1]，无耻矣[2]。”

[注释]

[1] 之：而。 [2] 以上三句意为，人不可以没有羞耻。对无耻而感到羞耻，那就不会有耻辱了。

[点评]

本章论耻。其含义可有不同理解，有学者译为：“人不可以没有羞耻，不知羞耻的那种羞耻，真是不知羞耻！”（杨伯峻《孟子译注》，第 302—303 页）也可通。

“子曰：行己有耻。”（《论语·子路》）

13.7 孟子曰：“耻之于人大矣。为机变之巧者[1]，无所用耻焉。不耻不若人，何若人有[2]？”

[注释]

[1] 机变：机谋；权诈。 [2] 以上五句意为，羞耻对于人关系重大。玩弄权术的人，是没有地方用得着羞耻的。不把不如别人看作是羞耻，怎么能比得上别人呢？何若：何如；哪里比得上。

[点评]

本章继续论耻。羞耻心往往反映了一个人的品质，玩弄权术的人是没有羞耻心的。有了羞耻心，才能认识到自己的不足，从而提高自己。

13.8 孟子曰："古之贤王，好善而忘势，古之贤士，何独不然？乐其道而忘人之势，故王公不致敬尽礼，则不得亟见之[1]。见且由不得亟[2]，而况得而臣之乎[3]？"

好善忘势则傲王侯。

[注释]

[1] 亟（qì）：多次；一再。 [2] 由：同"犹"。 [3] 以上几句意为，古代的贤君喜好善而忘记了自己的权势，古代的贤士何尝不是如此？喜好自己的道而忘记了别人的权势，所以，王公大人如果不恭敬尽礼，就不能多次见到他。多次相见尚且不能，更何况要他做臣下呢？

[点评]

本章论"善""势"。主张君主应该尊重贤士，不以权势自恃；士人应该乐于大道，不为权势所屈。与孟子"以德抗位"的思想是一致的。

13.9 孟子谓宋勾践曰[1]："子好游乎[2]？吾语子游。人知之，亦嚣嚣；人不知，亦嚣嚣[3]。"

"用之则行，舍之则藏。"（《论语·述而》）

“天下有道则见，无道则隐。”（《论语·泰伯》）

“邦有道则仕，邦无道则可卷而怀之。”（《论语·卫灵公》）

曰：“何如斯可以嚣嚣矣[4]？”

曰：“尊德乐义，则可以嚣嚣矣。故士穷不失义，达不离道[5]。穷不失义，故士得己焉；达不离道，故民不失望焉。古之人，得志，泽加于民；不得志，修身见于世。穷则独善其身，达则兼善天下[6]。”

[注释]

[1] 宋勾践：宋人，与越王勾践重名。 [2] 游：游说。 [3] 以上六句意为，你喜欢游说吗？我告诉你游说应该遵循的原则。别人理解我，我安然自得；别人不理解我，我依然安然自得。嚣嚣：无欲自得的样子。 [4] 斯：则。 [5] 达：显达。 [6] 以上几句意为，尊崇德、爱好义，就能安然自得了。因此，士人穷困时不失去义，显达时不背离道。穷困时不失去义，所以士人能保持住自己的操守；得志时不背离道，所以百姓不会失望。古时候的人，得志时，恩泽广施百姓；不得志时，修身立于世。穷困时，独善自身；显达时，兼善天下。

[点评]

本章论游说。战国时代，游说之风盛行，许多士人都将游说当作进身的阶梯。孟子一生虽然也游说诸侯，但他认为，游说诸侯不应是为了个人的利禄，而应是宣传思想主张，所以一定要有更高的人生志向。这就是，“穷不失义，达不离道”。也就是以道义为原则，以行道为目的，这样才能达观地对待个人的际遇和游说的结果。至于文中“穷则独善其身，达则兼善天下”，更是成为中国古代读书人立身处世的原则。

13.10 孟子曰：“待文王而后兴者，凡民也。若夫豪杰之士，虽无文王犹兴[1]。”

无待于教，感发而有为也。

[**注释**]

[1] 以上四句意为，等待文王出现才奋起的，是普通百姓。至于杰出之士，即使没有文王出现也会奋起。

[**点评**]

本章讲豪杰之士与普通百姓的不同。普通百姓须在他人的影响下才会奋起，豪杰之士自己就能奋起。这里的“兴”是奋发有为、立定志向，是择善固执、扩充善性。

13.11 孟子曰：“附之以韩、魏之家[1]，如其自视欿然[2]，则过人远矣[3]。”

“不以物喜，不以己悲。”（范仲淹《岳阳楼记》）

[**注释**]

[1] 附：增益。韩、魏之家：春秋时晋国六卿中最富有的两个家族。 [2] 欿（kǎn）然：不自满貌。 [3] 以上三句意为，把韩、魏两家的财富都送给他，他也不自以为是，那就超过常人很远了。

［点评］

富贵是人人追求的，不为富贵动心，一定是有比富贵更高的追求，那他就不同于常人了。

“民可使道之，不可使知（折）之。民可道也，而不可强也。”（郭店竹简《尊德义》）

13.12　孟子曰：“以佚道使民[1]，虽劳不怨。以生道杀民[2]，虽死不怨杀者[3]。”

［注释］

[1] 佚道：安乐之道。佚：通“逸”。 [2] 生道：生存之道。杀：牺牲之意。 [3] 以上四句意为，用使其获得安逸的方式役使百姓，百姓即使劳累也不怨恨；用使其获得生存的方式牺牲百姓，百姓即使丧生也不怨恨让其做出牺牲的人。

［点评］

本章告诫统治者，役使甚至让百姓做出牺牲，都必须是为了百姓的利益。如果做到了这一点，百姓即使劳累甚至丧生，也不会怨恨。

“夫大人者，与天地合其德，与日月合其明，与四时合其序，与鬼神合其吉凶。先天而天弗违，后天而奉天时。”（《周易·文言》）

13.13　孟子曰：“霸者之民，驩虞如也[1]；王者之民，皞皞如也[2]。杀之而不怨，利之而不庸[3]，民日迁善而不知为之者。夫君子所过者化，所存者神，上下与天地同流，岂曰小补之哉[4]？”

［注释］

[1] 驩虞：同“欢娱”。 [2] 皞（hào）皞：广大自得貌。 [3] 庸：酬谢。 [4] 本节文字意为，称霸诸侯者的百姓欢喜雀跃，称王天下者的百姓怡然自得。百姓牺牲而不怨恨，得到好处也不知感谢，一天天趋向善，却不知道谁使他们这样。真正的君子，所过之处人们受到感化，心中存留神妙莫测，他的精神上下与天地一起流动，难道说仅仅是小有补益吗？

［点评］

本章论“王霸之辨”。“霸道”政治“以力服人”，百姓为霸主的一点功业欢喜雀跃，感恩戴德；“王道”政治“以德服人”，百姓身受恩泽而不自觉，因而怡然自得，也不必去酬谢谁。“王道”政治的实现要靠一批君子，他们“所过者化，所存者神”，用他们的德性感化、影响着广大民众。

13.14 孟子曰：“仁言不如仁声之入人深也[1]，善政不如善教之得民也。善政，民畏之；善教，民爱之。善政得民财，善教得民心[2]。”

朱熹：“得民财者，百姓足而君无不足也；得民心者，不遗其亲，不后其君也。”（《集注》）

［注释］

[1] 仁声：仁爱的声望。 [2] 以上八句意为，仁爱的言论不如仁爱的声望那样深入人心，好的政令不如好的教育那样赢得民众。好的政令，百姓畏服；好的教育，百姓喜爱。好的政令赢得百姓财力，好的教育赢得民心。

[**点评**]

本章论仁言、仁声与善政、善教。仁爱的言论虽然是为了百姓，但还是说教；仁爱的声望则是以身作则的结果，故身教胜于言教。善政即仁政，在于满足百姓的物质生活；善教主要指身教，意在赢得民心。孟子重善政也重善教，从次序看，应先善政后善教；从效果和结果看，善教又优于善政。本章与8.16章“以善服人者，未有能服人者也；以善养人，然后能服天下”的立论稍有不同，可参看。

13.15 孟子曰：“人之所不学而能者，其良能也[1]；所不虑而知者，其良知也。孩提之童，无不知爱其亲者[2]，及其长也，无不知敬其兄也。亲亲，仁也；敬长，义也；无他，达之天下也[3]。”

朱熹：“言亲亲敬长，虽一人之私，然达之天下无不同者，所以为仁义也。”(《集注》)

[**注释**]

[1]其：表论断，相当于“乃”。良能：生而具有的能力。下“良知”意同。 [2]孩提：幼小；幼年。孩：通“咳”。小儿笑貌。提：提抱。指幼儿始知发笑尚在襁褓中，须人提抱。亲：父母。 [3]以上几句意为，人无须学习就会的，是良能；无须思考就知道的，是良知。幼小的孩子没有不知道亲爱父母的，长大后，没有不知道敬重兄长的。亲爱父母就是仁，敬重兄长就是义；做人没有别的，只是把仁义推行天下。

[点评]

本章论“良知”“良能”，是孟子性善论的重要内容。孟子认为，人生而具有不必通过学习、思考的“良知”“良能”，具体表现为“亲亲”“敬长”。“良知”“良能”还只是善的萌芽、开端，需要将其进一步扩充到天下。

13.16 孟子曰：“舜之居深山之中，与木石居，与鹿豕游，其所以异于深山之野人者几希。及其闻一善言，见一善行，若决江河，沛然莫之能御也[1]。”

“由仁义行，非行仁义也。”（《孟子·离娄下》）

[注释]

[1] 以上八句意为，舜住在深山之中时，与树木、石头相处，与麋鹿、野猪往来，他不同于深山野人的地方很少。可等到他听到一句善言，见到一种善行，他的善性就像决了口的江河，浩浩荡荡没有什么力量可以阻挡。

[点评]

本章论善性，与前一章内容相近。舜居住在深山时，他的善性与深山的野人差别很小，但一旦将其扩充开来，便如江河之水浩浩荡荡，没有什么力量可以阻挡。本章“闻一善言”“见一善行”的“善言”“善行”，乃是外在、客观化的善。孟子认为，内在善性需要外在善言、善行的启发、诱导，所以善性的实现并不排除后天的培养。

“子曰：君子之于天下也，无适也，无莫也，义之与比。”（《论语·里仁》）

13.17　孟子曰：“无为其所不为，无欲其所不欲，如此而已矣[1]。”

［注释］

[1] 以上三句意为，不做不该做的，不要不该要的，这样就可以了。

［点评］

本章论“无为其所不为”。在孟子那里，“为”与“不为”、“欲”与“不欲”的标准在于“义”。故本章也是说，一切行为都要从“义”出发。

朱熹：“言人必有疢疾，则能动心忍性，增益其所不能也。”（《集注》）

13.18　孟子曰：“人之有德慧术知者[1]，恒存乎疢疾[2]。独孤臣孽子[3]，其操心也危[4]，其虑患也深，故达[5]。”

［注释］

[1] 德慧术知：指德行、智慧、道术和才智。　[2] 疢（chèn）疾：忧患。　[3] 孤臣：遭疏远的臣。孽子：庶子；非嫡妻所生之子。　[4] 危：忧惧；不安。　[5] 以上六句意为，人之所以有德行、智慧、谋略、见识，往往是因为生活在忧患之中。那些被疏远的大臣、贱妾所生的儿子，他们内心总是忧惧不安，考虑祸患非常深远，所以能通达事理。达：通晓；明白。

［点评］

本章论“生于忧患”，可与 12.15 章参看。

13.19　孟子曰：“有事君人者[1]，事是君则为容悦者也[2]；有安社稷臣者，以安社稷为悦者也；有天民者，达可行于天下而后行之者也[3]；有大人者，正己而物正者也[4]。”

“君子笃恭而天下平。”（《礼记·中庸》）

［注释］

[1] 事君人者：即事君之人。者：语气词，用在句末表示语气完毕。下“安社稷臣者”，即安社稷之臣。　[2] 容悦：谓曲意逢迎，以取悦于上。　[3] 达：知道；明白。　[4] 以上八句意为，有侍奉君主的人，那是以服侍某个君主就要讨得君主欢喜的人；有安邦定国的臣子，那是以安邦定国为欢乐的人；有奉了上天使命的人，那是看到他的理想能够推行天下然后就来推行的人；有有德有位的人，那是端正了自己从而使别人也能端正的人。

［点评］

此章记述“事君人者”“安社稷者”“天民”“大人”四种人。从语气上看，孟子赞赏的是后两者。其中，“天民”是“先知”“先觉”者，也就是“知道者”，“大人”则是有德有位者。天民在于弘扬道、传播道，而“大人为能格君心之非”（7.20），已在实践着道。

“广土众民，君子欲之，所乐不存焉。”（《孟子·尽心上》）

13.20　孟子曰：“君子有三乐，而王天下不与存焉[1]。父母俱存，兄弟无故，一乐也；仰不愧于天，俯不怍于人[2]，二乐也；得天下英才而教育之，三乐也。君子有三乐，而王天下不与存焉[3]。”

[注释]

[1] 王（wàng）：统治；称王。与存：参与其间；包括其间。 [2] 怍（zuò）：羞愧。 [3] 以上几句意为，君子有三种快乐，而统治天下不包括在内。父母健在，兄弟平安，这是第一种快乐；上不愧于天，下不怍于人，这是第二种快乐；得到天下优秀的人才而教育他们，这是第三种快乐。君子有三种快乐，而统治天下不包括在内。

[点评]

本章论人生“三乐”。其中，第一种属于天伦之乐。第二种是修养之乐，因为关涉人生的终极关怀，最为根本。第三种是传道、育人之乐。三种乐都是发自内心，都是容易得到的，而统治天下涉及外在事功，它属于君子的“欲”，而不属于君子的“乐”（详见下章）。

“形色，天性也；惟圣人然后可以践形。”（《孟子·尽心上》）

13.21 孟子曰：“广土众民，君子欲之，所乐不存焉；中天下而立，定四海之民，君子乐之，所性不存焉。君子所性，虽大行不加焉[1]，虽穷居不损焉，分定故也[2]。君子所性：仁义礼智根于心，其生色也睟然[3]，见于面[4]，盎于背[5]，施于四体[6]，四体不言而喻[7]。”

［注释］

[1] 大行：广为推行。 [2] 分：职分。此指性分。 [3] 生色：表现出的气色。睟（suì）然：润泽貌。 [4] 见：同“现”。显现；显露。 [5] 盎：充溢。 [6] 施：延及。 [7] 以上几句意为，广阔的土地、众多的民众，是君子想要的，但乐趣不在这里；居天下的中央，安定四方的百姓，是君子有乐趣的，但本性不表现在这里。君子本性的表现，即使抱负实现也不会增加，即使穷困隐居也不会减少，这是因为他的职分已经确定的缘故。君子本性的表现：仁义礼智源自心中，表现出的气色温润和顺，呈现于脸面，流溢于肩背，延伸到四肢。四肢不必等待吩咐，便知道该怎样做。四体不言而喻：指四体不待命令，就能通晓心意，自动表现出来。喻：知道；理解。

［点评］

本章论君子所欲求的（“所欲”）、感到乐趣的（“所乐”）和发自本性的（“所性”），强调以发自本性为根本。孟子突出发自本性，是因为我们所欲求的、感到乐趣的往往都是“求在外者”，追求的是外在的事物，不是我们可以控制的；而发自本性则是“求在内者”，是内在善性的显现，是我们可以控制的（见 13.3），故君子应以“所性”也就是发自本性为自己的职分所在。本章后半部分“君子所性”一段，反映了孟子的“践形”思想，可与

13.38 章合看。

13·22 孟子曰："伯夷辟纣，居北海之滨，闻文王作，兴曰：'盍归乎来，吾闻西伯善养老者。'太公辟纣，居东海之滨，闻文王作，兴曰：'盍归乎来，吾闻西伯善养老者[1]。'天下有善养老，则仁人以为己归矣[2]。五亩之宅，树墙下以桑，匹妇蚕之，则老者足以衣帛矣。五母鸡，二母彘，无失其时，老者足以无失肉矣。百亩之田，匹夫耕之，八口之家足以无饥矣[3]。所谓西伯善养老者，制其田里[4]，教之树畜，导其妻子使养其老。五十非帛不煖，七十非肉不饱。不煖不饱，谓之冻馁[5]。文王之民无冻馁之老者，此之谓也。"

赵岐："教导之使可以养老耳，非家赐而人益之也。"（《章句》）

[注释]

[1]"吾闻西伯善养老者"段：参见《离娄上》7·13。 [2] 以上两句意为，天下有善于奉养老人的，仁者就把他当作自己的依靠。 [3]"八口之家足以无饥矣"段：参见《梁惠王上》1·3、1·7。 [4] 田里：土地和庐舍。 [5] 以上八句意为，所谓西伯善于奉养老人，指的是他规定百姓应该拥有的土地和房舍，教会百姓种植和蓄养，教导妻子儿女奉养他们的老人。到了五十岁没有

丝绵便不算穿暖，到了七十岁没有肉吃便不算吃饱。不暖不饱，叫作挨冻受饿。煖：同“暖”。

［点评］

本章论仁政。主要是讲“养老”和“五亩之宅”“百亩之田”，相关内容在《梁惠王上》《离娄上》已出现，可参看。

13.23　孟子曰：“易其田畴[1]，薄其税敛，民可使富也。食之以时，用之以礼，财不可胜用也。民非水火不生活，昏暮叩人之门户求水火，无弗与者，至足矣。圣人治天下，使有菽粟如水火。菽粟如水火，而民焉有不仁者乎[2]？”

仓廪实而民归仁。

［注释］

[1] 易：整治。　[2] 以上几句意为，整治耕地，减轻税收，可以使百姓富足。按时饮食，依礼消费，财物便用不完。百姓没有水和火便无法生活，晚上敲人门窗讨要水火，没有人会不给，因为家家都有很多。圣人治理天下，就要使百姓家的粮食像水火一样多。粮食像水火一样多，百姓哪有不仁爱的呢？

［点评］

本章论仁政。强调要发展生产，减轻税收，使百姓富足。百姓富足，自然也就归于仁。孟子讲性善，主要是一种价值选择，但如果要使民众都表现出善，则必须有富足的经济为保证。

13.24 孟子曰："孔子登东山而小鲁[1]，登太山而小天下[2]，故观于海者难为水，游于圣人之门者难为言。观水有术，必观其澜[3]。日月有明，容光必照焉[4]。流水之为物也，不盈科不行[5]；君子之志于道也，不成章不达[6]。"

朱熹："圣人之道大而有本，学之者必以其渐，乃能至也。"（《集注》）

[注释]

[1] 东山：鲁国东部的高山，即蒙山，在山东临沂西北。古称"东蒙""东山"。 [2] 太山：泰山。太：通"泰"。 [3] 澜：水中大波。 [4] 容光：指幽微的空隙。别物不可入，而仅可容纳光线。焦循《正义》："苟有丝发之际可以容纳，则光必入而照焉。" [5] 盈科：水充满坑坎。盈：满。科：坎。 [6] 以上几句意为，孔子登上东山，便觉得鲁国变小了；登上了泰山，便觉得天下都变小了。所以，看过大海的人，就很难被别的水所吸引；在圣人门下学习过的人，就很难被别的言论所吸引。观赏水有方法，一定要看它的波澜。日月有光，凡能容纳光线的地方就一定能照到。流水这东西，不充满洼坑就不再向前；君子有志于道，不到一定的程度就不会通达。成章：乐终为一章。引申之，凡积渐生变，自成格局，皆可称成章。《易·说卦》："故易六位而成章。"

[点评]

本章借物喻志。首先是讲境界，站得高，才能看得远，勉励学者当志向高远，应以学习圣人为目标。其次是讲方法，为学当持之以恒，循序渐进，不能浅尝辄止，更不能半途而废。

13.25 孟子曰："鸡鸣而起，孳孳为善者[1]，舜之徒也；鸡鸣而起，孳孳为利者，跖之徒也[2]。欲知舜与跖之分，无他，利与善之间也[3]。"

"子曰：君子喻于义，小人喻于利。"（《论语·里仁》）

［注释］

[1] 孳孳：勤勉；努力不懈。 [2] 跖：春秋时有名的大盗。 [3] 以上几句意为，鸡鸣便起，孜孜行善的，是舜一类的人；鸡鸣便起，孜孜求利的，是跖一类的人。想知道舜和跖的区别，没有别的，只是利和善的不同。间：差别。

［点评］

本章论义利之辨。盗跖追求的"利"，不是一般的利，而是损人利己之"利"；舜追求的善，实际就是仁义。

13.26 孟子曰："杨子取为我[1]，拔一毛而利天下，不为也。墨子兼爱[2]，摩顶放踵利天下[3]，为之。子莫执中[4]，执中为近之。执中无权，犹执一也。所恶执一者，为其贼道也，举一

朱熹："此章言道之所贵者中，中之所贵者权。"（《集注》）

而废百也[5]。”

[注释]

[1] 杨子：即杨朱。参见《滕文公下》6.9 注 [18]。取：主张。为我：杨朱的思想主张。《吕氏春秋·审分览第五·不二》：“杨生（《困学纪闻》引作杨朱）贵己。” [2] 墨子：即墨翟。参见《滕文公下》6.9 注 [18]。兼爱：墨子的政治主张。《墨子·兼爱上》：“天下兼相爱则治，交相恶则乱。” [3] 摩顶：摩秃头顶。放踵：下至脚跟。放：至。踵：脚跟。 [4] 子莫：鲁国贤人。生平不可详考。近人罗根泽、钱穆等以为即《说苑·修文》中的颛孙子莫。 [5] 以上几句意为，杨子主张为我，拔去一根毫毛有利于天下，他都不愿做。墨子提倡兼爱，摩秃头顶、磨破脚跟，只要是对天下有利，他都去做。子莫主张折中，折中就接近正确。但折中没有权变，就如同固执在一点上。人们之所以厌恶固执一点，是因为它损害了正道，抓住了一点而废弃了其余。

[点评]

本章论“执中”而“行权”，批评杨朱、墨子各执一偏。关于杨朱和墨子的思想，孟子前面已有评论（见 6.9）。本章孟子提出，杨朱是极端地利己，墨翟是极端地利他，他们都各执一偏，是“执一”。重要的是“执中”，子莫做到了这一点，接近正确。但“执中”而不懂“权变”的话，又变成了“执一”，所以要既懂“执中”，又要会“行权”。

13.27　孟子曰："饥者甘食，渴者甘饮，是未得饮食之正也，饥渴害之也。岂惟口腹有饥渴之害？人心亦皆有害。人能无以饥渴之害为心害，则不及人不为忧矣[1]。"

朱熹："口腹为饥渴所害，故于饮食不暇择，而失其正味；人心为贫贱所害，故于富贵不暇择，而失其正理。"（《集注》）

朱熹："人能不以贫贱之故而动其心，则过人远矣。"（《集注》）

［注释］

[1] 以上八句意为，饥饿的人觉得什么食物都好吃，口渴的人觉得什么水都好喝，这是因为没有尝到饮食的正味，是饥渴损害了口腹的感觉。难道只有口腹会受到饥渴的损害？心同样也会受到损害。一个人能使心不受到饥渴那样的损害，那就不必为不如别人忧愁了。不及人不为忧：即"不为忧不及人"。

［点评］

本章论心。口味会受到饥渴的损害，心也会受到类似的损害，故"求放心"、注重自身的修养十分重要。

13.28　孟子曰："柳下惠不以三公易其介[1]。"

［注释］

[1] 此句意为，柳下惠不因为身居三公的高位就改变他的操守。柳下惠：参见《公孙丑上》3.9 注 [5]。介：独特的操守。或说大的气量。

[点评]

本章赞扬柳下惠不因富贵而改变节操。关于柳下惠，可参见3.9、10.1、12.6诸章。

不成章不达。(《孟子·尽心上》)

13.29 孟子曰："有为者辟若掘井[1]，掘井九轫而不及泉[2]，犹为弃井也[3]。"

[注释]

[1]辟：同"譬"。 [2]轫（rèn）：通"仞"。一仞为八尺，或说七尺。 [3]以上三句意为，有作为的人譬如打井，井挖到很深还没有挖到泉水，还是一口废井。

[点评]

本章论做事当善始善终，不可半途而废。

久假仁而不归仁，恶得为仁？

13.30 孟子曰："尧舜，性之也[1]；汤武，身之也[2]；五霸，假之也。久假而不归[3]，恶知其非有也[4]？"

[注释]

[1]性之：本性自然表现为仁义。性：用作动词。之：指仁义。 [2]身：实践；实行。 [3]归：返回。指返回到仁义。 [4]以上八句意为，尧、舜是本性自然表现为仁义，商汤、武王是身体力行仁义，五霸是假借利用仁义。假借久了仍不回归仁义，哪里

知道自己不是真有呢?

[点评]

本章论述了实行仁义的三种方式:“性之”“身之”“假之”。“性之”相当于“由仁义行”,“身之”类似于“行仁义”。“性之”境界最高,但一般人不容易达到,所以最好还是从“身之”入手。“假之”是假借利用仁义,而不是真的喜好仁义。假借而不回归仁义,即使打着仁义的旗号,也不能真正拥有仁义。

13.31 公孙丑曰:“伊尹曰:‘予不狎于不顺[1]。’放太甲于桐,民大悦。太甲贤,又反之[2],民大悦。贤者之为人臣也,其君不贤,则固可放欤?”

孟子曰:“有伊尹之志,则可;无伊尹之志,则篡也。”

伊尹之志,公天下、利生民也。

[注释]

[1] 予不狎于不顺:我不亲近违背德行的人。狎:亲近;接近。不顺:指不顺德行。 [2] 反之:将太甲接回来。反:通“返”。

[点评]

本章论大臣可以放逐不义的国君,但动机一定是要出于公心,否则便是篡位了。

13.32 公孙丑曰："《诗》曰[1]：'不素餐兮[2]。'君子之不耕而食，何也？"

君子辅君教民，有功于世，何为不可食？

孟子曰："君子居是国也，其君用之，则安富尊荣；其子弟从之，则孝悌忠信。'不素餐兮'，孰大于是[3]？"

[注释]

[1]《诗》曰：此句出自《诗·魏风·伐檀》。 [2] 素餐：白吃饭。 [3] 以上几句意为，君子居住在一个国家，国君任用他，就能带来安定富足，尊贵荣耀；学生们跟随他，就会变得孝悌友爱，忠诚守信。"不白吃饭啊"，还有比这功劳更大的吗？

[点评]

本章论士人的贡献和作用，肯定社会分工的合理性，驳斥"君子不耕而食"的观点。

朱熹："士既未得行公、卿、大夫之道，又不当为农、工、商、贾之业，则高尚其志而已。"（《集注》）

程瑶田："尚志者，居仁由义之谓也。"（《正义引》）

13.33 王子垫问曰[1]："士何事[2]？"

孟子曰："尚志[3]。"

曰："何谓尚志？"

曰："仁义而已矣。杀一无罪非仁也，非其有而取之非义也。居恶在？仁是也；路恶在？义是也。居仁由义，大人之事备矣[4]。"

[注释]

[1] 王子垫：齐王之子，名垫。 [2] 士何事：士平时做什么事呢？ [3] 尚志：使心志高尚。 [4] 以上八句意为，杀一个无罪的人，就是不仁；不是自己的东西却占有，就是不义。居处在哪里？就在于仁；道路在哪里？就在于义。居住在仁而行走在义，君子的事情便完备了。

[点评]

本章论士的职责。士是一个特殊阶层，与农、工、商相比，他们脱离了具体劳作，特别是当没有出仕时，往往显得无所事事，所以引起人们的疑问。在孟子看来，“无恒产而有恒心者，惟士为能”（1.7），士人的特点就是能够超越个人的私利去关注天下的普遍利益，是社会基本价值的维护者和实践者。他们“居仁由义”，使自己心志高尚，不仅美化着社会风气，也为以后的出仕做好准备。

“於陵子仲辞三公，为人灌园。”（《史记·鲁仲连邹阳列传》）

“（赵）威后曰：‘……於陵子仲尚存乎？是其为人也，上不臣于王，下不治其家，中不索交诸侯，此率民而出于无用者。’”（《战国策·齐策四》）

13.34 孟子曰：“仲子[1]，不义与之齐国而弗受，人皆信之，是舍箪食豆羹之义也。人莫大焉，亡亲戚、君臣、上下。以其小者信其大者，奚可哉[2]？”

[注释]

[1] 仲子：即陈仲子，於陵子仲。参见《滕文公下》6.10 注[2]。 [2] 以上几句意为，陈仲子这个人，要是用不正当的方式

把齐国送给他，他也不会接受，人们都相信这一点，不过这只是拒绝一箪饭、一碗汤的义。人没有比失去亲戚、君臣、上下关系更大的事了。因为他的小节，就相信他的大节，怎么可以呢？

[点评]

本章评论陈仲子。认为其重小节而失大义。强调评价一个人，须看大节，而不能为其小节所惑。关于陈仲子，可参见 6.10。

朱熹："此章言为士者，但知有法，而不知天子父之为尊；为子者，但知有父，而不知天下之为大。"(《集注》)

13.35 桃应问曰[1]："舜为天子，皋陶为士，瞽瞍杀人，则如之何？"

孟子曰："执之而已矣[2]。"

"然则舜不禁与？"

曰："夫舜恶得而禁之？夫有所受之也[3]。"

"然则舜如之何？"

曰："舜视弃天下犹弃敝蹝也[4]。窃负而逃，遵海滨而处，终身䜣然[5]，乐而忘天下[6]。"

[注释]

[1] 桃应：孟子弟子。 [2] 执之而已矣：逮捕他就是了。 [3] 以上两句意为，舜怎么能阻止呢？皋陶是于法有据的。有所受之也：指皋陶执行的法律有所传受，不敢私自改变，即使天子也不能废除。 [4] 敝蹝（xǐ）：破烂的鞋子。蹝：草鞋。 [5] 䜣

（xīn）然：高兴的样子。 [6] 以上五句意为，舜把抛弃天下看得像是丢掉破草鞋一样。偷偷地背着父亲逃走，沿海边住下，终身逍遥，快乐得忘了天下。

［点评］

本章论“窃负而逃”，提出了一个情与法的两难问题：舜做天子，父亲瞽瞍杀了人怎么办？值得注意的是，舜面对瞽瞍杀人，前后做出两种不同的选择：一方面命令司法官皋陶逮捕了杀人的父亲，另一方面又毅然放弃天子之位，背起父亲跑到一个王法管不到的海滨之处，“终身䜣然，乐而忘天下”。这种差别，关键就在于舜身份、角色的变化。郭店竹简《六德》说：“仁，内也；义，外也……门内之治恩掩义，门外之治义斩恩。”可见在儒家看来，处理家族内部事务与家族之外事务的原则是不一样的。处理家族内部事务时，要“恩掩义”，亲情重于道义；处理家族之外事务时，则要“义斩恩”，为道义牺牲亲情。当舜作为天子时，其面对的是“门外之治”，故自然应该“义斩恩”，为道义牺牲亲情；可是当舜回到家庭，作为一个儿子时，其面对的又是“门内之治”，则应该“恩掩义”，视亲情重于道义。故面对身陷囹圄的父亲，自然不能无动于衷，而必须有所作为了。舜在两难处境中的选择，反映了孟子在情与法问题上的折中态度。

需要说明的是，此章乃特殊情境下的答问，盖有桃应之问，故有孟子之答，它是文学的、想象的，是以一种极端、夸张的形式，将情理无法兼顾、忠孝不能两全的内在紧张和冲突展现出来，给人心灵以冲击和震荡。

它具有审美的价值，但不具有实际的可操作性，故只可以“虚看”，而不可以“实看”。现实中不可能要求“其父杀人”的天子“窃负而逃”，也不可能有这样的事例。有学者斥责舜的“窃负而逃”乃是腐败的根源，予以激烈抨击；另有学者又极力想将其合理化，给予种种辩护，恐怕都不恰当。是误将审美性的当作现实性的，以一种“实”的而非“虚”的眼光去看待《孟子》文学性、传奇性的文字和记载，因而引出无谓的争论。

13.36 孟子自范之齐[1]，望见齐王之子，喟然叹曰：“居移气，养移体，大哉居乎！夫非尽人之子与[2]？”

孟子曰：“王子宫室、车马、衣服多与人同，而王子若彼者，其居使之然也。况居天下之广居者乎[3]？鲁君之宋，呼于垤泽之门[4]。守者曰：‘此非吾君也，何其声之似我君也？’此无他，居相似也。”

焦循：“夫居尊为居，居仁亦为居，以居仁与居尊较，则居仁为大矣。”（《正义》）

［注释］

[1] 范：齐国地名，其地在今山东范县东南。 [2] 以上四句意为，居处改变人的气质，奉养改变人的体貌，居处真是太重要了！他不也是人的儿子吗？ [3] 广居：广大的居处；人人都可以得到的居处。这里指仁。 [4] 垤（dié）泽：宋国城门名。

[**点评**]

本章论环境的重要。认为居处改变人的气质，以仁为广居，则能培养出大丈夫精神。

13.37 孟子曰："食而弗爱[1]，豕交之也[2]；爱而不敬，兽畜之也。恭敬者，币之未将者也[3]。恭敬而无实，君子不可虚拘[4]。"

赵岐："取人之道，必以恭敬，恭敬贵实，虚则不应，实则谓爱敬也。"（《章句》）

[**注释**]

[1] 食（sì）：喂养。 [2] 豕交之：像对待猪一样结交。豕：名词作状语。交：结交；交往。 [3] 将：送。 [4] 以上八句意为，养活而不爱护，那就像养猪一样；爱护而不恭敬，那就像养牲口一样。恭敬之心，在送上礼物之前就应具备。表面恭敬而不诚心实意，君子是不会被这种虚假的礼数留住的。虚拘：用虚文挽留。

[**点评**]

本章批评当时诸侯虽然优待贤者，但没有诚意，如同是豢养牲口一样。

13.38 孟子曰："形色，天性也；惟圣人然后可以践形[1]。"

[**注释**]

[1] 以上三句意为，形体、容色是天性，只有圣人才能充分

实现了他的形体、容色。践形：孟子哲学术语，指通过扩充内在善性，影响、改变外在的形体、容色。践：实践；践履。

[点评]

本章论践形，是孟子思想的一个重要内容。孟子曾提出，“志者，气之帅也；气者，体之充也”（3.2），故在孟子看来，人的身体是由形（体）—气—志（心）三者组成的结构。虽然心与形分别属于大体、小体，但二者并不是隔绝的，心的活动或由心产生的志气、德气，可以在形体、容色上反映出来，改变形体、容色的特征，使其充分精神化。孟子下面的一段话，有助于我们了解他的践形思想：“君子所性：仁义礼智根于心，其生色也睟然，见于面，盎于背，施于四体，四体不言而喻。”（13.21）内在仁义礼智的活动，可以在形体、容色上显露出来，发出一种独特的道德光辉，传达某种特殊的讯息。故圣人的身体与常人的不同之处，在于它是一种精神化的身体，具有道德的光辉（参见杨儒宾《儒家身体观》，台北“中央研究院”中国文哲研究所筹备处 1996 年版）。

本章“天性”一词，学者感到不好理解，往往将“性”改为“生”，解释为“天生的”，是不正确的。古人有以“形”为“性”的例子，如《吕氏春秋·壅塞》：“夫登山而视牛若羊，视羊若豚。牛之性不若羊，羊之性不若豚，所自视之势过也。”高诱注：“性犹体也。”“牛之性”“羊之性”即“牛之体”“羊之体”，这是以“性”为“形体”的例子。古人以形为性与古代即生言性的传统有关，是后者的一个内容。故这里的“天性”指形体、容貌而言，它是人的自然属性，而不是道德属性，不是善性，但内在善性的扩充、培养又可以在“天性”中体现、表现出来。

13.39　齐宣王欲短丧。公孙丑曰：“为期之丧[1]，犹愈于已乎[2]？”

孟子曰：“是犹或紾其兄之臂[3]，子谓之姑徐徐云尔。亦教之孝悌而已矣[4]。”

王子有其母死者，其傅为之请数月之丧。公孙丑曰：“若此者何如也？”

曰：“是欲终之，而不可得也。虽加一日愈于已，谓夫莫之禁而弗为者也[5]。”

“子生三年，然后免于父母之怀。夫三年之丧，天下之通丧也。”（《论语·阳货》）

［注释］

[1] 期（jī）：一年。 [2] 以上两句意为，为父母服丧一年，总比不服丧好吧？已：止。指不服丧。 [3] 紾（zhěn）：扭；拧。 [4] 以上三句意为，这就像有人在扭他哥哥的胳膊，你却对他说姑且慢慢地扭。你应该教导他孝悌才对。 [5] 以上五句意为，这是王子想服三年之丧而做不到。即使多服丧一天也比不服好，这话是针对没有谁禁止他服丧自己却不肯服丧的人说的。

［点评］

本章论短丧。齐宣王与某王子都没有服三年之丧，但原因不同。宣王是没有外在的限制，自己想缩短丧期。

王子却是因为礼制的限制，不能服完丧。据《仪礼·丧服记》，王子在母亲（诸侯之妾）死后，如父亲还在，就不能为母亲服三年丧，故请求将服丧延长几个月。因此，孟子肯定王子的孝心而批评宣王的做法。

时雨化、答问、私淑艾，教之方法；成德、达财，教之内容。

13.40　孟子曰：“君子之所以教者五：有如时雨化之者，有成德者，有达财者[1]，有答问者，有私淑艾者[2]。此五者，君子之所以教也。”

［注释］

[1] 达财：亦作“达材”“达才”。使之通达、成才。财：通“材”。　[2] 以上六句意为，君子有五种教育方法：有像及时雨般滋润感化的，有成全品德的，有培养才干的，有解答疑问的，有靠学问品德使人私下受益的。私淑艾（yì）：谓取人之善以自治其身。淑：通“叔”。拾取。艾：治。

［点评］

本章论君子因材施教，有不同的教育方式。

13.41　公孙丑曰：“道则高矣，美矣，宜若登天然，似不可及也。何不使彼为可几及而日孳孳也[1]？”

道有定体，教有成法，君子守之，能者从之。

孟子曰：“大匠不为拙工改废绳墨[2]，羿不为拙射变其彀率[3]。君子引而不发，跃如也。中道而立[4]，能者从之[5]。”

[注释]

[1] 以上五句意为，道很崇高，很完美，简直就像登天一样，似乎不可企及。为什么不让它变得有可能达到，好让人们每天去努力追求呢？几：将近。 [2] 绳墨：木工取直用的工具。 [3] 彀率：弓张开的程度。 [4] 中道而立：以正确的方式站立，比喻采取正确的标准。或说以不难不易为标准。 [5] 以上六句意为，高明的工匠不会因为笨拙的工人而改变或废弃绳墨，羿不会因为笨拙的射手而改变拉弓的标准。君子（教人好比射箭）拉满弓却不发射，只是跃跃欲试（地做出示范）。君子摆出正确的姿势，有能力的就会跟着他。

[点评]

本章论教人之法。认为做任何事情都有其标准，不可轻易改变。君子教人好比射箭，只要摆出正确的姿势就可以了。至于掌握的程度，则要靠个人的努力。

13.42 孟子曰：“天下有道，以道殉身[1]；天下无道，以身殉道[2]；未闻以道殉乎人者也[3]。”

“子曰：人能弘道，非道弘人。”（《论语·卫灵公》）

[注释]

[1] 以道殉身：道从身得以实行。殉：从。 [2] 以身殉道：用身去遵从道。 [3] 以上五句意为，天下有道，用生命实践道；天

下无道，用生命捍卫道。没有听说用道来屈从人的。

［点评］

本章论行道。认为士应志于道，或实践道，或捍卫道，不能屈从他人而牺牲道。

13.43 公都子曰："滕更之在门也[1]，若在所礼[2]，而不答，何也？"

朱熹："君子虽诲人不倦，又恶夫意之不诚者。"（《集注》）

孟子曰："挟贵而问[3]，挟贤而问，挟长而问，挟有勋劳而问，挟故而问，皆所不答也。滕更有二焉[4]。"

［注释］

[1] 滕更：滕国国君的弟弟，曾向孟子问学。 [2] 若在所礼：应该是属于以礼相待的人。 [3] 挟（xié）：倚仗。 [4] 以上七句意为，倚仗着地位来问，倚仗着才能来问，倚仗着年长来问，倚仗着有功劳来问，倚仗着交情来问，都是我不愿回答的。滕更占了其中的两条。

［点评］

本章记孟子与滕文公弟弟滕更事，应是孟子在滕国时的言论。滕更依仗自己的特殊身份和一点小聪明来向孟子请教，是"挟贵""挟贤"来问，所以孟子不愿回答。

13.44 孟子曰："于不可已而已者[1]，无所不已。于所厚者薄，无所不薄也。其进锐者，其退速[2]。"

［注释］

[1] 已：放弃。或说停止。 [2] 以上六句意为，对于不该放弃的却放弃，那就没有什么不可以放弃。对于该重视的却忽略，那就没有什么不可以忽略的。前进太快的，后退也快。

［点评］

本章论做事当把握行止、厚薄、快慢，不可有所偏颇。

13.45 孟子曰："君子之于物也，爱之而弗仁；于民也，仁之而弗亲。亲亲而仁民，仁民而爱物[1]。"

程子："仁，推己及人，如老吾老以及人之老，于民则可，于物则不可。统而言之则皆仁，分而言之则有序。"（《集注》引）

［注释］

[1] 以上六句意为，君子对于万物，爱惜它，但谈不上仁爱；对于百姓，仁爱，但谈不上亲爱。亲爱亲人而仁爱百姓，仁爱百姓而爱惜万物。

［点评］

本章论亲亲、仁民、爱物。亲是对亲人而言，仁是对百姓而言，爱是对万物而言，从亲亲到仁民，再到爱物，就是仁（广义）的实现过程，包括了仁的基本内容。

13.46 孟子曰："知者无不知也，当务之为急；仁者无不爱也，急亲贤之为务。尧舜之知而不遍物，急先务也；尧舜之仁不遍爱人，急亲贤也。不能三年之丧，而缌、小功之察[1]；放饭流歠[2]，而问无齿决[3]，是之谓不知务[4]。"

［注释］

[1] 缌（sī）、小功：丧服名。古代丧服分为斩衰、齐衰、大功、小功、缌麻五个等级，服丧期相应分为三年、一年、九个月、五个月、三个月五等。小功为五服之第四等。其服以熟麻布制成，服期五月。缌为五种丧服之最轻者，以细麻布为孝服，服丧三个月。察：指仔细讲求。 [2] 放饭流歠（chuò）：大口吃饭，大口喝汤。歠：通"啜"，喝。 [3] 无齿决：即"不齿决"。古人吃湿肉可用牙咬断，吃干肉只可用手折断，然后放入口中，不可直接用牙咬断。《礼记·曲礼》："濡肉齿决，干肉不齿决。"相对放饭、流歠，齿决干肉属于相对较轻的不礼貌行为。 [4] 本节文字意为，智者没有不想知道的，但应以当前要做的事为急；仁者没有不想爱护的，但应以亲近贤人为先。尧舜的智慧虽高，却不遍知一切事物，是因为他们急于知道重要的事物；尧舜的仁德虽大，却不遍爱所有的人，是因为他们急于亲近贤人。不能服丧三年，却讲究缌麻、小功；在长辈面前大吃大喝，却讲究不用牙齿咬断干肉，这叫作不识大体。

[点评]

本章论知与仁。强调知当以认识重要的事物为急，仁则以亲近贤人为先，对上一章亲亲、仁民、爱物是一个补充。

尽心下

仁者推恩，不仁者推恶。

14.1　孟子曰："不仁哉梁惠王也！仁者以其所爱及其所不爱，不仁者以其所不爱及其所爱[1]。"

公孙丑问曰："何谓也？"

"梁惠王以土地之故，糜烂其民而战之[2]，大败，将复之，恐不能胜，故驱其所爱子弟以殉之[3]，是之谓以其所不爱，及其所爱也。"

[注释]

[1] 以上两句意为，仁者把他所喜爱的推及到他所不喜爱的人，不仁者把他不喜爱的推及到他所喜爱的人。　[2] 以上两句意为，梁惠王因为土地的缘故，摧残百姓让他们去打仗。糜烂：摧残；毁伤。　[3] 以上四句意为，大败之后，又想报复，担心不

能取胜，就驱使他喜爱的子弟去送死。殉：从。

［点评］

本章批评梁惠王穷兵黩武、残害百姓进而害及自己亲属、子弟的不仁行为。

14.2 孟子曰："春秋无义战。彼善于此，则有之矣。征者，上伐下也，敌国不相征也[1]。"

朱熹："诸侯有罪，则天子讨而正之，此春秋所以无义战也。"（《集注》）

［注释］

[1] 以上六句意为，春秋时代没有正义的战争。那一方比这一方好一些，是有的。所谓征讨，是在上者讨伐在下者，对等的国家不相互征讨。敌国：对等的国家。敌：匹敌；对等。

［点评］

本章论"春秋无义战"。"春秋"也可理解为《春秋》一书，《春秋》记载了各诸侯国之间的战争，并用春秋笔法加以批判。孟子继承了《春秋》的历史观，认为诸侯有罪，只能由天子征讨，诸侯之间不能相互讨伐，所以春秋时代没有正义的战争。孟子反对战争，是鉴于战争给人民的生命、财产造成极大伤害，是从人道主义出发的。但孟子生活于战国之世，意识到为了天下的统一、安定，有时战争也是不可避免的。但当时周天子已名存实亡，无法承担起维护天下秩序的责任，故孟子希望有仁者出，"以至仁伐至不仁"，对于仁者讨伐不仁者的战争孟子是持肯定态度的。

《尚书·武成》："会于牧野。罔有敌于我师，前徒倒戈，攻于后以北，血流漂杵。"

14.3 孟子曰："尽信《书》[1]，则不如无《书》。吾于《武成》[2]，取二三策而已矣[3]。仁人无敌于天下，以至仁伐至不仁，而何其血之流杵也[4]？"

［注释］

[1]《书》:《尚书》。 [2]《武成》:《尚书》篇名，已亡。今本《尚书·武成》为伪古文。东汉王充《论衡·艺增》："夫《武成》之篇，言武王伐纣，血流浮杵，助战者多，故至血流如此。" [3] 策：古代用以记事的单片竹、木片，有时称编在一起的竹书也叫"策"。 [4] 以上七句意为，完全相信《尚书》，还不如没有《尚书》。我对于《尚书·武成》篇，只相信其中的两三简罢了。仁者无敌于天下，以周武王这样的至仁者，去讨伐商纣这样的至不仁者，何至于血流成河，连舂米的木棒都漂起来呢？杵：舂米的木棒。

［点评］

本章论读《书》法。其中"尽信《书》，则不如无《书》"一语被广为征引，已成为学者强调独立思考的名言。《尚书》是六艺之一，被儒家尊为经典。孟子认为，即使对于经典，也不能盲目崇信。他从"仁者无敌"的理念出发，对《武成》篇的内容质疑，这与他治《诗》时强调"以意逆志"的方法是一致的。当然，孟子对《武成》的点评，是否符合历史事实，则是另一个问题了。

14.4 孟子曰："有人曰，'我善为陈[1]，我善为战'，大罪也。国君好仁，天下无敌焉。南面而征，北狄怨；东面而征，西夷怨，曰：'奚为后我？'武王之伐殷也，革车三百两[2]，虎贲三千人[3]。王曰：'无畏！宁尔也，非敌百姓也。'若崩厥角稽首[4]。征之为言正也，各欲正己也，焉用战[5]？"

征者使人正也，若人人正己，则天下焉用战？

［注释］

[1] 陈：同"阵"。 [2] 两："辆"之古字。《说文》《玉篇》无"辆"字，"辆"一般写作"两"。 [3] 虎贲：勇士。 [4] 以上五句意为，武王说："别害怕！我是来安抚你们的，不是与百姓为敌的。"商人叩头，像禽兽崩断了角。若崩厥角稽首：即"若稽首崩厥角"。 [5] 以上三句意为，"征"是"正"的意思。每个人都想着端正自己，哪里用得着作战呢？

［点评］

本章论"仁者无敌"，批判好战者是制造罪恶，肯定武王讨伐商纣的正义战争。

14.5 孟子曰："梓匠轮舆能与人规矩[1]，

“斫轮，徐则甘而不固，疾则苦而不入，不徐不疾，得之于手而应于心，口不能言，有数存焉于其间。臣不能以喻臣之子，臣之子亦不能受之于臣，是以行年七十而老斫轮。”（《庄子·天道》）

不能使人巧[2]。”

［注释］

[1] 梓匠轮舆：梓人、匠人、轮人与舆人。参见《滕文公下》6.4注[6]。 [2] 以上两句意为，木工、车工能教人规矩法度，却不能使人做到巧妙。

［点评］

本章论“规矩”和“巧”。师傅只能教人规矩法则，而不能教对规矩法则的运用。德国哲学家康德关于诗歌艺术的分析，可以借来发挥孟子的这一思想。康德说：“尽管对于诗艺有许多详尽的诗法著作和优秀的典范”，“但人不能巧妙地学会做好诗”。以大诗人荷马为例，他可以教给人作诗的方法、韵律等，但绝不可能教会第二个人也写出他的那些伟大诗篇。因为他自己也并不能“指示出他们的幻想丰富而同时思想富饶的观念是怎样从他们的头脑里产出来并且集合到一起的”（参见康德《判断力批判》，商务印书馆1993年版，第154—155页）。所以想真正做到“巧”，还要靠个人的实践、探索，所谓“心有灵犀一点通”，所谓“熟能生巧”，都离不开个人的钻研、研究和体悟，正是“师傅领进门，修行在各人”。

“动非为达也，故穷而不怨；隐非为名也，故莫之知而不怜。”（郭店竹简《穷达以时》）

14.6 孟子曰：“舜之饭糗茹草也[1]，若将终身焉。及其为天子也，被袗衣[2]，鼓琴，二女果[3]，若固有之[4]。”

[注释]

[1] 饭糗(qiǔ):吃饭。饭:吃。糗:干粮。 [2] 袗(zhěn)衣:绘绣有文采的华贵衣服。 [3] 果:通"婐(wǒ)"。侍女。此作动词,侍候之意。 [4] 以上七句意为,舜在啃干粮、吃野菜的时候,好像打算一辈子就这么过。到他做了天子,穿着华贵的衣服,弹着琴,尧的两个女儿侍候着,又像本来就拥有这些似的。

[点评]

本章论舜知命的人生态度。舜不以物喜,不以己悲,就是因为他"明天人之分",做到了知命,也就是孟子所说的,"君子所性,虽大行不加焉,虽穷居不损焉,分定故也"(13.21)。参见 2.16 点评。

14.7 孟子曰:"吾今而后知杀人亲之重也。杀人之父,人亦杀其父;杀人之兄,人亦杀其兄。然则非自杀之也,一间耳[1]。"

范祖禹:"知此则爱敬人之亲,人亦爱敬其亲矣。"(《集注》引)

[注释]

[1] 以上七句意为,我从今以后知道杀害别人亲人的严重了。杀了别人的父亲,别人也会杀自己的父亲;杀了别人的兄长,别人也会杀自己的兄长。这样,虽然不是自己杀了父亲、兄长,但也相差不远。一间:一点间隔,指距离很近。间:间隔。

[点评]

本章论杀人之亲的后果,可能是针对当时的血亲复仇之风而发。告诫人们当爱敬他人之亲，这样他人也会爱敬自己的亲人了。

14.8 孟子曰："古之为关也，将以御暴；今之为关也，将以为暴[1]。"

［注释］

[1] 以上四句意为，古时候设立关卡，是为了防御暴行；现在设立关卡，是为了制造暴行。

［点评］

本章抨击当时诸侯设关立卡，横征暴敛，施害于民。

"其身不正，虽令不从。"（《论语·子路》）

14.9 孟子曰："身不行道，不行于妻子；使人不以道，不能行于妻子[1]。"

［注释］

[1] 以上四句意为，自己不身体力行道，就无法使妻子儿女也遵行道；不按照道去使唤人，连妻子儿女也使唤不了。

［点评］

本章勉励人们要以身作则，身体力行道。

14.10 孟子曰："周于利者[1]，凶年不能杀；周于德者，邪世不能乱[2]。”

[注释]

[1] 周：完备；充足。 [2] 以上四句意为，财产富足的人，荒年饿不死；道德富足的人，乱世不会迷惑。

[点评]

本章论富于财、德，才能有备无患。

14.11 孟子曰：“好名之人，能让千乘之国。苟非其人，箪食豆羹见于色[1]。”

钱大昕：“孔子嫉没世而名不称，孟子亦恶人之不好名，名谓不朽之名也。不好名，必专于好利，虽箪食豆羹且不能让，况千乘乎？”（《养新录》）

[注释]

[1] 以上四句意为，喜好名声的人，能够让出千乘之国。假如不是这种人，一箪饭、一盆汤也会显出贪争的神色。

[点评]

本章论好名之人。认为一个人如果好名，就会在利益上做出巨大牺牲。如果不好名，为了一点小利也会斤斤计较。有学者认为，孟子所说的“好名之人”是指燕王哙，他学习尧舜，追求不朽之名，而将国让给了相子之。可备一说。

14.12 孟子曰：“不信仁贤，则国空虚；无

仁贤、礼义、政事，三者成而国治。

礼义，则上下乱；无政事，则财用不足[1]。”

[**注释**]

[1] 以上六句意为，不信任仁人、贤者，国家的人才就会不足；没有礼义，上下关系就会混乱；没有好的政治措施，财用就会不足。

[**点评**]

本章论治国当以“仁贤”“礼义”“政事”三事为务。

朱熹：“言不仁之人，骋其私智，可以盗千乘之国，而不可以得丘民之心。”（《集注》）

14.13 孟子曰：“不仁而得国者，有之矣；不仁而得天下者，未之有也[1]。”

[**注释**]

[1] 以上四句意为，没有仁德而得到一个国家，是有的；没有仁德而得到天下，从未有过。

[**点评**]

本章论唯有仁者可以得天下。

朱熹：“盖国以民为本，社稷亦为民而立，而君之尊，又系于二者之存亡，故其轻重如此。”（《集注》）

14.14 孟子曰：“民为贵，社稷次之[1]，君为轻。是故得乎丘民而为天子[2]，得乎天子为诸侯，得乎诸侯为大夫。诸侯危社稷，则变置。牺牲既成，粢盛既絜[3]，祭祀以时，然而旱干水溢，则变置社稷[4]。”

[注释]

[1] 社稷：土神和谷神。亦用为国家的代称。 [2] 丘民：众民。 [3] 絜：干净；清洁。后作“洁”。 [4] 以上几句意为，民众是最重要的，土神、谷神次之，国君分量最轻。因此，得到百姓的拥护就能做天子，得到天子的信任就能做诸侯，得到诸侯的信任就能做大夫。国君危及土神、谷神，就改立他人。牺牲肥壮，祭品洁净，祭祀又按照时令，但仍有干旱水涝，就改立土神、谷神。

[点评]

本章论“民为贵”，是孟子“民本”思想的精华。“民为贵”的“贵”是贵重、尊贵之意，相当于今天所说“最为重要”，“最有价值”。孟子从长期的历史经验中认识到“得乎丘民而为天子”，民心的向背往往决定着政权的兴衰得失，故民是国家的根基、基础，与社稷和君主相比，是最重要、最有价值的。这既是从国家治理的重要程度来讲的，也包含了对政权合法性的思考，认为人民的利益构成君主权力的基础，人民的生命、财产是最为珍贵的，是设立国家、君主的唯一理由与根据，君主应尽职保障人民的生命与财产，否则便不具有合法性。国家、君主的设立既然是为了民，是为了民众的需要，那么，“民贵君轻”便是自然合理的了。关于“民贵君轻”，本书导读部分有详述，可参看。

虽间百世，圣人能感人若是，况受其亲炙者乎？

14.15 孟子曰："圣人，百世之师也，伯夷、柳下惠是也。故闻伯夷之风者，顽夫廉[1]，懦夫有立志[2]；闻柳下惠之风者，薄夫敦[3]，鄙夫宽[4]。奋乎百世之上，百世之下闻者莫不兴起也。非圣人而能若是乎？而况于亲炙之者乎[5]？"

［注释］

[1] 顽夫：贪婪的人。顽：贪婪。 [2] 以上三句意为，所以听到伯夷的高风亮节，贪婪的人会变得廉洁，懦弱的人会立定志向。 [3] 薄夫：刻薄的人。 [4] 以上三句意为，听到柳下惠的高风亮节，刻薄的人会变得厚道，狭隘的人会变得心胸宽广。鄙夫：狭隘的人。鄙：狭隘。 [5] 以上四句意为，他们在百代之前奋发，百代之后听说的人没有不感奋振作的。不是圣人能有这样的影响吗？何况亲身受到熏陶的人呢？

［点评］

本章内容又见于《万章下》首章（10.1），但语境有所不同，本章重在强调圣人高风亮节的感召力和影响力。

人行仁则为道。

14.16 孟子曰："仁也者，人也。合而言之，道也[1]。"

［注释］

[1] 以上四句意为，仁的意思，就是成为人。合起来讲，就

是道。

［点评］

本章论仁。仁是表达人之为人的概念，人追求、实现仁的过程就是道。

14.17 孟子曰："孔子之去鲁，曰：'迟迟[1]吾行也，去父母国之道也。'去齐，接淅[2]而行，去他国之道也。"

［注释］

[1] 迟迟：徐行貌。 [2] 接淅：行色匆忙。参见《万章下》10.1 注 [10]。

［点评］

本章已见《万章下》首章（10.1），可参看。

14.18 孟子曰："君子之戹于陈蔡之间[1]，无上下之交也[2]。"

［注释］

[1] 君子：指孔子。戹：同"厄"。被困；受苦。 [2] 以上两句意为，孔子在陈国、蔡国之间遭到困厄，是因为与两国君臣没有交往的缘故。上下：指君臣。

"孔子在陈蔡之间，楚使人聘孔子。孔子将往拜礼，陈、蔡大夫谋……于是乃相与发徒役，围孔子于野。不得行，绝粮，从者病，莫能兴。"（《史记·孔子世家》）

[点评]

本章论“陈蔡之困”，认为原因是孔子与两国君臣没有交往。

14.19 貉稽曰[1]：“稽大不理于口[2]。”孟子曰：“无伤也。士憎兹多口[3]。《诗》云[4]：‘忧心悄悄[5]，愠于群小。’孔子也。‘肆不殄厥愠[6]，亦不殒厥问[7]。’文王也[8]。”

走自己的路，让别人去说吧。

[注释]

[1] 貉稽：人名，生平不详。 [2] 不理于口：不顺于人口。即口碑不好。理：顺。 [3] 士憎兹多口：士人总会遭到许多非议。憎：当为“增”之误。 [4]《诗》云：以下两段分别出自《诗·邶风·柏舟》和《诗·大雅·绵》。 [5] 悄悄：忧伤貌。 [6] 肆：故；所以。殄：杜绝；消灭。厥：其。愠：怨；怒。 [7] 厥：其。用作反身代词，指自己。问：通“闻”。声誉。 [8] 以上七句意为，《诗》说：“忧愁沉沉压在心，小人对我恨又恼。”孔子就是这样。“别人的怨恨虽未消，自己的声誉并不倒。”文王就是这样。

[点评]

本章记孟子与貉稽的对话，告诫其不必在意流言蜚语，因为士人总会遭到别人的非议。

14.20 孟子曰：“贤者以其昭昭使人昭

昭[1]，今以其昏昏使人昭昭[2]。”

[注释]

[1] 昭昭：明白。 [2] 以上两句意为，贤者以自己的清楚明白，去使别人清楚明白；如今有人自己糊里糊涂，却想使别人清楚明白。

[点评]

要教导别人，自己首先要清楚明白。

14.21 孟子谓高子曰[1]：“山径之蹊间[2]，介然用之而成路[3]；为间不用[4]，则茅塞之矣。今茅塞子之心矣[5]。”

赵岐：“圣人之道，学而时习，仁义在身，常常被服，舍而不修，犹茅是塞，明为善之不可倦也。”（《章句》）

[注释]

[1] 高子：齐国人，曾经问学于孟子。参见《告子下》12・3注[1]。 [2] 山径：山岭。一说山坡。蹊：小径。间：阻隔。 [3] 介然：专一；坚持。用：由。 [4] 为间：即“有间”。时间不久。 [5] 以上五句意为，山岭间的小径阻隔不通，人们一直走的话就成了路；隔些时候不走，茅草就会堵塞它。现在“茅草”堵塞了你的心。

[点评]

山径会被茅草堵塞，人心也会被欲望、邪念堵塞。

14.22 高子曰："禹之声尚文王之声[1]。"

孟子曰："何以言之？"

曰："以追蠡[2]。"

曰："是奚足哉？城门之轨，两马之力与[3]？"

［注释］

[1] 禹之声尚文王之声：夏禹的音乐胜过周文王的音乐。 [2] 此句意为，因为禹的钟钮都快断了。追（duī）：钟钮。蠡：虫蛀木。引申为器物久磨将断的样子。 [3] 以上三句意为，这怎么足以证明呢？城门内的车辙那样深，难道是车辆的力量造成的吗？（那是年代久远的缘故。）两马：犹言"车马"。两："辆"之古字，指车。上古有"两"无"辆"，"两"即用作"辆"。"辆马"乃偏义复词，义偏重在"辆"，因车辆需马驾之，故又言及"马"。

［点评］

看问题要注重本质而不是流于表面，禹的钟钮将断是时间久远的缘故，不能以此判断音乐的优劣。

14.23 齐饥。陈臻曰："国人皆以夫子将复为发棠[1]，殆不可复[2]？"

孟子曰："是为冯妇也。晋人有冯妇者，善搏虎，卒为善士。则之野，有众逐虎，虎负隅，莫之敢撄[3]。望见冯妇，趋而迎之。冯妇攘臂下车。众皆悦之，其为士者笑之[4]。”

[**注释**]

[1] 发棠：发：开仓发粮。棠：齐地名，在今山东即墨附近。据赵岐注，孟子曾劝齐王发棠邑粮仓，赈济贫困。 [2] 以上四句意为，齐国发生饥荒。陈臻说：“国人都认为先生会再次请求齐王打开棠邑的粮仓赈灾，恐怕不会再这么做了吧？” [3] 撄：逼迫；触犯。 [4] 以上几句意为，晋国有个叫冯妇的人，善于打虎，后来成为善士（不再打虎了）。有次他去野外，许多人在追逐一只老虎，老虎背靠山脚，没有人敢靠近。人们望见冯妇，便跑上去迎接。冯妇捋袖伸臂走下车来。大家都很高兴，可是士人却讥笑他。

[**点评**]

本章记孟子与弟子陈臻的对话，讨论开仓发粮事。冯妇原是著名的打虎能手，后成为士，不再打虎。后见到众人逐虎，禁不住又跳下车去打虎，受到士人的耻笑。后人们用“下车冯妇”，比喻那些重操旧业的人。齐国以前曾发生灾荒，孟子劝齐王开仓赈灾。这次人们又想让孟子出面，孟子用冯妇的故事，表示自己不会再向齐王进言了。据朱熹《集注》，“疑此时齐王已不能用孟子，而孟子亦将去矣，故其言如此”。

本章中“卒为善士则之野有众逐虎”句，是历史上有名的难断句例，本书依据的是赵岐、朱熹的断法，宋人刘昌诗（《芦浦笔记》）、周密（《志雅堂杂钞》）还有一种断法："卒为善，士则之。野有众逐虎。"亦可通。

得与不得，由命不由己，故不谓之性。

行与不行，由己不由命，故不谓之命。

14.24 孟子曰："口之于味也，目之于色也，耳之于声也，鼻之于臭也[1]，四肢之于安佚也，性也，有命焉，君子不谓性也。仁之于父子也，义之于君臣也，礼之于宾主也，知之于贤者也，圣人之于天道也[2]，命也，有性焉，君子不谓命也。"

［注释］

[1] 臭（xiù）：同"嗅"，气味，特指香味。以上各句中"味""色""声"都为中性词，不含美恶之意，但这里都用来指美味、美色、乐声。 [2] 圣人：或说当作"圣"，"人"为衍字。

［点评］

本章论性命之分，是孟子思想的重要内容。孟子认为，嘴巴想吃好吃的，眼睛想看好看的，耳朵想听好听的，鼻子想闻好闻的，四肢贪图安逸，这都是人的本性，然而能否实现，往往由命运决定，所以君子不应将其看作是性，而只看作是命。仁对于父子，义对于君臣，礼对于宾主，知对于贤者，圣对于天道，虽然能否实现，一定程度上也受个人时遇的影响，但由于仁义礼智本身就根植于人性，由于人有意志自由，"求则得之，舍则失之”，能否得到取决于自己，与命运无关，故君子不将其看作是命，而应看作是性。孟子的“性命之分”实际来自郭店竹简的“天人之分”，是对后者的进一步发展。参见 2.16 章点评。

14.25 浩生不害问曰[1]：“乐正子何人也[2]？”

孟子曰：“善人也，信人也。”

“何谓善？何谓信？”

曰：“可欲之谓善，有诸己之谓信，充实之谓美，充实而有光辉之谓大，大而化之之谓圣，圣而不可知之之谓神。乐正子，二之中、四之下也[3]。”

朱熹：“盖在善、信之间，观其从于子敖（注：王驩），则其有诸己者或未实也。”（《集注》）

［注释］

[1] 浩生不害：姓浩生，名不害，赵岐说是齐国人。 [2] 乐正子：孟子弟子乐正克。 [3] 二之中、四之下也：指乐正克处在“善”“信”二者之中，“美”“大”“圣”“神”四者之下。

［点评］

本章论个体人格精神境界的六个品级：善、信、美、大、圣、神。其中，“善”是“可欲”，所谓“可欲”也就是“可求”。根据孟子的规定，只有存在于我之内的仁义礼智才是可求的，而存在于我之外的富贵权势是不可求的。故在孟子看来，只有不受外在条件的限制，完全可以由我控制、掌握的仁义礼智等善性才是善（参见 12.13）。“信”是“有诸己”的意思，也就是说个体将“我固有之”的仁义礼智等善性保持住，落实在自己的行为中，使其成为自己的指导原则，而不会流失、放弃、丢失掉。“美”是“充实”的意思，是指个体通过自觉的努力，把他所固有的仁义礼智等善性“扩而充之”，使之灌注满盈于人的形体之中（参见 13.21、13.38）。而“充实”之所以能成为美，又在于它能使人的形体“生色”，使自然的形体具有高尚的道德精神的意义，从而成为可以直观到的存在。中华民族历来把人的精神风度的美，看得高于人的自然形体的美，这一优良的传统与孟子“充实之谓美”的思想显然是分不开的。“大”是“充实而有光辉”的意思，也就是比一般的美在程度和范围上更为鲜明、强烈、广大，是一种辉煌壮观的美，包含有一般所谓“壮美”的意味。“圣”是“大而化之”的意思，它不但是一种辉煌壮观的美，而且具有极大的感染、教化、化育的力量，成为百代的楷模。“神”是“圣而不可知之”，达到了“圣”的境界，却看不出是如何达到的。“圣”是要赖人力才能成功的，“神”却似乎非人力所作成。孟子对美、大、圣、神的区分，虽然有神秘意味，但并不是纯粹主观的臆测，而是建立在对人格品质、精神境界的观察和区分之上，实际是对人格修养、成人成物、济世救民不同精神层次的概括，而所谓“圣”与“神”，实际已进入与

自然、宇宙天人合一的境界，因而也就跨进目的论的领域了。（参见李泽厚、刘纲纪《中国美学史》第一卷，第182—186页）

14.26 孟子曰："逃墨必归于杨，逃杨必归于儒。归，斯受之而已矣。今之与杨、墨辩者，如追放豚，既入其苙[1]，又从而招之[2]。"

非中道，不可取。

［注释］

[1] 苙（lì）：畜圈。 [2] 以上八句意为，脱离墨家必定会归向杨朱一派，脱离杨朱一派必定会归向儒家。归向儒家，接纳他们就是了。如今与杨朱、墨家辩论的人，好像在追赶走失的猪一样，已经关进猪圈了，还要把它们的脚捆上。招：通"罥（juàn）"。用绳索束缚、缠绕。

［点评］

本章论距杨墨。孟子虽然对杨墨有所批评，但对脱离杨、墨学派的人则采取宽容、接纳的态度，他反对某些儒家学者狭隘、偏激的做法，认为有失中道。

14.27 孟子曰："有布缕之征[1]，粟米之征，力役之征。君子用其一，缓其二。用其二而民有殍，用其三而父子离[2]。"

养民轻敛，君子之道。

[注释]

[1] 布缕：布与线。亦泛指织物。 [2] 以上七句意为，赋税有征收布帛、麻线的，有征收粮食的，有征发人力的。君子采用其中的一项，就暂时不用其他两项。同时采用两项，百姓就会有饿死的；同时采用三项，父子就会骨肉离散。

[点评]

本章论征收赋税要合理，是孟子仁政思想的重要内容。

尹焞："言宝得其宝者安，宝失其宝者危。"（《集注》引）

14.28 孟子曰："诸侯之宝三：土地、人民、政事。宝珠玉者，殃必及身[1]。"

[注释]

[1] 以上四句意为，诸侯有三样宝：土地、人民和政事。以珍珠、美玉为宝物的，灾祸必定会降到他身上。

[点评]

本章论诸侯不应以珍珠、美玉为宝，而应以土地、人民、政事为宝。

14.29 盆成括仕于齐[1]。孟子曰："死矣，盆成括！"

盆成括见杀，门人问曰："夫子何以知其将

见杀？”

曰：“其为人也小有才，未闻君子之大道也，则足以杀其躯而已矣。”

［注释］

[1] 盆成括：赵岐说姓盆成，名括。曾经想跟孟子学习，未闻道而去。

［点评］

本章评论盆成括，认为小聪明往往会误人误事，大道才是立身之本。

14.30 孟子之滕，馆于上宫[1]。有业屦于牖上[2]，馆人求之弗得。或问之曰：“若是乎从者之廋也[3]？”

曰：“子以是为窃屦来与？”

曰：“殆非也。”

“夫予之设科也[4]，往者不追，来者不拒。苟以是心至，斯受之而已矣[5]。”

苟不以诚心至，则不受，如滕更之辈。

［注释］

[1] 上宫：楼馆。 [2] 业屦（jù）：没有编织好的草鞋。业：次序。指按次序编织而没有编织好。 [3] 以上六句意为，孟子

到了滕国，住在上宫。旅馆的人把一双没有编织好的草鞋放在窗台上，结果找不到了。便问孟子说："这是您的随从把它藏起来了吧？"廋（sōu）：藏匿。 [4] 夫予：原作"夫子"，则此段以下为旅馆人的话，据其他版本校改。 [5] 以上五句意为，我开设课程，对于学生离去的不追问，来的不拒绝。只要是抱着学习的心而来，我就接纳他们。

［点评］

本章记孟子在滕国时事，反映孟子对学生"往者不追，来者不拒"、兼容并包的态度。

赵岐："人皆有所爱，不忍加恶，推之以通于所不爱，皆令被德，此仁人也。"（《章句》）

人皆有耻而不为者，如无穿逾之类，推而至其无耻而为者，使不愿再为，此义也。

14.31 孟子曰："人皆有所不忍，达之于其所忍，仁也；人皆有所不为，达之于其所为，义也[1]。人能充无欲害人之心，而仁不可胜用也；人能充无穿窬之心[2]，而义不可胜用也；人能充无受尔汝之实[3]，无所往而不为义也[4]。士未可以言而言，是以言餂之也[5]；可以言而不言，是以不言餂之也，是皆穿窬之类也[6]。"

［注释］

[1] 以上六句意为，人都有他所不忍心的事情，将其推广到他所忍心的，就是仁；人都有他不耻做的事，将其推广到他耻于做的事，就是义。 [2] 穿窬（yù）：犹言穿穴逾墙。即挖洞翻墙。窬：通"逾"。越过。 [3] 尔汝：尔、汝都是第二人称代词，古

代尊长称呼卑幼时用，如果平辈之间用来称呼，则是对对方的轻视。 [4] 以上六句意为，人能够扩充不愿害人之心，仁就用不尽了；人能扩充不愿挖洞翻墙之心，义就用不尽了；人能扩充不受人轻蔑的言行，不管到哪里都不会不合乎义了。 [5] 餂（tiǎn）：取；诱取。 [6] 以上五句意为，对于士人不可以言谈的却与之言谈，这是用言谈套取别人的想法；可以言谈的却不与之言谈，这是用沉默套取别人的想法，这些都属于挖洞翻墙一类的行为。

[点评]

本章论仁义。“不忍”即恻隐之心，是特殊的情景下恻隐之心的显现，“所忍”则是在一般情境下恻隐之心没有显现的状况。“不为”即羞恶之心。孟子认为，这两种心是人人都有的，但还需要“扩而充之”。将“不忍”扩充到“所忍”就是仁，将“不为”扩充到“所为”就是义。孟子还提出，对于士人应以正道交往，不可以用言谈、沉默套取他们的想法，认为这些都属于“穿逾”之类的不义行为。

14.32 孟子曰：“言近而指远者[1]，善言也；守约而施博者，善道也。君子之言也，不下带而道存焉[2]；君子之守，修其身而天下平。人病舍其田而芸人之田——所求于人者重，而所以自任者轻[3]。”

“君子之道，辟如行远必自迩，辟如登高必自卑。”（《礼记·中庸》）

[注释]

[1] 指：同“旨”。主旨。 [2] 以上六句意为，言语浅近而旨意深远，这是善言；操持简约而恩施广博，这是善道。君子的言谈，内容平常却蕴含着深刻的道理。不下带：比喻注意眼前常见之事。带：腰带。 [3] 以上五句意为，君子的操守，修养自己而使天下太平。人们的毛病往往在于放着自己的田不耕，却去耕别人的田——要求别人的很多，自己承担的却很少。

[点评]

本章论善言、善道。认为好的言论浅近而内涵深刻，好的道理简约而影响深远，要求别人先要做好自己。

尧舜发自性，汤武修为以反之性也。

14.33 孟子曰：“尧舜，性者也；汤武，反之也。动容周旋中礼者，盛德之至也[1]。哭死而哀，非为生者也。经德不回[2]，非以干禄也。言语必信，非以正行也。君子行法，以俟命而已矣[3]。”

行法俟命，所以立命也。

[注释]

[1] 以上六句意为，尧、舜，是本性如此；汤王、武王，是努力的结果。举动、仪容与应对进退都符合礼，那是德性的最高表现。 [2] 经德不回：遵从德而不违背。经：遵行。回：违背。 [3] 以上八句意为，为死者悲哀哭泣，不是为了做给活人看的。遵行道德而不违背，不是为了谋取官位。说话必守信用，不是为了让人知道自己的行为端正。君子依法度行事，以等待天命。

[**点评**]

本章论为德。尧舜是本性的流露，汤武是后天的努力，二者虽有不同，但都可达到“动容周旋中礼”的“盛德”。道德实践应发自内心，而不是为了外在的目的。做到这一点，就要有“尽人事以待天命”的态度。

14.34 孟子曰：“说大人[1]，则藐之，勿视其巍巍然。堂高数仞，榱题数尺[2]，我得志，弗为也。食前方丈[3]，侍妾数百人，我得志，弗为也。般乐饮酒[4]，驱骋田猎，后车千乘，我得志，弗为也。在彼者，皆我所不为也；在我者，皆古之制也，吾何畏彼哉[5]？”

彼所有者人爵，我所乐者天爵。

[**注释**]

[1] 说（shuì）：劝说别人听从自己的意见。 [2] 榱（cuī）题：屋檐下的椽子头，这里借指屋檐。 [3] 方丈：一丈见方。 [4] 般（pán）乐：大肆作乐。 [5] 以上几句意为，向达官显贵进言，要藐视他，不要把他高高在上的样子放在眼里。殿堂几丈高，屋檐几尺宽，如果我得志，不追求这些。面前的食物摆得有一丈见方，侍奉的姬妾有好几百，如果我得志，不追求这些。饮酒作乐，驰骋打猎，跟随的车子有上千辆，如果我得志，不追求这些。他们所拥有的，都不是我追求的；我所追求的，都符合古代的制度，我为什么要惧怕他们呢？

［点评］

本章论“说大人，则藐之”。孟子有“天爵”“人爵”之说，并将“天爵”置于“人爵”之上（见11.16），这是他蔑视权贵、保持人格独立的内在根据。在孟子看来，蔑视权贵不只是一介寒士的傲骨，同时还具有充分的历史根据，是符合“古之制也”，有无数古代圣贤为之前导，因而更加充满坚定的信念和不可战胜的勇气。

“见素抱朴，少私寡欲。”（《老子》第十九章）

14.35 孟子曰：“养心莫善于寡欲[1]。其为人也寡欲，虽有不存焉者，寡矣；其为人也多欲，虽有存焉者，寡矣[2]。”

［注释］

[1] 寡欲：使欲望减少。寡：使减少。 [2] 以上七句意为，养心的方法没有比减少欲望更好了。一个人减少了欲望，即使本心有所丧失，也不会太多；一个人增多了欲望，即使本心有所保留，也会很少。

［点评］

本章论养心。孟子认为，人虽然具有本心、良心，但又是会流失的，所以需要保养；保养心最好的方法就是“寡欲”，“寡欲”不是否定欲望，而是节制欲望，不使其影响了本心、良心的成长。寡欲针对的是士人的修养，而不是大众的生活。

14.36　曾皙嗜羊枣[1]，而曾子不忍食羊枣。公孙丑问曰："脍炙与羊枣孰美？"

孟子曰："脍炙哉！"

公孙丑曰："然则曾子何为食脍炙而不食羊枣？"

曰："脍炙所同也，羊枣所独也[2]。讳名不讳姓，姓所同也，名所独也[3]。"

朱熹："曾子以父嗜之，父殁之后，食必思亲，故不忍食也。"（《集注》）

［注释］

[1] 羊枣：即黑枣，因形状色泽似羊粪，故称羊枣。 [2] 独：一个人。这里指曾子的父亲。 [3] 以上五句意为，烤肉是大家都喜欢吃的，羊枣是曾子父亲一个人喜欢吃的。这就好像避讳只避名而不避姓，因为姓是许多人共有的，而名是一个人独有的。

［点评］

本章讨论曾子的孝行。曾子吃烤肉不吃羊枣，好像是将好吃的留给自己。实际是曾子不忍心吃父亲爱吃的羊枣，是他孝心的表现。

14.37　万章问曰："孔子在陈曰[1]：'盍归乎来！吾党之小子狂简[2]，进取，不忘其初。'孔子在陈，何思鲁之狂士[3]？"

孟子曰："孔子'不得中道而与之，必也狂、

狂者过之，狷者不及，过犹不及，皆失中道。孔子以中道为上，然不可必得，故思其次。

狷乎[4]！狂者进取，狷者有所不为也’。孔子岂不欲中道哉？不可必得，故思其次也。”

“敢问，何如斯可谓狂矣？”

曰：“如琴张、曾皙、牧皮者[5]，孔子之所谓狂矣。”

“何以谓之狂也？”

曰：“其志嘐嘐然[6]，曰，‘古之人，古之人’。夷考其行[7]，而不掩焉者也[8]。狂者又不可得，欲得不屑不絜之士而与之，是獧也[9]，是又其次也。孔子曰：‘过我门而不入我室，我不憾焉者，其惟乡原乎[10]！乡原，德之贼也。’”

曰：“何如斯可谓之乡原矣？”

曰：“‘何以是嘐嘐也？言不顾行，行不顾言，则曰“古之人，古之人”。行何为踽踽凉凉[11]？生斯世也，为斯世也，善斯可矣[12]。’阉然媚于世也者[13]，是乡原也。”

“子曰：乡原，德之贼也！”（《论语·阳货》）

万子曰：“一乡皆称原人焉，无所往而不为原人，孔子以为德之贼，何哉？”

曰：“非之无举也，刺之无刺也，同乎流俗，合乎污世，居之似忠信，行之似廉絜，众皆悦之，自以为是，而不可与入尧舜之道，故曰‘德之贼’也[14]。孔子曰：‘恶似而非者：恶莠[15]，恐其乱苗也；恶佞，恐其乱义也；恶利口，恐其乱信也；恶郑声[16]，恐其乱乐也；恶紫，恐其乱朱也[17]；恶乡原，恐其乱德也。’君子反经而已矣[18]。经正，则庶民兴；庶民兴，斯无邪慝矣[19]。”

反经，反于正道也。由紫反朱，由郑声反乐，由佞反义，由乡愿反中道。

[**注释**]

[1] 孔子在陈曰：以下见《论语·公冶长》，文字略有异。 [2] 党：犹言乡。古代五家为邻，五邻为里，五百家为党。狂简：志向高远而处事疏阔。 [3] 以上七句意为，孔子在陈国时说：“为什么不回去呢！我家乡的弟子志向远大而处事简单，但都发愤进取而不忘原有的志向。”孔子在陈国时，为什么思念鲁国的狂放之士呢？ [4] 以上两句意为，找不到中道之人来交往，那就只能找狂者和狷者了。狂狷：即狂与狷，指志向高远的人与拘谨自守的人。 [5] 琴张：一说孔子弟子子张；或说另有其人。牧皮：身世不详；或说是孔子弟子。 [6] 嘐（xiāo）嘐：形容志大而言夸。 [7] 夷：发语词。 [8] 以上两句意为，可是一考察他们的行为，却不能与言语吻合。掩：覆盖，引申为相符。焉：代词，指“夷考其行”的“行”。 [9] 以上三句意为，狂者结交不到，就找不屑于同流合污的人为友，这就是狷者。獧：同“狷”。 [10] 乡原：指乡里貌似谨厚，而实与流俗合污的伪善者。原：同“愿”。谨厚貌。 [11] 踽（jǔ）踽凉凉：孤单冷清的样子。踽踽：独行不进貌。凉凉：不被人亲近。凉：薄也。 [12] 以上八句意为，（这种人认为，）“为什么要那样志向大，口气也大呢？

言语与行为不符，行为与言语不合，却说什么‘古时候的人，古时候的人’。处事为什么落落寡合呢？生在这个社会，为这个社会做点事，只要过得去就可以了。” [13] 此句意为，卑贱地献媚于世人。阉然：曲意逢迎貌。 [14] 以上几句意为，这种人，要说他不对，却举不出例证；要责骂他，却找不到理由。混同于流俗，迎合于浊世，为人好像忠诚老实，行为好像清正廉洁，大家都喜欢他，自己也认为不错，但实际上，却不能与他一起践行尧舜之道，所以说他是“德之贼”。 [15] 莠：田间常见杂草，俗称狗尾草。 [16] 郑声：春秋战国时郑国的音乐，与孔子等提倡的雅乐相背。《论语·卫灵公》：“放郑声，远佞人。郑声淫，佞人殆。”刘宝楠《正义》：“《五经异义·鲁论》说郑国之俗，有溱、洧之水，男女聚会，讴歌相感，故云郑声淫。” [17] 以上几句意为，孔子说，憎恶那些似是而非的东西：厌恶莠草，是怕它混淆了禾苗；厌恶花言巧语，是怕它扰乱了正义；厌恶夸夸其谈，是怕它混淆了事实；厌恶郑国的音乐，是怕它搞乱了雅乐；憎恶紫色，是怕它混淆了红色。恶紫，恐其乱朱也：古人认为朱是“正色”即纯色，而紫属于“间色”即杂色。《论语·阳货》：“恶紫之夺朱也。” [18] 反经：恢复常道。反：返。经：常，不变的常道。 [19] 以上五句意为，君子不过使一切回到正道罢了。回到正道，百姓就会振作起来；百姓振作起来，也就没有邪恶了。斯：则。邪慝（tè）：犹邪恶。慝：恶。

［点评］

本章评论中道、狂、狷和乡愿四种人格，肯定“中道”之士，批评乡愿的圆滑媚俗，没有原则。

14.38 孟子曰："由尧舜至于汤，五百有余岁，若禹、皋陶，则见而知之；若汤，则闻而知之。由汤至于文王，五百有余岁，若伊尹、莱朱[1]，则见而知之；若文王，则闻而知之。由文王至于孔子，五百有余岁，若太公望、散宜生[2]，则见而知之；若孔子，则闻而知之。由孔子而来至于今，百有余岁，去圣人之世，若此其未远也；近圣人之居，若此其甚也。然而无有乎尔，则亦无有乎尔[3]！"

韩愈："斯道也，何道也？曰：斯吾所谓道也，非向所谓老与佛之道也。尧以是传之舜，舜以是传之禹，禹以是传之汤，汤以是传之文武周公，文武周公传之孔子，孔子传之孟轲，轲之死，不得其传焉。"（《原道》）

［注释］

[1] 莱朱：一说名仲虺（huǐ），商汤的贤臣，任左相。 [2] 太公望：即吕尚，见《离娄上》7.13 注 [5]。散宜生：姓散宜，名生，周文王的贤臣。 [3] 以上几句意为，从尧舜到商汤，经历了五百多年，像禹、皋陶，是亲眼见到而了解尧舜的；至于商汤，则是听说而了解尧舜的。从商汤到文王，经历了五百多年，像伊尹、莱朱，是亲眼见到而了解商汤的；至于文王，则是听说而了解商汤的。从文王到孔子，又经历了五百多年，像太公望、散宜生，是亲眼见到而了解文王的；至于孔子，则是听说而了解文王的。从孔子到现在，不过一百多年，离开圣人的时代如此地不远，距离圣人的家乡如此地接近，但是已经没有继承的人了，已经没有继承的人了！乎尔：语气助词。

[点评]

本章是《孟子》的最后一章，也是对全书的总结。《孟子》的编者以本章为全书作结，可以说是大有深意。在本章中，孟子不仅表白了“承三圣”的心胸怀抱，而且揭示了中国历史文化传统中一脉相承的尧、舜、禹、汤、文、武、周公、孔子的圣王之道，并以承继、发扬这一圣王之道为自己的历史使命。如学者指出的，“儒家的理想人格在圣，圣之所以为圣，在完成其平治天下教化人间的外王事业，故圣人之道，与外王事业不可分，统称圣王，也就是《庄子·天下篇》所谓的内圣外王之道。这一圣王合一的传统，到了孔子遂告分离，孔子所以梦见周公，正表达了这一有周公之德、无周公之位的遗憾。当时，王道失坠，大一统崩解，‘圣’人之道的传统已不能由周‘王’朝一家开，孔子作《春秋》，而《春秋》以褒贬为征伐，正是天子的事，此隐然接下了圣王合一的道统，孟子力辟杨墨，驳斥许行，正是孔子作《春秋》更上一层的推扩，孔子作《春秋》是天子之事，孟子贯穿圣王道统，又何尝不是天子之事？”（王邦雄等《孟子义理疏解》，台北鹅湖出版社 2010 年版，第 363—364 页）孟子坚信“五百年必有王者兴，其间必有名世者”（4.13）。“五百年而有王者兴，其间若无转接卫道的贤者，就可能断隔而不能传承道统。孔子下来，到了孟子，已有一百多年，虽五百年而有王者兴，不会落在孟子身上，然而作为一个弘扬儒学的卫道人士，孟子自觉是责无旁贷的。他看看自己去圣人之世未远，又紧邻圣人而居，见而知之的大任，又舍我其谁呢？他自我惕励，设若他不能见而知之，则三百多年后闻而知之，可能就断绝难继了。这是文化传统的接棒，文化传统的代代相传。孟子真是中国历史上最有使命感的文化斗士，最有生命力的卫道圣雄。”（同上，第 365 页）

主要参考文献

国语　上海古籍出版社 1988 年版
史记 （汉）司马迁撰　中华书局 1959 年版
战国策 （汉）刘向集录　上海古籍出版社 1985 年版

孟子章句 （汉）赵岐撰　四部丛刊初版本
孟子评点 （宋）苏洵撰　合刻周秦经书十种本
孟子解 （宋）苏辙撰　四库全书本
孟子传 （宋）张九成撰　四库全书本
尊孟辨 （宋）余允文撰　丛书集成初编本
孟子精义 （宋）朱熹撰　西京清麓丛书正编本朱子遗书
孟子或问 （宋）朱熹撰　西京清麓丛书正编本朱子遗书
四书章句集注 （宋）朱熹撰　中华书局 1983 年版
南轩先生孟子说 （宋）张栻撰　通志堂经解本

孟子年谱 （元）程复心撰 商务印书馆 1929 年版
孟子集注大全 （明）胡广等辑 德馨堂四书大全本
孟子杂记 （明）陈士元撰 四库全书本
孟子节文 （明刻本） 书目文献出版社 1991 年版
孟子正义 （清）焦循撰 中华书局 1987 年版
十三经注疏 中华书局 1979 年版
孟子师说 （清）黄宗羲撰 四库全书本
读四书大全说 （清）王夫之著 中华书局 1975 年版
读孟子札记 （清）李光地撰 榕村全书本
孟子字义疏证 （清）戴震著 中华书局 1982 年版
孟子四考 （清）周广业著 皇清经解第一册 上海书店 1988 年版

孟子微 康有为著 中华书局 1987 年版
孟子学案 郎擎霄著 商务印书馆 1928 年版
孟子评传 罗根泽著 商务印书馆 1932 年版
孟子的名理思想及其辩说实况 陈大齐著 台湾商务印书馆 1968 年版
孟子探微 林汉仕著 台湾文史哲出版社 1978 年版
孟子思想研究论集 吴康等著 台湾黎明文化事业公司 1982 年版
孟子研究论文集 王兴业编 山东大学出版社 1984 年版
孟子思想研究 谢祥皓编 山东大学出版社 1986 年版
孟学思想史论（卷一） 黄俊杰著 台湾东大图书公司 1991 年版
孟子旁通 南怀瑾著述 国际文化出版公司 1991 年版
孟子三辨之学的历史省察与现代诠释 袁保新著 台湾文津出版社 1992 年版
孟子性善论研究 杨泽波著 中国社会科学出版社 1995 年版
孟子思想的哲学探讨 李明辉主编 台北“中央研究院”中国文哲

研究所筹备处 1995 年版

孟子思想的历史发展　黄俊杰主编　台北“中央研究院”中国文哲研究所筹备处 1995 年版

孟学思想史论（卷二）黄俊杰著　台北“中央研究院”中国文哲研究所筹备处 1997 年版

郭店竹简与思孟学派　梁涛著　中国人民大学出版社 2008 年版

战国史　杨宽著　上海人民出版社 1980 年版

先秦诸子系年　钱穆著　中华书局 1985 年版

中国古代思想史论　李泽厚著　人民出版社 1985 年版

白文十三经　黄侃手批　上海古籍出版社 1983 年版

孟子译注　杨伯峻译注　中华书局 1960 年版

孟子译注　金良年译注　上海古籍出版社 1995 年版

孟子直解　徐洪兴撰　复旦大学出版社 2004 年版

孟子解读　梁涛编著　中国人民大学出版社 2010 年版

孟子章句疏讲　邓秉元著　华东师范大学出版社 2011 年版

《中华传统文化百部经典》已出版图书

书　　名	解读人	出版时间
周易	余敦康	2017 年 9 月
尚书	钱宗武	2017 年 9 月
诗经（节选）	李　山	2017 年 9 月
论语	钱　逊	2017 年 9 月
孟子	梁　涛	2017 年 9 月
老子	王中江	2017 年 9 月
庄子	陈鼓应	2017 年 9 月
管子（节选）	孙中原	2017 年 9 月
孙子兵法	黄朴民	2017 年 9 月
史记（节选）	张大可	2017 年 9 月
传习录	吴　震	2018 年 11 月
墨子（节选）	姜宝昌	2018 年 12 月
韩非子（节选）	张　觉	2018 年 12 月
左传（节选）	郭　丹	2018 年 12 月
吕氏春秋（节选）	张双棣	2018 年 12 月
荀子（节选）	廖名春	2019 年 6 月
楚辞	赵逵夫	2019 年 6 月
论衡（节选）	邵毅平	2019 年 6 月
史通（节选）	王嘉川	2019 年 6 月
贞观政要	谢保成	2019 年 6 月
战国策（节选）	何　晋	2019 年 12 月
黄帝内经（节选）	柳长华	2019 年 12 月
春秋繁露（节选）	周桂钿	2019 年 12 月
九章算术	郭书春	2019 年 12 月
齐民要术（节选）	惠富平	2019 年 12 月
杜甫集（节选）	张忠纲	2019 年 12 月
韩愈集（节选）	孙昌武	2019 年 12 月
王安石集（节选）	刘成国	2019 年 12 月
西厢记	张燕瑾	2019 年 12 月

书　名	解读人	出版时间
聊斋志异（节选）	马瑞芳	2019 年 12 月
礼记（节选）	郭齐勇	2020 年 12 月
国语（节选）	沈长云	2020 年 12 月
抱朴子（节选）	张松辉	2020 年 12 月
陶渊明集	袁行霈	2020 年 12 月
坛经	洪修平	2020 年 12 月
李白集（节选）	郁贤皓	2020 年 12 月
柳宗元集（节选）	尹占华	2020 年 12 月
辛弃疾集（节选）	王兆鹏	2020 年 12 月
本草纲目（节选）	张瑞贤	2020 年 12 月
曲律	叶长海	2020 年 12 月
孝经	汪受宽	2021 年 6 月
淮南子（节选）	陈　静	2021 年 6 月
太平经（节选）	罗　炽	2021 年 6 月
曹操集	刘运好	2021 年 6 月
世说新语（节选）	王能宪	2021 年 6 月
欧阳修集（节选）	洪本健	2021 年 6 月
梦溪笔谈（节选）	张富祥	2021 年 6 月
牡丹亭	周育德	2021 年 6 月
日知录（节选）	黄　珅	2021 年 6 月
儒林外史（节选）	李汉秋	2021 年 6 月
商君书	蒋重跃	2022 年 6 月
新书	方向东	2022 年 6 月
伤寒论	刘力红	2022 年 6 月
水经注（节选）	李晓杰	2022 年 6 月
王维集（节选）	陈铁民	2022 年 6 月
元好问集（节选）	狄宝心	2022 年 6 月
赵氏孤儿	董上德	2022 年 6 月
王祯农书（节选）	孙显斌	2022 年 6 月
三国演义（节选）	关四平	2022 年 6 月
文史通义（节选）	陈其泰	2022 年 6 月

书　　名	解读人	出版时间
汉书（节选）	许殿才	2022 年 12 月
周易略例	王锦民	2022 年 12 月
后汉书（节选）	王承略	2022 年 12 月
通典（节选）	杜文玉	2022 年 12 月
资治通鉴（节选）	张国刚	2022 年 12 月
张载集（节选）	林乐昌	2022 年 12 月
苏轼集（节选）	周裕锴	2022 年 12 月
陆游集（节选）	欧明俊	2022 年 12 月
徐霞客游记（节选）	赵伯陶	2022 年 12 月
桃花扇	谢雍君	2022 年 12 月
法言	韩敬、梁涛	2023 年 12 月
颜氏家训	杨世文	2023 年 12 月
大唐西域记（节选）	王邦维	2023 年 12 月
法书要录（节选） 历代名画记	祝　帅	2023 年 12 月
耶律楚材集（节选）	刘　晓	2023 年 12 月
水浒传（节选）	黄　霖	2023 年 12 月
西游记（节选）	刘勇强	2023 年 12 月
乐律全书（节选）	李　玫	2023 年 12 月
读通鉴论（节选）	向燕南	2023 年 12 月
孟子字义疏证	徐道彬	2023 年 12 月
嵇康集	崔富章	2024 年 12 月
白居易集（节选）	陈才智	2024 年 12 月
李清照集（节选）	诸葛忆兵	2024 年 12 月
近思录	查洪德	2024 年 12 月
林则徐集	杨国桢	2024 年 12 月